国家自然科学基金重点项目（40535025）
国家自然科学基金项目（41071080）
2010年度河南省重点软科学项目（102400410002）

黄河文明与可持续发展文库

中部农区产业集群

与中小企业网络

Industrial Clusters and the Networks of SMEs in Rural Areas of Central China

李二玲◎著

科学出版社

北京

图书在版编目(CIP)数据

中部农区产业集群与中小企业网络／李二玲著. —北京：科学出版社，2011

（黄河文明与可持续发展文库）

ISBN 978-7-03-030231-1

Ⅰ.①中… Ⅱ.①李… Ⅲ.①中小企业－企业管理－研究－中国 Ⅳ.①F279.243

中国版本图书馆 CIP 数据核字（2011）第 020850 号

丛书策划：胡升华　侯俊琳

责任编辑：侯俊琳　陈　超　杨婵娟　房　阳／责任校对：宋玲玲

责任印制：赵德静／封面设计：无极书装

编辑部电话：010-64035853

E-mail：houjunlin@ mail. sciencep. com

科学出版社 出版

北京东黄城根北街 16 号

邮政编码：100717

http://www.sciencep.com

铭浩彩色印装有限公司 印刷

科学出版社发行　各地新华书店经销

*

2011 年 5 月第 一 版　开本：B5（720×1000）

2011 年 5 月第一次印刷　印张：13 1/2

印数：1—2 000　　字数：272 000

定价：38.00 元

（如有印装质量问题，我社负责调换）

丛书序

大河流域是人类文明的摇篮。在中华文明发祥、形成、发展、演化和复兴的过程中，黄河文明一直发挥着中流砥柱的作用。尽管什么是文明，学术界还有不同的看法，但文明作为人类社会进步的状态，就不仅体现在诸如文字、技术（如青铜器）、城市、礼仪等组成要素上，而且还体现在由这些要素组成的社会整体：国家的形成与发展上。正如恩格斯在《家庭、私有制和国家的起源》中所指出的："国家是文明社会的概括。"对于黄河文明的认识，无论是对中国古代文明起源持单中心论的学者，还是持多中心论的学者，都无法否认从黄河流域兴起的夏、商、周文明在中国古代文明起源与发展中的支配地位。特别是，随着考古学研究的深入和中华文明探源工程的推进，我国史前文化的地域多样性得到了进一步的确认，黄河文明在我国古代文明进程中的支配地位同样也得到了进一步的确认。由此，我们不禁要问，在灿烂发达、具有多个起源的中国史前文化中，为何只有地处黄河流域的中原地区走向了国家文明的道路，而别的地区却被中断或停滞不前？黄河文明的特质、优势及其对文明连续性发展的影响何在？黄河文明与周边地区的文明是如何互动并融合发展的？在国家文明形成之后，自秦汉至唐宋，黄河文明在中华文明进程中是如何创造一个个高峰的？她对中华文明乃至世界文明究竟产生了哪些重大影响？北宋以来，伴随着国家经济中心和政治中心的地域转移，黄河文明的演化与发展又面临着哪些前所未有的挑战？如果说农耕文明是黄河文明的核心内容，那么，是什么原因造就了这种文明的历史辉煌？又是什么原因造成其发展的路径依赖甚至锁定，以至于形成"高水平均衡陷阱"？

在国际学术界，冷战结束之后，伴随着经济全球化的快速推进，国际政治经济格局和秩序的重构，生态与可持续发展问题的凸显，有关文明冲突、共存，以及文化软实力、文化竞争力的辩论，为地域文明的研究注入了鲜明的时代性及全球化和生态环境两个重要视角。对于黄河文明而言，在全球化时代从传统农耕文明向现代农业文明、现代工业文明和现代城市文明的转型已成为历史的必然。经过一个多世纪的探索，目前黄河文明已经进入全面、快速转型的新时期，但这种转型不仅面临着传统制度和文化的约束，而且还面临着前所未有的资源与生态环境问题的挑战。作为中华文明的典型代表，黄河文明在全球化时代和全面转型时代如何实现可持续发展并实现伟大复兴，仍是我们面临的一个重大的时代性课题。

历史是一面镜子，而现在是联系过去和未来的纽带。对于文明的研究，我们需要回答几个基本问题：我们是谁？我们从哪里来？现在到了哪里？今后走向何方？为了回答黄河文明的这些问题，地处黄河之滨的河南大学以多年对黄河文明研究所形成的厚重历史积淀为基础，整合学校地理、经济、历史、文学（文化）等优势学科，并广泛联合国内外优秀研究力量，于 2002 年组建了黄河文明与可持续发展研究中心，并于 2004 年被国家教育部批准为普通高等学校人文社会科学重点研究基地。围绕黄河文明与可持续发展这一核心，中心将历史研究与现实研究有机结合起来，凝练了黄河文明的承转与发展、制度变迁与经济发展、生态与可持续发展三个主攻方向，并以此为基础，提出了创建具有中国特色、中国风格、中国气派的"黄河学"的宏伟目标。

近年来，中心科研人员承担了一批国家自然科学基金、国家社会科学基金、教育部基地重大项目等国家级和省部级课题，取得了丰硕研究成果。为繁荣黄河文明与可持续发展研究，推动"黄河学"建设与发展，河南大学黄河文明与可持续发展研究中心从 2011 年起编撰"黄河文明与可持续发展研究丛书"，分批出版中心研究人员在黄河文明与可持续发展研究领域的代表性成果。此套丛书的出版得到了科学出版社的大力支持，在此我代表黄河文明与可持续发展研究中心表示衷心的感谢。

"黄河学"的创建任重而道远，黄河文明复兴的征程伟大又艰巨。研究黄河文明形成、发展、演变的规律，探究黄河文明的精髓和可持续发展的道路，不仅对中华文明、中国道路的研究有重大贡献，而且能为世界不同文明的和谐发展提供知识和智慧源泉。我们期待着中华文明的伟大复兴，我们也期待着以黄河文明与可持续发展研究为核心的"黄河学"能够早日建成并走向世界。

苗长虹

河南大学黄河文明与可持续发展研究中心执行主任

2011 年 4 月

序

中小企业作为国民经济发展中一支重要而活跃的力量越来越受到重视。农区中小企业是带动农村经济发展的核心经济主体，其竞争力的提高是广大欠发达地区发展经济、加快工业化和城市化进程的重要保障。近年来，一些农区产业集群表现出了良好的发展绩效，其内部的网络合作和网络创新起着十分重要的作用。因此，中小企业集群的网络创新是产业集群的重要的研究课题之一。

二玲从读硕士开始，与我认识已经将近 10 个年头。我们通过问题讨论、上课、论文指导，建立了深厚的师生友谊。她本科学习工科，有较好的数理功底。在研究中，她思维清晰、勇于探索，加上毅力坚韧和刻苦奋斗，学业进步很快。在读研究生之初，根据她的知识基础和我关注的重点问题，我指导她从事农区产业集群工作。从 2000 年开始，她进行了对农村中小企业、家庭工厂、农户和村镇干部等的深入访谈、跟踪访问，获得了大量的一手资料。2007 年，她作为一个调查组的组长参与了我们围绕国家重点项目所设计的 10 个类型 17 个专业村的调查。在这些调查的基础上，她进行了系统的理论分析，发表了系列论文，其中包括在 SSCI 源期刊 *The China Review* 上发表的具有创新性的农区产业集群成果。现在，她又对多年来对产业集群、网络和中小企业竞争力的研究做一系统总结，作为著作出版。我作为她的硕士、博士生导师，对她的成就表示祝贺。同时，该书作为我主持的国家自然科学基金重点项目"农户与地理环境相互作用下中部农区社会经济协调发展研究"（No. 40535025）的阶段性成果之一，也让我充满欣喜。

该书是我们团队从事经济地理微观研究的一个继续。从企业和农户这一微观经济单元入手，在对河南省农区三个成功产业集群进行深入调查的基础上，系统地研究了中国中部农区产业集群中中小企业结网的规律，深入论证了中部农区中小企业可以通过结网来提高自己及所在区域的竞争力，并找出了结网过程中的关键节点和关键关系类型，为中小企业进一步创建网络、提高竞争力打下基础。纵观全书，该书有以下几个特点：

第一，构建了一个研究企业网络的统一的 5C 分析框架。近年来，企业的网络组织和网络关系成为经济学、地理学、管理学、社会学和组织行为学等多个学科的研究热点，但不同的学科侧重不同的方面。该书在对企业网络理论进行综述与探讨的基础上，从空间、机制和绩效分析三个方面，构建了一个研究企业网络的统一的5C（cluster，chain—capability，contract—competitiveness）分析框架，融合了经济地理学、经济学和社会学中企业网络的理论和方法。

第二，从心理契约的角度深入探讨了农区中小企业"如何结网、与谁结网"的决策过程。农区集群中企业之间的交易是以非正式契约占主导的。该书引入企业网络心理契约的概念，认为中小企业主之间心理契约的一致是企业间信任和区域社会资本的微观基础。若交易双方都能站在对方的角度考虑一下交易的期望，结合自己能忍受的限度，相互折中思考，并将对方的欲望与预期纳入自己的行为准则中，履行承诺、自我约束，努力达到心理契约的一致，保持交易过程的愉快进行，并形成自己的风格，就能提高自己的声誉，赢得别人的信任。若全社区的公民都能这样重视心理契约，那么整个社区的信任水平就能提高。从心理契约角度研究信任和社会资本，可以从更微观层次上找到提高本地信任水平、加速非正式网络形成、积累地方社会资本的突破口。

第三，对农区集群网络的组织结构和演变机理做了深入分析。该书通过深入细致的实地调查，运用社会网络分析法及分析软件，对案例集群企业的衍生网络、情感网络、咨询网络以及合作网络的网络结构和网络特性进行了横向和纵向对比分析，鉴别出了农区集群中中小企业网络在形成过程中起关键作用的核心节点、重要关系及其演变过程。提出不同的网络组织结构能给企业的网络学习、信任培养、合作行动及其所在区域的发展带来不同的效果。混合性的转包网络和互补性的垂直网络比竞争性的水平网络在这些方面具有更好的区域效应。该书认为，相对于偏重技术联系的发达地区高技术集群来说，中国中部农区集群中中小企业网络的演进过程更具有内生性和自组织规律。该研究把农区集群企业网络形成和演化过程分为家族或泛家族网络、内部分工生产网络、本地创新网络和全球供应链网络四个阶段。

第四，探讨了企业如何通过网络来提高自己的竞争力。该书运用调研数据证明了农区集群中的技术创新以模仿创新为主，创新技术通过企业网络在集群内的传播过程遵循S形曲线。这些研究成果不仅对产业集群理论和企业网络理论均有进一步的探索，还是对国际有关产业集群理论与实例的有益补充，为中部农区中小企业发展和竞争力的提高提出了可操作性较强的建议。

总之，该书内容丰富、资料翔实、结构合理、观点鲜明，丰富了国际产业集群和企业网络理论，具有较为重要的学术价值，对于中国欠发达农区产业集群的培育和升级、集群内中小企业竞争力的提高及农村经济的发展具有重要的应用价值。因此，我很乐意向读者推荐李二玲的著作，也希望有更多关于欠发达农区产业集群的成果问世。

李小建

2011 年 3 月

前　言

20世纪80年代以来，随着经济全球化和信息技术的迅速发展，西方发达国家的生产组织方式发生了从福特制向后福特制的根本性转变。在这一转变过程中，企业网络作为企业提高资源获取能力的新型组织方式，成为跨国公司或本地大企业甚至是中小企业进行全球竞争的重要支撑。学者们对网络组织理论的研究也揭示了企业之间的互动合作及在此基础上的学习创新是中小企业保持竞争力的关键。

与此同时，在发达国家传统制造业区域面临严重衰退的形势下，许多小范围中小企业集聚区域却持续高速增长，成为全球经济凸现的亮点。这些区域主要以意大利北部的艾米利亚-罗马格纳等地区，德国的巴登-符腾堡，美国的硅谷等最为典型，引起了人们的广泛关注。学者们把这些区域称为"产业区"、"新产业区"等，最后基本统一为"产业集群"。对这种现象的研究也产生了许多学派：新产业区学派（如Bacattini，Harrison）、新的产业空间学派（如Scott，Storper）、新竞争学派（如Porter）、新经济地理学派（如Krugman，Fujita）和创新学派（如GREMI）等。这些学派虽各有侧重，但其共性是均强调区域内企业之间、企业与其他各类经济行为主体之间贸易或非贸易的网络联系对区域竞争力的贡献，强调企业的网络创新依赖于区域内集体学习、地理临近性、社会文化产生的相互信任和非贸易相互依赖、本地创新氛围等这些"内生成长因素"及其对本地经济的推动作用。例如，美国的萨克森尼（Saxenian，1994）指出，美国硅谷地区的发展，归功于区域内大大小小的企业、大学、研究机构、商业协会等形成创新网络的发展。

我国东南沿海产业集群的发展实践成功检验了国际产业集群和企业网络理论在中国的适用性。虽然东南沿海的先期开放、外资的进入为这些产业集群的形成提供了契机，但许多文献表明，东南沿海农区发展的成功还是最为依赖于本地企业网络的构建，企业网络及其创新效率是产业集群持续竞争的灵魂。企业与各类行为主体深深根植于本地社会文化环境之中，通过基于血缘、地缘、业缘等的正式和非正式网络密切互动、共同形成本地的创新氛围，并以此吸引外部企业、拓展内部网络，形成了本地创新环境—企业集聚—形成网络—区域创新的良性循环。

中西部地区如何选择发展道路？从区域发展理论层面上来说，传统的区域发展理论（如梯度推移理论、增长极理论和地域生产综合体理论），因经济全球化、信息化和市场化等经济发展环境的改变，在解释区域经济现象时会出现一些偏差。从樊新生和李小建（2004）对中国工业产业区域转移的定量研究来看，中国大多数工业产业重心并未按人们的预期发生相应的空间转移。东部沿海地区在许多高技术、高附加值产业上占有优势；一些传统劳动密集型产业仍是沿海各省的支柱产业；重要的基础性原材料工业在市场拉动下也向东转移。因此产业梯度转移并不是一个自然而然的过程，而是多种因素综合作用的结果，沿海的传统产业向中西部大规模转移的条件还不是十分成熟。李小建（2004）还对外资向中西部区域转移进行了实证研究，结果也显示了实际情况与理论假设的矛盾。即从理论上分析，20 世纪 90 年代中期以来，中国内陆地区对外开放程度逐步加大，以及国家加强对西部的开发，早期外资投入集中地随着经济发展水平提高，生产要素价格会有所上升，外商投资有可能仿效国际投资的"雁行"理论，出现区域之间的转移。内陆地区引进外资的进程似乎应快于沿海地区。但实证研究并不支持这一假设。这些研究表明中西部地区要想缩小与东部地区的差距、提升区域竞争力，应该从多方面重新审视自己的比较优势，制定相应的经济发展政策。在努力争取外资投入、吸引东部产业转移的同时，更要注重内生能力的提高、建立自我发展的机制。对于中西部地区来说，由于周围没有增长极理论所说的特大城市的辐射，而地域生产综合体又是计划经济下的产物，且它对规模经济显著的行业更有效力，所以传统的区域发展理论已难以满足中西部地区经济的发展需要。在此背景下，从发达国家和地区成功实践总结出来的企业网络理论和产业集群理论成为指导中西部农区提高自身竞争力的新型区域发展理论，它吸收了传统区域发展理论的积极因素如集聚经济，并强调了新时代的新要求，如互动创新，区域分工和资源整合等，对于发展水平相对较高的中部农区来说更是如此。

因此，过去 20 多年，企业决策者和区域规划者纷纷将构建企业网络和发展产业集群作为成功的救命药方。集群与网络也成为国家、区域或企业等不同层面提高竞争力的政策工具，是经济学、管理学、地理学等不同学科研究中共同追捧的宠儿。但也有一些研究发现发展中国家许多集群并没有表现出良好的绩效，相反，有的集群还面临着死亡的危险。为什么有的集群绩效很好，而有的集群在提高生产率和创新的潜力上非常有限呢？其中必然存在一种内在的核心要素在起作用。研究和挖掘出这种核心要素，就能大大增加产业集群在战略应用层面的可操作性。目前，地方政府虽然了解到产业集群对地方经济的好处，但对如何去发展和培育它还一无所知。挖掘出产业集群的本质，就找到了培育和发展地方产业集群的突破口。

　　为此，在中国"全面建设小康社会"和"中部崛起"战略的背景下，研究中部农区中小企业网络、集群，尤其是产业集群中的企业网络，不仅能将企业网络研究与产业集群研究有机地融合起来，而且对解决中部地区的"三农"问题、提高企业和区域的竞争力具有深刻的实践意义。

　　本书主要在产业集群的框架下研究中小企业网络的形成、机制和创建问题。在企业网络理论综述与探讨的基础上，沿着现象—过程—绩效—战略实践的分析思路，建立了一个研究企业网络统一的 5C（cluster, chain—capability, contract—competitiveness）分析框架（反映了企业网络的空间分析、机制分析和绩效分析），来回答中国中部农区中小企业如何通过结网来提高自己竞争力的问题。中部农区中小企业可以通过产业集群和价值链两种有效的结网方式，增加资源获取与合作互动来提高自己的内生能力、改善外部契约关系，进而提高自己及所在区域的竞争力。借鉴国际实践，中部农区可以从创建企业网络入手对产业集群进行培育和升级。

　　鉴于河南省乡镇企业发展在中部农区具有代表性，本书运用社会网络分析法、交易成本分析法及时空耦合法，着重对河南省偃师市庞村钢制办公家具、虞城县南庄村钢卷尺和许昌县发制品三个产业集群中的企业网络进行个案研究，从而探讨中部农区产业集群中企业的结网形式和结网过程、企业网络的演化机理以及它是如何提高企业和区域竞争力的。

　　本书共分为八章：

　　第一章是绪论。介绍本书的选题背景和意义、研究区域的选择，并对企业网络已有研究进行跨学科梳理，从而提出本书的 5C 分析框架。

　　第二章对企业网络的理论基础及相关理论（集群理论和价值链理论）进行研究回顾和探讨。可以认为，企业网络的理论基础是能力理论和契约理论，企业网络是一种能力整合装置。提出了企业网络心理契约的概念，并认为，企业网络的契约类型包括正式的经济契约和非正式的心理契约两个部分。当心理契约一致时，交易双方可以表现为关系型契约，而心理契约的违背能使双方信任水平下降，进而破坏农村社区整体的诚信体系。对于深受传统文化影响的中部农区中小企业来说，心理契约决定了其结网的方式。企业网络是产业集群的本质特征，它通过能力理论和契约理论对产业集群发生作用。产业集群强调企业之间的本地联系，但这种地方性网络必须沿价值链延伸到区域甚至国外，集群才充满活力并得以升级。

　　第三章进行了现象分析。通过对河南省乡镇企业发展的空间格局分析、区位商分析，结合对河南农区产业集群进行的面上调查，挑选出三个集群案例，并对案例集群的企业网络形式进行了调查分析。调查发现三个案例集群中的企业网络代表了三种不同的网络类型,已加入产业集群的中小企业可以通过加入全球价值链实现升级。

第四章进行了过程分析。对案例集群中的衍生网络、情感网络、咨询网络以及合作网络的网络结构和网络特性进行横向对比和纵向对接,可以鉴别出农区集群中中小企业网络在形成过程中起关键作用的核心节点、重要关系及其演变过程。从横向对比看,集群中的焦点企业和中介组织对集群内外企业网络的形成起重要作用。亲属或厂属关系在很大程度上决定了企业的同业衍生;集群大企业的存在能加速集群内的技术创新和网络学习,而网络中介能促进企业间的合作;企业间的供需联系及技术工人的流动对集群内的技术扩散起重要作用,只有经长期合作培养出来的信任才能增强企业间的合作及其稳定性。三个集群网络所代表的三种网络结构对企业的网络学习、信任培养、合作行动以及区域发展带来了不同的效果,混合性的转包网络和互补性的垂直网络比竞争性的水平网络在这些方面具有更好的区域效应;从纵向看,相对于偏重技术联系的发达地区高技术集群来说,中国中部农区集群中中小企业网络的演进过程更具有内生性和自组织规律。在集群成长和网络演进的过程中,集群网络中的核心关系受农村社区聚落环境的影响,并随农区企业规模、地位和能力的改变而演变。集群网络的形成和演化经历四个阶段,即家族或泛家族网络阶段、内部分工生产网络阶段、本地创新网络阶段和全球供应链网络阶段,各类型网络在集群发展的不同阶段起着不同的作用。

第五章进行了机理分析。用本书探讨的企业网络理论解释了中部农区集群中小企业网络的演进机理。发现在企业网络演进的四个阶段中,企业网络的演进过程是"焦点企业主导、一般企业跟随"的企业内生能力成长过程。在企业选择合作伙伴的决策过程中,企业之间的经济契约是外在约束,心理契约是内在机制,信任是基础推动力。心理契约通过信任机制使企业之间的关系型契约自我实施,实现对经济契约的替代。因此,在中国中部农区特殊的政治、经济和文化背景下,中小企业网络的演进是由企业的内生能力和外部契约关系共同作用的。同时,企业的内生能力和外部契约类型也呈现出阶段性特征,并与各网络阶段相匹配。

第六章进行了绩效分析。中小企业网络对成员企业、产业集群以及集群所在区域的竞争力均具有提升作用。通过对南庄村钢卷尺产业集群的跟踪调查数据进行分析发现,企业与网络成员的合作程度与企业的绩效正相关。企业网络对成员企业和产业集群竞争力的提高从静态看表现为能缓和规模经济和分工经济的矛盾,降低生产和交易成本;从动态看,表现为能提高企业和集群的创新能力与合作效率;在区域层次上企业网络的存在能改善区域的产业配套环境、积累本地的社会资本。调查还发现，农区集群中企业的技术创新以模仿创新为主，创新技术在集群内的传播过程遵循 S 形曲线，企业网络通过模仿创新使集群的创新能力呈螺旋式上升。针对农区集群内信任水平下降，企业之间缺乏合作的问题，本书提出，要重视心理契约，引起交易双方对相互期望的重视，这就从更微观层次找到了提高本地信任水平、加速非正式网络的形成、主动积累地方社会资本的突破口。

第七章介绍了战略实践。借鉴国际网络和集群的创建实践，探讨如何在中国中部农区创建企业网络、培育和升级产业集群，并提出了政策建议。

第八章是结语部分，对本书的主要观点进行概括，并讨论和展望了进一步研究的方向。

本书主要有以下几方面的特色。

1. 理论方面

第一，本书将企业网络的理论基础归结为能力理论和契约理论，并对企业网络的能力和契约关系做了初步探讨。企业网络是一种能力整合装置，企业网络的能力表现为构造和培养其成员企业的核心能力与组织、协调的能力。对于网络成员来说，契约理论强调企业的外部互动，能力理论强调企业的内生增长；对于企业网络来说，契约理论反映了企业网络的静态特征，能力理论则是反映企业网络的动态演进。能力理论和契约理论的融合所构成的复合理论更能解释企业网络这个复杂的现象。

第二，拓展了社会心理学中心理契约的概念和应用层次，将其用于农区产业集群中中小企业结网过程的分析，并对非正式网络的形成进行一个侧面的理论探索。结果表明：心理契约对深受传统文化影响、市场制度不完善、以非正式联系为主的农区中小企业网络的形成和发展尤其重要，它决定了企业"与谁结网"和"如何结网"。而心理契约的违背会降低本地的信任水平、破坏农村社区原有的诚信体系、影响企业之间的合作互动。因此，重视心理契约，可以引起交易双方对相互期望的重视，加强相互履行责任的意识和自我约束，减少双方的不确定性、误解及冲突。从这个意义上说，对心理契约研究就从更微观层次找到了如何提高本地信任水平、加速非正式网络的形成、主动积累地方社会资本的突破口。

第三，研究发现，农区集群中的技术创新是以模仿创新为主，创新技术在集群内的传播过程遵循 S 形曲线，企业网络通过模仿创新使集群的创新能力呈螺旋式上升，本书对此过程进行了模型化。

2. 实践方面

第一，国内外文献对产业集群中中小企业的结网过程、企业网络的结构特性和演化研究较少，对发展中国家欠发达农区产业集群的企业网络研究更少。然而中国中部农区集群的发展迫切需要这样的理论做指导。本书试图对此有所弥补，并力图找出欠发达农区中小企业结网的规律。

第二，探讨了在欠发达农区创建企业网络和产业集群的方法。

3. 方法方面

构建了企业网络研究的5C分析框架。运用社会网络分析软件，通过对比企业初创时的衍生网络与现阶段情感网络、咨询网络以及合作网络的网络特性和网络结构的定量测度指标（如中心性、中介度、集中度等指标），探索了社会网络动态分析的研究方法，对现有文献缺乏网络动态研究作出贡献。

通过研究，本书试图解决以下问题：

（1）农区中小企业如何在集群内结网？如何向集群外延伸网络？

（2）农区中小企业如何通过结网来提高自己的竞争力？

（3）政府如何在农区创建企业网络、培育和升级产业集群？

李二玲

2011年3月

目　录

第一章 绪 论

第一节 研究背景

一、集群与网络的现实表现

20世纪80年代以来，全球化进程的加快、信息技术的发展和新经济的到来，使企业生存和发展的经济和社会环境发生了巨大的变化：以规模、成本为主导的旧产业经济转向以灵活、创新为主导的新知识经济；由强调区位优势的企业竞争转向强调人或企业家的能力优势的竞争；由卖方市场转向买方市场。顾客需求日益多样化、个性化；技术创新速度加快，产品生命周期缩短。这些变化对传统的以标准化大批量生产为特征的福特制企业提出了严峻的挑战。同时，多品种、小批量和短交货期的市场需求对企业的灵活适应和快速反应提出了较高要求，这无疑提高了小企业的竞争优势，但小企业又面临着诸多因规模小而引起的规模不经济。科层式大企业的困惑与小企业的势单力薄，使规模经济与范围经济的合并成为可能，企业之间纷纷变竞争为合作。在这样的背景下，一种新型企业组织模式——网络组织在时代的呼唤下应运而生，它以战略联盟、虚拟企业、外包网络、供应链网络、产业集群、连锁经营等多种企业网络形式广泛存在且备受欢迎。

曾担任美国总统经济顾问的著名经济学家莱斯特·瑟罗教授曾经指出，经济全球化已产生了一种"哑铃经济"（barbell economy），即在全球竞争中最有效率的企业组织规模出现了两极化的趋势，要么是全球性的大企业，要么是缝隙企业（niche player）（贾根良和张峰，2001）。近年来，全球性大企业通过跨国并购，进一步加强了对世界经济的支配作用。但与此同时，规模很小的缝隙企业由于应变非常快，在世界市场的缝隙中表现很好。这种企业规模的两极化均是以企业的网络组织为前提的，全球性大企业通过公司内部的跨国网络，在更大范围内实施对全球经济的控制；规模很小的企业通过结网获取企业外资源来捕捉市场缝隙。同时，企业网络的发展，使全球性大企业与区域性中小企业找到了合作的结合点，这样中小企业也能进行跨国经营。

中小企业网络或中小企业间合作的模式的原型是皮埃尔和赛博在《第二次产业分工》中所描述的意大利北部艾米利亚 – 罗马格纳（Emilia-Romagna）地区（Piore and Sabel，1984），后来学者们把它称作"新产业区"、"产业集群"或"中小企业集群"等。他们把那里的经济腾飞归功于"弹性专精"式的企业间合作（Rosenfeld，2001），这样，小企业能够把它们的有限投资和技能集中在一个特定的生产环节或专门领域，然后与其他企业结成网络或联盟，共同应对复杂多变的市场需求。大量类型相似的企业在本地集聚并结网，不仅有利于专业化支撑机构的设立、基础设施的建造、专门化人才的吸引，还有利于新观念及创新的产生。所有这些都应归功于外部规模经济的获得，这些外部规模经济可以与大型垂直一体化企业的内部规模经济相抗衡。从这个意义上说，嵌入产业集群中的企业网络对小企业的增长意义更大。

另外，过去 20 多年，大量国际文献对产业集群的理论与实践研究证明了集群的发展对区域经济增长的巨大贡献（Porter，1990；Piore and Sabel，1984），尤其是对于农村地区（Rosenfeld，2001）。联合国工业发展组织（UNIDO）、经济合作与发展组织（OECD）、世界银行等国际机构积极研究、推广了产业集群战略（王缉慈，2002），使产业集群政策成为许多国家和地区经济发展规划的重要组成部分。改革开放以来，我国东南沿海（如江苏、浙江和广东等地）的产业集群（尤其是农区产业集群）创造了一个个增长奇迹，塑造出了我国农村工业化的"苏南模式"、"浙江现象"和"珠江三角洲模式"等，极大地推动了沿海地区的工业化和城镇化进程。这些经验表明在农村地区培育和发展产业集群是提高工业化和城镇化水平的有效途径。目前，我国中部地区由于政策的"边缘化"在全国区域经济格局中已经成为了"经济增长速度上的相对塌陷地区"，实施"中部崛起"战略是学术界、中央和地方政府达成的共识。而中部地区大多是以传统农业为主的农业大省，推进中部地区的工业化和城镇化是中部崛起战略中最主要的内容。因此，在农村地区培育和发展产业集群对中部地区工业化和城镇化水平的提高、实现"中部崛起"和"全面建设小康社会"的战略目标具有重要意义。

而许多研究表明，产业集群的优势不仅来自于企业的集聚优势，更重要的是来自于网络优势。虽然特定部门的空间集聚能给中小企业带来优势（马歇尔，1981；Porter，1990），企业的集聚对中小企业更为重要（Visser，1999），但随着产业集群面临的越来越多的挑战和升级压力，人们越来越发现中小企业仅仅集聚在一起是不够的。大量的集群文献强调了网络的重要性（Scott，1988；Porter，1990；Saxenian，1994；Schmitz，1995；王缉慈等，2001；朱华晟，2003），并有许多文献将集群和网络与区域发展并列提出（Rosenfeld，2001；Klerk，2003）。斯密茨（Schmitz，1995）对发展中国家集群的研究表明，集聚本身不能给企业带来太多的好处，关键是当地要有劳动分工和贸易网络的存在，并且这种贸易网络必须延伸到区域外部，集群才充满活力，否则容易造成区域的"技术锁定（technological lock-in）"和"熵死（entropic death）"，甚至最后变成僵化的、停滞不前的问题区域。可见，企业之间的网络联系是产业集群的本质特征。然而，目前国内外大多数集群研究集中在既有网络对集群竞争力的贡献上，而对如何形成网络研究不够，这就大大限制了集群研究在操作层面上的实践意义。对于中国中部农村地区来说，经济基础的薄弱和环境条件的限制，使它们发展或吸引全球性大企业有些力不从心，但改革开放的春风和短缺经济的推动给这里的中小企业带来了勃勃生机，一些企业已经发展成为具有应变能力的缝隙企业，许多农村工业集聚区和中小企业集群的发展对当地经济做出了巨大贡献。但由于特殊的制度环境和发展条件，这里中小企业网络化过程不足，合作乏力，严重阻碍了中小企业自身的发展，减小了中小企业网络或集群与跨国公司互补或抗衡的可能性。中国中部农区中小企业如何在本地集聚、衍生和结网？如何将网络向区外延伸，以实现创新、摆脱集群的锁定效应？如何融入全球性大企业的全球生产网络并沿着全球价值链向上攀登？如何通过结网使本地生产系统的内力和国际资源的外力有效结合，来提高自己的生产率和区域竞争力？地方政府如何培育产业集群并升级已有集群？这些问题是欠发达农区中小企业及集群非常困惑的问题，对这些问题的研究将对我国广大欠发达农区的中小企业和产业集群的发展具有重要的指导意义。

二、集群与网络的理论研究需求

从理论方面来说，20世纪80年代以来，国际人文地理学研究出现了很多新的领域，如地理学的"文化转向"、区域发展文献中的"制度转向"、经济学中的"地理转向"等（Yeung，2002）。与此相对应，80年代至90年代早期，大量文献对劳动地域分工、地方性研究、柔性专业化等的激烈争论占据了经济地理研究的主导地位，并使经济地理研究达到了一个鼎盛时期（Scott，2000）。这些富有成果的争论使分析的焦点从生产的社会关系转移到空间和社会之间的关系以及各种行为主体之间的互动，体现了经济地理学的"关系转向"（李小建和罗庆，2007）；90年代中期以来，这种转向仍在继续。这些研究强调经济活动和空间过程如何与行为主体的社会关系、区域的制度、文化背景等无形的东西紧密联系起来，强调同一内容在不同地理尺度上的研究，预示了经济地理研究的"文化转向"、"制度转向"和"尺度转向"。许多学者把这些新的研究趋势称为"新经济地理学"（Thrift and Olds，1996；Wills and Lee，1997；Yeung，2003）。90年代末，在经济学中也兴起了一种新经济地理学，他们把经济活动的空间方面引入到主流均衡模型中（Fujita et al.，1999；Ottaviano and Thisse，2001；Clark et al.，

2000；李小建和李二玲，2009）来分析经济活动的空间布局问题。这两种"新经济地理学"的定义，虽引起了国内外学者的不少争论，但也是可以融合的，它体现了经济地理研究的多元化，并可以从多个侧面来理解今天的经济地理格局。

针对目前经济地理研究的百家争鸣状态，杨伟聪（Yeung，2002）认为，新的研究转向各自反映了经济地理的"一个部分"，而缺乏一个系统的集成。本人认为，对产业集群和企业网络的研究可以从一个侧面体现出这些转向的集成。

目前，产业集群理论上的研究已表明了产业集群的网络本质，研究产业集群中的企业网络就抓住了产业集群的精髓。近年来地理学、经济学、管理学等不同学科中同时涌现对产业集群研究的浓厚兴趣，各自形成了既相互融合又各自独立的不同研究范式，其融合部分就包含了对企业网络的分析。对产业集群中企业网络的研究，便于从微观角度解释空间集聚形成及演化的内在原因。区域科学对空间集聚的分析已经涉及外部经济的影响，制度学派强调"社会资本"对经济现象的粘贴作用，新近的集群研究强调"非正式联系"对信任和创新产生的作用，网络分析则可进一步从微观角度解释外部经济或"社会资本"是如何影响空间集聚的（李小建，2002a）、"非正式联系"是如何形成的。因此，以企业网络这一关键而独特的分析视角为切入点进行新的理论综合，有望对产业集群研究更深入一步。

由于各地历史根源、区位条件、文化背景、知识基础等方面的巨大差异，产业集群和企业网络形成与发展的条件也很不相同。有研究表明发展中国家许多集群并没有表现出预期的绩效，相反有的集群或者说工业集聚区还面临着死亡的危险（Visser，1999）。因此，要推广产业集群战略，有必要具体地区具体研究。而中国具有特殊的产业集群和企业网络形成环境。①文化背景：西方工业革命对家庭冲击，使家庭与企业分离。中国未受工业革命冲击，但受到社会主义相关教育的冲击。改革开放后，潜埋的家庭（族）关系又显现出来。由于受政治运动和多种意识形态的影响，这种家庭（族）关系变得更加隐蔽和多样化。这便形成与香港、台湾等海外华人社区不同的文化背景。②政治背景：半个世纪以来，影响企业网络形成和发展的法规和政策背景发生了很大的改变。20世纪50年代到70年代末，国有企业仅相当于车间，企业的一切联系由政府决定。80年代以来，中国逐步由计划经济向市场经济转变，政策鼓励乡镇企业、私营企业发展。现在，中国已经加入WTO，市场更加开放。这些必然影响企业网络的形成和演化。③区域差异：中国各区域间的地理条件和社会经济状况差异巨大。如地理条件上，南北、沿海内陆、山地平原，均有十分明显的差异；交往习惯和制度上，中国50多个民族也具有不同特点；在经济条件方面，中国的贫富区域差异巨大；区域间产业结构、基础设施也有很大差异。这些均在一定程度上影响企业网络的形成（李小建，2002b）。因此，基于中国特殊的经济、政治和文化背景，通过对个案集群的深入调查，从企业网络切入集群研究更能体现出中国特色，有望发现具有中国特色的产业集群网络类型。

第二节　研究区域的选择

本书将中部五省农区作为研究的大区域背景。

一、中部五省的相似性

改革开放以来，我国先后实施了一系列非均衡的区域发展战略。20 世纪 80 年代东南沿海的开放、20 世纪末的西部大开发以及 21 世纪初的东北大振兴，使中部地区成为中央政策的边缘地区，加上其区位条件不利，市场化和开放的程度低等多种原因，以至于在政界和学界出现对"中部塌陷"危机的焦虑。2004 年，长期被忽视的中部地区的发展问题引起了中央关注。3 月，温家宝总理在全国人民代表大会的《政府工作报告》中正式将促进中部地区崛起作为促进区域协调发展战略的一个重要方面。尤为重要的是，我国提出到 2020 年全面实现小康社会的目标，其重点和难点在农村，而中部地区又是中国农村人口最为集中的地区。因此，促进中部农区的发展是全国"全面建设小康社会"、"中部崛起"目标实现的关键。

首次将中部五省综合起来考虑的是，在"九五计划"和 2010 年远景目标纲要中中部五省被划为我国要形成的七大跨省（自治区、直辖市）的综合经济区之一。1997 年在武汉开幕的面向 21 世纪中部发展战略研讨会上，国家有关部门和学术界第一次将中部五省作为一个新的经济区域纳入研究视野。本书将中部五省作为研究的大区域背景是因为中部五省地理位置靠近且具有一定的相似性，属于同质性经济区，其农村地区反映了中部农区共有的特点，面临着共同的任务，体现了中国中部特色，研究成果有望对中部五省具有普适性。

1. 中小企业发展环境相似

虽然中部五省特色各异，但各省在资源禀赋、产业结构、劳动力就业、收入水平、居民消费类型和科技文化素质等方面，都极为相似（徐国弟，1994）。近些年来发展水平也大体一致（2000～2003 年中部五省国民生产总值增长率四年平均值分别为：河南省 9.7%，安徽省 8.6%，湖南省 9.2%，湖北省 9.2%，江西省 10.1%），具有共同的发展目标。中部五省均为地处内陆的传统农业大省，在农村工业化的迫切性和农区中小企业发展的环境上具有一定的相似性（表

1-1)。表中专门将学术界视为"集群经济"的浙江省、广东省列出以做比较。由表1-1可以看出，中部五省均存在着工业发展水平低、农业比重过大、人多地少（全区人口占全国的25.5%，耕地面积占全国比例还不到20%）、农业人口比例大、人均国民生产总值和农民人均纯收入均低于全国平均水平、国有经济比例过大、中小企业数目少、开放程度和市场化程度低等问题，推进农村地区的工业化是解决这些问题的关键。

表1-1　2003年中部五省与浙江省、广东省及全国经济指标比较

地区	人均GDP/元	农民人均纯收入/元	一、二、三产业比例	农业人口*占总人口的比例/%	国有经济比例/%	中小企业		外资投资企业	
						数量/个	总产值/亿元	数量/个	总产值/亿元
河南省	7 570	2 235.7	17.6:50.4:32.0	82.1	54.4	8 980	3 542	402	362.7
安徽省	6 455	2 127.0	18.5:44.8:36.7	80.2	60.5	4 099	1 528	377	447.5
湖南省	7 554	2 532.9	19.1:38.7:42.2	81.4	58.9	5 911	1 719	305	249.5
湖北省	9 011	2 566.8	14.8:47.8:37.4	65.9	59.2	6 205	2 620	464	577.8
江西省	6 678	2 457.5	19.8:43.4:36.8	76.3	63.5	3 026	889	236	178.4
浙江省	20 147	5 389.0	7.7:52.6:39.7	79.3	19.5	25 404	10 564	3 675	2 585.8
广东省	17 213	4 054.6	8.0:53.6:38.4	77.6	25.2	24 312	15 309.4	10 619	13 675.3
全国	9 101	2 622.2	14.6:52.3:33.1	72.5	44.9	194 238	93 357	38 581	44 357.8

资料来源：根据《2004年中国统计年鉴》计算整理。

＊农业人口数据来自2004年《中国农业年鉴》。

注：国有经济比例为国有及国有控股工业增加值占全省工业增加值（全部国有及规模以上非国有工业）的比例；中小企业包括中型企业和小型企业；外资投资企业包括港、澳、台投资企业和外商投资企业。

中部五省农区具有如下特点：①农业人口多，是中国农业人口最为集中的地区。2002年，中部农业劳动力为9558.5万人，约占全国的29.42%，占中部五省全部人口的56.84%，而中部农业耕地面积为2597.79万公顷，只占全国的20%，低于西部18个百分点和东部5个百分点，中部单位耕地面积负担的农业人口明显高于西部和东部，农业劳动力转移压力大。②农业经济效益低，发展水平落后。2002年中部农业可耕地面积相当于东部的60%左右，农业总产值仅相当于东部的50%左右。同时，中部农业剩余劳动力近3700万人，超出东部2000万人[①]。③农村工业发展速度缓慢，中小企业数量较少，布局分散且各自为战，集群化水平低，劳动密集型的传统产业居多，总体的竞争力比较低。④农村人口

---

① 胡树华，陈丽娜. 2004. 中部崛起必须解决六大难题. 中部创新网，2004-06-01.

向城镇人口转化速度较慢、就地城镇化力量不足，周围城市整体规模偏小、密度偏低，接受的经济辐射不够。⑤资源流失现象严重。东部和沿海地区的快速发展产生了强大的极化效应，使中部的科技成果、资金、人力资本等资源大量流入上述地区，中部五省农村剩余劳动力是上述地区劳务输入的主要来源。

由以上特点可以看出，在中部农区推进工业化刻不容缓。目前，中部农区工业已有一定的发展基础，并具有接受东部产业转移的区位和资源上的竞争优势，因此，中部农区工业具有进一步发展的巨大潜力。

政策的边缘化只是中部塌陷的一个外部因素，在争取国家政策的同时，中部五省面临着共同的任务：建立长期的自我发展机制、提高自生能力、在国家和外资很少支持的情况下实现中部崛起。中部崛起的关键是解决"三农"问题，而解决"三农"问题的关键是加快中部工业化、城市化的进程，转移农村剩余劳动力，增加农民收入，消除城乡分割的"二元"经济现象。从浙江、广东等地的经验来看，在中部农区培育产业集群、构建中小企业网络是解决这些问题的有效途径。

2. 体现中国中部特色

与沿海地区相比，中部地区受现代市场经济影响相对较少，而其经济发展又较西部地区更为活跃（李小建，2002b）。沿海发达地区因先行开放而直接进入了全球价值链，并抢占了改革初期短缺经济的先机，而中部五省地区经济发展水平较低、开放程度和市场化程度不高、传统地域文化对经济活动影响较深、对外联系不便、社会环境较为封闭，体现了中部地区特色，其农区产业集群的形成和发展必有其自身的特点和轨迹。因此，要在中部农区培育产业集群，就要从研究中部农区产业集群的发展规律入手。然而，目前学术界对于我国农区产业集群的研究主要集中在江苏、浙江和广东等沿海开放地区，而对于几乎被国家政策和全球化过程边缘化的中部农区的产业集群研究还不多。尤其是对于在中部特殊文化背景下中小企业网络形成过程和演化机理的研究，在国际上的研究成果几乎为空白。因此，对中部五省农区产业集群中企业网络的研究，有望弥补该领域的不足，构建出具有中部特色的产业集群理论，并可以基于中部五省发展的相似性，对整个中部五省农村地区的经济发展提供决策建议。

二、河南省的代表性

在中部五省中，河南省与其他四省不仅在资源禀赋、产业结构、人力资本、外出劳务、文化特点、政策制度等乡镇工业发展的环境方面具有较大的相似性，而且在乡镇企业发展的现状方面也具有较大的相似性。但在这种质的相似背景下，各省之间也具有量的差别。从研究的角度来说，河南省因其农村工业发展基础较好、集聚现象突出、最能体现中原文化等可以作为中部五省的代表。

1. 与其他四省乡镇企业发展结构的相似性

本书的"中部农区产业集群"是指地处中部五省(河南省、安徽省、湖南省、湖北省和江西省)农村地域〔包括乡村、乡村城镇和城市边缘区(李小建,1993)〕上的产业集群,是属于某种特殊部门的农村工业企业(指农村地域由原来乡镇办、村办、组办、联户改制或个体和其他私营的中小工业企业——基本上与乡镇企业主管部门统计的乡镇工业范围相当)在一定地域范围内的地理集中。由于农区的产业集群大多是在市场力的作用下由无到有自发形成的,起初发展比较缓慢,所以本书将集聚作为产业集群的初级阶段,不做区别。

本书用 2003 年乡镇工业企业总产值和职工人数指标从以下三个层次来说明河南省与其他四省乡镇企业发展的相似性:部门结构、工业部门内部行业结构、35 个工业行业在全国的地位。

1)部门结构

按照统计部门的分类,乡镇企业共分八大门类:农林牧渔业、工业企业、建筑业、交通运输仓储业、批发零售业、住宿餐饮业、社会服务业和其他企业。分别计算五省各部门总产值占本省乡镇企业总产值的比例如表 1-2 所示。

表1-2 五省乡镇企业各部门总产值占本省乡镇企业总产值的比例

省份	农林牧渔业	工业企业	建筑业	交通运输仓储业	批发零售业	住宿餐饮业	社会服务业	其他企业
安徽省	0.029	0.570	0.114	0.077	0.127	0.046	0.021	0.015
江西省	0.022	0.633	0.073	0.060	0.125	0.040	0.018	0.026
河南省	0.022	0.700	0.081	0.046	0.084	0.035	0.012	0.021
湖北省	0.038	0.591	0.106	0.060	0.112	0.056	0.018	0.019
湖南省	0.029	0.457	0.140	0.102	0.167	0.058	0.020	0.027

资料来源:根据《2003 年中国乡镇企业统计年鉴》计算整理。

由表 1-2 可以看出,五省乡镇企业各部门总产值在本省乡镇企业总产值的份额相似,工业企业占绝对主导地位。

2)工业结构

按照两位数行业分类,将乡镇工业企业分为 35 个行业小类,用乡镇工业 35 个行业的总产值来测度河南省与其他四省之间部门内部行业结构的相似性。

测度"结构相似"的方法很多,一般常用的工具是联合国工业发展组织国际工业研究中心提出的相似系数,可以用于两个区域行业结构的两两比较,也可

以以全国的行业结构为标准，各区域与全国的产业结构进行比较。相似系数定义为

$$S_{ij} = \frac{\sum\limits_{n=1}^{k} x_{in} x_{jn}}{\sum\limits_{n=1}^{k} x_{in}^2 \sum\limits_{n=1}^{k} x_{jn}^2}$$

式中，i 和 j 分别表示两个相比较的区域；x_{in} 和 x_{jn} 分别表示行业部门 n 的产值在区域 i 和区域 j 的工业总产值中所占的比例；k 表示工业结构中的行业部门数。$0 \leqslant S_{ij} \leqslant 1$，$S$ 越大，表明两个区域的行业结构越相似。相似系数等于 1，说明两个区域的产业结构完全相同；相似系数等于 0 说明两个区域的产业结构完全不同。

下面分别用 1994 年和 2003 年各行业工业总产值来计算河南省与其他四省之间的相似系数，结果见表 1-3。

表 1-3 1994 年和 2003 年河南省与其他四省之间的工业结构相似系数及其变化

省份	1994 年相似系数	2003 年相似系数	1994 年和 2003 年相似系数变化量
河南省 – 安徽省	0.6241	0.8397	0.2156
河南省 – 江西省	0.9328	0.7940	– 0.1388
河南省 – 湖北省	0.9173	0.7913	– 0.1260
河南省 – 湖南省	0.8415	0.9256	0.0841

资料来源：根据 1994 年、2003 年《中国乡镇企业统计年鉴》计算整理。

由表 1-3 可以看出，2003 年河南省与其他四省之间的相似系数均在 0.79 以上。在 1994～2003 年的 10 年间，河南省与江西省、河南省与湖北省之间原本非常高的相似系数有所降低，而河南省与安徽省、河南省与湖南省之间原本较低的相似系数则有所提高，这表明五省之间乡镇工业行业结构有更相似的趋势。

3）优势产业

用 2003 年乡镇工业企业职工人数指标来计算中部五省 35 个行业在全国的区位商（图 1-1），其公式为

$$Q_{ij} = h_{ij} / H_j$$

式中，Q_{ij} 表示某省 i 某行业 j 的区位商；h_{ij} 表示某省 i 某工业行业 j 的产值占该省工业总产值的比例；H_j 表示全国同一工业行业 j 占全国工业总产值的比例。

由图 1-1 可以看出，中部五省乡镇工业企业所在行业在全国的地位也非常相似。在全国占优势地位的行业（区位商大于 1）均为采掘业、农产品加工业或矿物制造业等原材料加工行业，而在纺织服装、电子电气、交通运输、金属制品、普通机械、仪器仪表等行业中，区位商大于 0.5 的都寥寥无几。

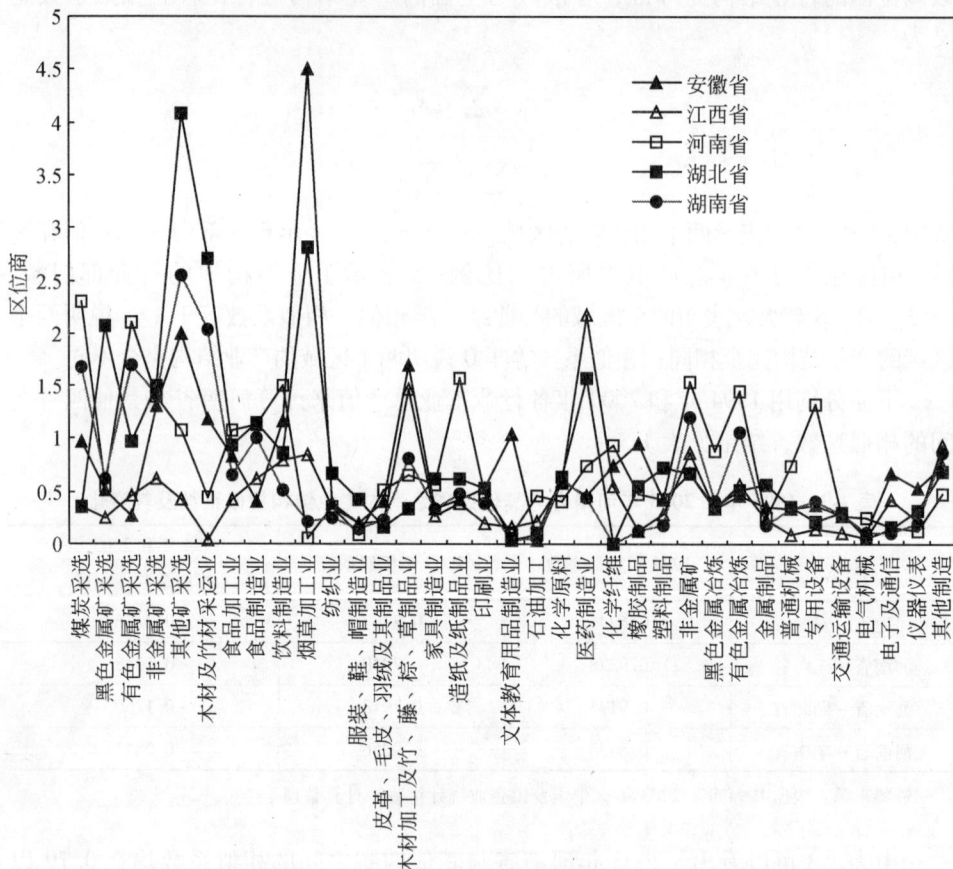

图 1-1 中部五省 35 个乡镇工业行业在全国的区位商（按职工人数计算）

（为了使图更清楚，将安徽省烟草工业的区位商用图中所有数值的

最大值 4.5 表示，其实际值为 8.92）

资料来源：根据《2003 年中国乡镇企业统计年鉴》计算整理

根据以上对河南省与其他四省乡镇企业发展现状（2003 年）的相似性及乡镇企业发展环境的相似性的分析，可以将其他四省与河南省绑在一块来研究。

2. 农区产业集群发展的代表性

由于农区产业集群是在农村工业的基础上集聚发展而成的，中部五省乡镇企业发展结构的相似性就决定了中部五省农区产业集群在行业发展、企业结网环境等的相似性。但由表 1-4 可以看出，中部五省中，河南省乡镇企业发展现状最好（2003 年乡镇企业总产值、人均产值最大，本书最关心的工业企业总量及其所占比例也最大，工业化程度最高，农村工业最具竞争力，1994～2003 年增长最快）；在中部五省工业化程度和乡镇工业地区竞争力较高的是河南省和湖南省，而由表1-3可以看出，两省的乡镇工业结构相似系数2003年达到0.926，说明两省的乡镇工业结构具有很强的相似性；从网上文献检索看，河南省乡镇工业集群程度较高、也较为典型。

表1-4 中部五省乡镇工业发展对比情况

省份	乡镇企业总产值/万元	乡镇企业人均产值/元	乡镇工业总产值占全国乡镇工业总产值的比例/%	乡镇工业企业总产值占本省乡镇工业企业总产值的比例/%	霍夫曼系数①	竞争力指数②	1994~2003年增长率/%
安徽省	30 365 608	2 700.68	1.56	0.57	1.37	5.32	-7.19
江西省	21 802 421	3 246.64	1.25	0.63	1.48	5.43	-11.02
河南省	85 913 889	6 216.97	5.42	0.70	0.86	8.58	5.88
湖北省	61 954 805	6 104.83	3.30	0.59	1.34	6.59	-0.50
湖南省	54 886 260	3 765.14	2.26	0.46	0.92	8.01	-1.42

资料来源：1994年、2003年中国乡镇企业统计年鉴。

①霍夫曼系数是指消费资料工业净产值与生产资料工业净产值之比。这种划分近似于中国理论研究和实践中所使用的轻、重工业的划分，因此，本书用轻工业与重工业产值之比作为霍夫曼系数。该系数值越小，表明该省工业化程度越高。

②资料来源：杨晓光，樊杰.中国农村工业地区竞争力差异分析.地理科学，2005（2）：1~6.作者根据农村工业影响力、农村工业增长能力、要素产出能力、结构转换能力和社会体制创新能力五个方面来构建农村工业地区竞争力的指标体系。

另外，河南省是中华文明的重要发祥地之一。从石器时代的裴李岗文化、仰韶文化、龙山文化，到夏代的二里头文化，河南省地域一直孕育着中原文化并使其始终处于人类文明的前列。中原文化以"农业文明"为核心，它与以"商业文明"为核心的吴越文化有着很大的差别。受儒学和道学两大文化基因的孕育，中原民风呈现出忠义为本、古朴厚道、勤劳节俭、正统保守的特性（赵淑玲和丁登山，2005）。在此背景下发展起来的河南省农区的产业集群和企业网络必然有其内生的形成原因（李政新和李二玲，2004）。因此，本书在河南省与其他四省乡镇企业发展结构相似的前提下，以农村工业基础较好、产业集群发展比较突出、最能体现中原文化的河南省作为中部五省的代表来研究农区产业集群的企业网络，不仅可以挖掘在中部农区培育企业网络、发展产业集群的关键因子，还可以对欠发达农区的非农产业发展起到示范和指导作用。

第三节 企业网络研究综述

"网络"一词是最近几十年流行又用得很滥的概念（Dicken et al.，2001），在理性抽象上更为混乱（Yeung，1994）。大量相关文献给网络下了很多定义，对此，诺瑞亚（Nohria，1992）作了一个很好的比喻，它把网络概念比喻成一个"术语的丛林"，任何一个新来者都可以栽下一棵树。一方面，这种现象说明网络研究已成为许多学科关注的热点；另一方面，让人担心的是，定义的任意增加和随意使用会使网络概念失去其全部意义。

鉴于网络一词含义的广泛性，可以把近年来文献中运用网络概念最多的方式归纳为以下三种：①网络作为信息技术革命的象征，如计算机网络、交通通信网络以及由此派生的电子商务、网络营销等；②网络作为一种分析工具来描绘社会关系的拓扑结构；③网络表示一种"治理方式"、一种"新的企业或产业组织方式"，它是介于市场组织与科层组织之间的"混合组织"方式，兼具市场和层级的元素和特点。

本书的企业网络概念以第一种方式为基础、兼具第二、第三种方式的含义。企业网络是在现代网络技术和信息革命的前提基础上形成并发展起来的，但此类网络不是本书探讨的内容，不做过多分析。本书认为，企业网络是介于市场组织与科层组织之间、并根植于社会关系之中的一种企业（或商品生产）组织方式。它作为新形势下企业成功的一种"药方"越来越受学术界、企业管理者及地方政府的青睐。

企业网络的成功引起了国内外许多学者的关注，企业的网络组织和网络关系成为经济地理学、经济学、管理学、社会学和组织行为学等多个学科中的重要研究领域。但不同的学科侧重不同的侧面。如经济地理学侧重研究企业网络的空间特征及其与区域经济的关系；新制度经济学从组织协调的角度将其看成是"混合性组织"（Williamson，1989），是"看不见的手"与"看得见的手"中间的"握手"（贾根良，1998），侧重研究企业网络存在的机理；管理学学者从战略管理的角度研究企业的合作策略；组织行为学者认为，企业网络是组织对环境适应的产物，并能根据环境的需要进行变换，组织环境中最重要的就是它的外部联系所构成的社会网络；社会学将企业网络看成是历史和社会相互作用的复杂进化的结果（Nishiguchi，1994），强调企业网络的嵌入性和人际关系的作用。下面分别从经济地理学、经济学和社会学三个方面来阐述各自的理论观点。

一、经济地理学中的企业网络研究

经济地理学侧重研究企业网络的空间特征及其与区域经济的关系，内容涉及

①网络的组织：包括网络的类型、组织属性以及对竞争力的贡献；②网络与地理集聚：侧重企业地域网络对经济空间集聚的影响及产业集群的研究；③企业网络对区域创新的影响：比如地方生产系统形成与区域创新环境的营建；④企业网络与经济活动的全球化—地方化关系：研究如何利用企业网络使全球化力量为地方发展服务（李小建，2002），如何使地方企业介入跨国公司网络，并沿全球价值链实现升级。一些学者认为，产业集群和价值链是中小企业融入全球经济、应对升级挑战、提升竞争力的有效产业组织方式（Kaplinsky and Morris，2001；Giuliani et al.，2004）。

经济地理学对产业集群研究的迅速增加使企业网络、产业集群与区域经济发展密切联系起来。国内外许多学者从企业网络的角度对集群进行了研究。如一些学者认为企业集群就是介于市场与等级组织之间的一种新型的网络组织形式（仇保兴，1999；陈守明，2002；刘东等，2003）；一些学者强调集群形成过程中弹性网络生产代替大批量标准化生产的作用（Scott，1988；Piore and Sabel，1984）；一些学者强调区域的"机构密度"和"本地机构间高水平的相互作用"能形成坚固的本地网络（Amin and Thrift，1994）。还有一些学者认为集群内的网络不仅可以降低交易成本，还有助于知识扩散和技术创新的产生（Saxenian，1994）。波特（Porter，1990）的"钻石模型"和克鲁格曼等（Krugman，1999；Ottaviano and Thisse，2001）的空间集聚原理均强调了本地供应链和支撑性企业网络对产业集聚的重要作用。随着"新区域主义"和以经济地理学的制度、文化转向为特征的新经济地理学的兴起，很多研究从制度、文化方面探讨了影响企业结网的本地因素，并从本地制度环境、知识溢出和学习创新的角度关注了同处一地、历史文化接近的企业之间的网络互动对产业集群竞争力的贡献（Scott，1988；Saxenian，1994；苗长虹，2006）。这些研究与区域创新系统、本地创新网络研究密切相关，认为制度文化因素对促进企业结网和区域创新影响很大。20 世纪 90 年代以后，许多国家实施了企业网络发展战略（Huggins，2001；Rosenfeld，2001；朱华晟，2003；李二玲和李小建，2008）以创建本地产业集群、促进区域经济发展。

20 世纪 90 年代中期以来，随着经济全球化发展的深入，一些学者从企业网络和全球商品链（GCCs）、全球价值链（GVCs）的角度，来考察全球性企业（跨国公司）生产体系的组织结构（Yeung，2000a），探索特定区域和企业如何插入这些网络中并对其产业升级产生影响（Gereffi，1994，1999a；Gereffi and Kaplinsky，2001）。同时，一些学者对发展中国家产业集群的研究也强调了本地生产网络向外延伸的重要性，并用"链"（价值链、商品链、生产链或全球价值链）的分析方法研究本地产业集群和中小企业如何并入全球生产体系及其在全球价值链中的升级问题（Schmitz，1995；Gereffi，1999b；Humphrey and Schmitz，2002）。最近，奈尔等提出了"全球生产网络"的概念框架将"链"的分析层次加以拓宽（Neil et al.，2004）。

由此可见，产业集群强调企业的本地结网，价值链分析更重视本地网络向区外的延伸，强调在全球生产和分配体系中企业之间的跨界联系，二者均属于企业网络的一种空间组织形式。但二者也不是相互排斥的，加入产业集群中的企业通常也加入价值链中，这两种组织方式均为中小企业提供通过学习和升级来培育竞争力的机会（Giuliani et al.，2004）。

对企业及企业网络的新近研究更加强调"关系"的作用，出现了诸如"关系产权"、"关系契约"、"关系资产"和"关系资本"等新概念。许多知名学者（Yeung，2003；Dicken et al.，2001；Gulati et al.，2000；Hassard et al.，1999；Sack，1997；Thrift and Olds，1996）从网络的关系视角，即用"网络关系分析法"来分析全球经济，阐释经济全球化对世界经济究竟带来了什么影响。迪肯等（Dicken et al.，2001）把网络作为一个基本的分析单元去理解全球经济，超出单个行为主体（如企业）活动的原子式描述或单个主体深层结构的挖掘，但也不是把个人、企业或国家看成是一个黑箱。他们既不把网络看成纯组织形式，也不看成是纯结构形式，而基本上是一种"关系过程"，是在特定的时间和空间背景下能实际感觉到的可观察的生产格局。这些研究为各学科对企业网络研究的融合提供了良好的分析视角。

总之，经济地理学对企业网络的研究，大多倾向于考察企业在全球范围内组织自己网络的方式及该网络对区域竞争力的贡献，而对企业网络形成的内在机理、企业网络的演替如何作用于区域发展、网络的结构与区域经济的关系等关注不够。

二、经济学中的企业网络研究

经济学是将企业网络作为一个研究对象，侧重于研究企业网络为什么会存在。20世纪80年代以来逐步形成的企业网络理论（黄泰岩和牛飞亮，1999）是西方微观经济学中的一个崭新领域。它是对关于企业问题研究的两大领域［即以研究企业的市场行为规模为主要内容的"产业组织理论"和以研究企业本身性质和内部制度安排规律的"企业理论"（安娜·格兰多里，2005）］的中间融合性研究，是对企业内部组织和企业外部市场理性思考后的一种权衡安排。新古典经济学理论以假定企业的存在为前提，阐述了企业的生产理论，但它忽略了企业的交易行为。以科斯为代表的新制度经济学理论首次引入"交易费用"概念，认为企业是为了节约交易费用而产生的对市场这种配置资源方式的替代。张五常教授在"企业的契约性质"一文中进一步认为，企业在本质上只是用一种要素雇佣契约替代商品契约。他们奠定了市场组织与企业组织的两分法。

既然科斯已经带我们走进了企业这个"黑箱"，那么研究企业相关当事人之间的关系就成了一个必然（安娜·格兰多里，2005）。20 世纪 70 年代，威廉姆森以交易成本为核心绘制了从企业外部的市场交易行为到企业内部的等级控制体系的连续渐变的组织结构演化谱线，并将处于市场和科层组织之间的组织形态统称为网络组织，这就揭示了企业的组织除了科层和市场之外，还存在第三种组织方式，即网络组织方式。从治理方式来说，它属于混合治理方式。在资产专用性程度中等、资产交易频率一般、不确定性程度一般的条件下，治理结构的选择倾向于"混合治理"（李维安和周建，2004），即企业倾向于选择"网络组织"。目前，交易费用理论已进一步扩展到多企业之间关系的研究，从而形成了一个前沿性的研究领域——（企业）网络经济学（安娜·格兰多里，2005）。

由于交易费用以交易作为分析对象，因此，许多学者从契约的角度来研究企业或组织，并逐渐产生了企业的契约经济学。威廉姆森借助麦克尼尔关于市场契约法的分类，根据不确定性、资产专用性和交易频率三个标准对交易进行了分类。认为交易类型可以分为三种，即古典型缔约活动、新古典型缔约活动和关系型缔约活动，并认为契约类型与交易类型是相匹配的。他在描述关系型契约时认为，在企业和市场之间，还有某种"混合模式"（即网络组织）。如果资产高度专用性，导致交易双方相互高度依赖，要求交易双方自我调整自我约束，以保持稳定的长期契约关系。此时交易双方虽然保持独立性，但自身的决策受到承诺的制约。市场关系不再是偶然的、随机的、盲动的，组织性也由于长期反复交往形成的重复博弈而产生（刘东等，2003）。

由此可见，新制度经济学对企业网络（或网络组织）的研究探讨了企业间相互联结的网络安排模式及其运作机制，其分析的重点从原先的注重对企业活动边界的界定、企业与市场相互之间的最佳组合以及对企业科层组织形式的选择等，转向了对企业内部或外部能够诱导和实际存在的各种各样交互作用的网络关系的研究上来（黄泰岩和牛飞亮，1999）。它不仅着眼于如何削减交易费用，而且正视现实中跨组织边界运作的技术条件与经营实践，它突破传统的市场原则与组织原则，把市场和企业从相互对立转向相互联结与相互渗透。然而，它虽然将企业的经济活动放到更加现实和更为广阔的背景下，但这是与新古典经济学几个非现实假定（理性人假定、稳定偏好假定、完全信息假定、忽略制度和契约的多样性及变化）相比较而言的；它的交易成本分析的基本分析力量其实也不能完全满足对企业网络现象的解释。尽管它对企业的内部网络行为（如跨国公司的内部子公司网络）可以有效解释，但资产专用性、行为的不确定性诱致的机会主义行为，恰恰难以解释网络化企业的存在（李维安和周建，2004），对于不同的网络组织形式（如日本、韩国及华人企业网络）对成员企业带来的价值差异无法解释，即无法解释网络的结构及其成因。因此，新制度经济学对企业网络组织的研究更是一种基于交易成本的机制和动因分析，它忽略了心理因素及其他非正式因素对企业行为的影响。

管理学者更为现实地认识到企业并非"同质化"组织，而是具有很强的"异质性"，其关键就体现在企业间"核心能力"的差别性。从知识和能力的角度考察企业之间合作生产的组织形式对生产效率和企业竞争力的影响，构成了企业能力理论的一大分支，这些组织形式被看成是企业知识成长的协调体系。1995年以来，企业契约理论和企业能力理论出现了某种相互融合的趋势（安娜·格兰多里，2005），这为从企业内生能力和企业外部契约关系两方面解释企业网络的形成机理提供了理论基础。

三、社会学中的网络理论研究

社会学是将网络作为一种分析工具来研究社会关系拓扑结构的，它侧重于用社会网络分析方法和社会网络理论来分析个人、企业或其他组织间社会关系的结构特性，也是对企业网络较早的研究。网络作为一种结构主义分析方法，最早可以追溯到第二次世界大战后英国的一些人类社会学家们的研究。从20世纪50年代起，一些学者（如纳戴尔和巴尼斯等）系统地把网络定义为联系跨界、跨社会的社会成员之间的相互关系（黄泰岩和牛飞亮，1999）。70年代社会网络分析方法的成熟使其因独到的实证能力为许多学科所接受，并产生了许多社会网络理论。如怀特（White，1970）的"机会链（chain of opportunity）理论"分析了内部劳力市场的升迁现象；社会学大师科尔曼（Coleman et al.，1966）及传播理论大师罗杰斯（Rogers，1995）的二级传播理论，以非正式关系研究了传染病流传及信息流通问题，由此引发了许多后续研究，分析非正式社会网络在创造和传播新知识上的价值；斯坦福大学社会学教授格兰诺维特（Granovetter，1985）很具影响的"嵌入性（embededness）理论"以信任和交易成本为中间变量，探讨了组织结构形成的因素。他认为，一切经济行为都嵌入在社会关系中，交易行为是在社会互动中作出的，市场秩序是靠法律和契约来维持的，而公司内的科层体制靠的则是权威。经济生活中还普遍存在着基于信任的交易，而信任的产生则依赖于长期的互动。这种基于信任的同盟关系如果被制度化，则交易双方便成为长期盟友，进而演变为网络式组织。且这种信任关系具有防止欺诈、节省交易成本的功能，减少了收集信息的成本并促成了合作的可能性；格兰诺维特（Granovetter，1973）的"弱联系优势（the strength of weak ties）"理论认为，网络中弱联系比强联系有更好的信息传播效果，两个团体间的"桥"必然是弱联系，它形成两个团体间唯一的通路。若一个人拥有很多的弱联系，尤其是拥有"桥"，那么他在信息获取上会有极大的优势，在信息传递上居于关键地位。而强联系则往往形成信息的循环圈，造成信息通路上的重叠与浪费；在格氏理论的基础上，博特（Burt，1992）提出了"结构洞（structural hole）"理论。结构洞是指在两个团体之间缺少连接，在网络结构上会形成一个空洞。有眼光的企业家可以通过扮演"桥"连接的身份填补这个空洞，识别出两个团体间的商业机会并形成新的价值。最富有商业机会的网络是充满结构洞的网络，结构洞可以带来信息利益和控制利益。组织在竞争合作的过程中要能创造和利用这种结构洞。这两种理论均强调了"弱联系"对组织行为的影响；同时，管理学者魁克哈特（Krackhardt，1992）提出"强联系优势（the strength of strong ties）"理论，分析了情感网络如何带来非正式影响力，进而影响了许多组织行为，如离职、工作满意、团队合作等行为。他认为，强联系对于组织处理危机可能是重要的，一个组织如果具有跨越部门界限的友谊联系（强联系），将有利于其适应环境的变迁与不确定性。强联系提供了人们彼此相互信任的基础，降低了人们对变迁的不安，并使他们安然地面对不确定性；关于强弱联系的作用，罗家德（2002）认为，弱联系主要传递信息与知识，强联系则传递信任感与影响力；科尔曼（Coleman，1990）的社会资本理论认为，社会资本存在于人际关系和社会结构之中，并为结构内部的个体行动提供便利（林润辉，2004；罗家德，2002，2005）。

这些理论虽然都是以个人或企业作为网络节点进行的社会网络研究，但社会网络分析方法中的网络节点可以是包括个人、企业、政府或其他组织等的任何单元，也可以发生在社区或区域甚至国家等不同的层次上。并且已有许多学者将这些社会网络理论和社会网络分析方法应用于产业集群和企业网络的分析中。如格兰诺维特（Lee and William，2000）对硅谷的社会关系网络进行了研究。他认为两个行为者之间的链或关系既有紧密程度也有具体内容。内容可能包括信息、建议或友谊、共同利益或成员资格，通常还有一定程度的信任。链的信任程度很关键，它受社会关系网络的两个方面影响：一是"关系"，即必须利用这一链的特定历史，它能使行为者之间相互依赖。二是"结构"，即某些网络结构比其他网络结构更容易使人们建立信任关系和避免不当行为。例如，在基于地理接近的产业集群中，具有多方联系的紧密关系网更易把一个人的声誉好坏的信息传播开来。越来越多的学者用网络来解释区域的经济绩效，关注区域网络结构中更细微的差异。如萨克森尼（Saxenian，1994）将硅谷与波士顿的128号公路的网络结构对比后认为，硅谷与128号公路由于历史、经济和文化等原因，其网络结构有很大的不同，她将这种差异定义为硅谷的区域优势。由此值得人们反思的是，小企业与大企业有什么样的联系网络能使他们与全球供应商或全球伙伴相连接。这就把问题从"企业能否成功"转化为"区域经济如何将不同规模和能力的企业连接在一起，得到什么样的绩效"。另外，还有一些学者用社会网络分析法研究集群中的企业吸收能力和网络创新问题（Giuliani and Bell，2005）。

社会学中的网络研究不但为企业网络研究提供了一个很好的研究方法，其网络理论还对企业网络的后续研究产生了很大的影响。但它仅仅对网络特性和网络结构给予了充分描述，而对网络形成的机理、结网过程和网络的演变研究不够，即它在动因分析（为什么会出现这种格局）、动态分析（网络结构如何演化）方面显得薄弱。因此，对企业网络的系统研究需要多学科的交叉融合，才能相得益彰。

由此可见，各学科从不同的侧面对企业网络进行了深入研究。笔者认为，对产业集群企业网络的研究从某种程度上可以实现对这些学科的融合和互补。

四、中国企业网络研究状况

中国特殊的政治、经济、社会、文化背景构成了中国特殊的企业网络形成环境，许多学者介入此领域并作了重要研究。陈守明（2002）、刘东等（2003）分析了企业网络的经济学性质及企业网络的存在类型，但没有涉及企业网络的空间方面；社会学学者刘军（2004）、李林艳（2004）、台湾学者罗家德（2005）、香港学者边燕杰（2004）等对社会网络分析方法作了介绍和应用；经济和地理学家对高新技术中小企业网络（盖文启，2002）、外向型制造业集聚区域地方网络（童昕和王缉慈，2000）、浙江产业集群中的社会网络（朱华晟，2003）、专业镇中的企业家网络（李新春，2000）、农村工业网络（李小建，1993）、大企业空间网络（李小建，1999，2002）、台湾中小企业的协力网络（陈玄介，1983）、高新技术产业集群中的学习网络（Hsu and Saxenian，2000）等作了很好的案例研究。奥兹和杨伟聪（Olds and Yeung，1999）对全球化背景下，跨国公司对中国企业网络的再构作了探讨。这些研究均为中国企业网络的进一步研究奠定了很好的基础。

从研究企业网络的大量文献来看，不同的学科由于研究目的和研究视角不同，从不同的侧面反映了企业网络的一些特征，但现有文献出现了以下特点：①在多学科有机融合方面研究有些不足：作为描述社会关系拓扑结构的网络研究，仅重视了网络的关系过程和结构过程，而对网络为什么会带来经济效益探讨不够。作为企业策略方式的网络研究则忽略了企业网络的空间方面。②对企业网络现象研究较多，理论基础研究还在探索阶段。③对既有网络的优势研究较多，而对结网过程和网络演化研究有些不足。④对发达国家或地区跨国公司网络研究较多，对欠发达农村地区中小企业网络研究较少。

第四节 本书的 5C 分析框架

一、本书的研究思路与框架结构

基于以上对企业网络相关文献的分析可以看出，以往对产业集群中企业网络的研究大多是将企业网络作为一个影响因子来探讨产业集群形成和发展的机制，本书是将产业集群作为企业网络的一种空间组织形式，主要研究中国中部农村地区加入产业集群的中小企业的结网形式和结网过程、企业网络的演化机理及其与企业绩效、集群竞争力之间的关系。企业网络性质的复杂性、多维性引起了多门学科的交叉研究，本书运用经济地理学、经济学、社会学及社会心理学的相关理论，试图建立一个研究企业网络统一的分析框架，以达到研究企业网络的不同学科、不同侧面的融合。对于中小企业来说，产业集群（cluster）和价值链（chain）是其融入全球经济、提升竞争力的两种有效的网络组织形式，产业集群注重企业的本地结网，但这种本地网络必须沿价值链向区外及全球延伸，集群才能充满活力并沿全球价值链实现升级、保持持续的竞争力。企业"如何结网、与谁结网"是由企业的内生能力（capability）和企业的外部契约关系（contract）共同决定的。近年来企业理论研究中出现了企业能力理论与企业契约理论相融合的趋势，这为在企业层面，从企业内生能力和外部契约关系两个方面来解释企业的结网行为提供了理论基础。而企业结网的结果是提高了企业和集群的竞争力（competitiveness），这就是本书所用的 5 个 C（cluster, chain—capability, contract—competitiveness）的分析框架。

本书主要针对中国中部农村地区中小企业网络与集群进行研究：在理论综述与探讨的基础上，侧重企业网络的空间组织方面，沿着现象—过程—绩效—战略实践的分析思路，用定性与定量相结合、区域宏观分析与企业微观调查相结合的分析方法、用 5 个 C 的分析框架（反映了企业网络的空间分析、过程与机制分析和绩效分析）来回答：中国中部农区中小企业如何通过结网来提高自己的竞争力问题（图 1-2）。

由于各地产业集群发展水平不一，从一个集群发展的时间序列来考察可能会序列太短或者不能完全代表中部地区集群和网络的发展演化，加上农区企业历史数据不容易获得，本研究利用多个集群网络的横向比较和纵向对接来观察中部农区产业集群企业网络演化的时间规律。基于中部五省具有的相似性及河南省农区产业集群发展的代表性，本书首先根据对河南省乡镇企业的集中与分散研究，来

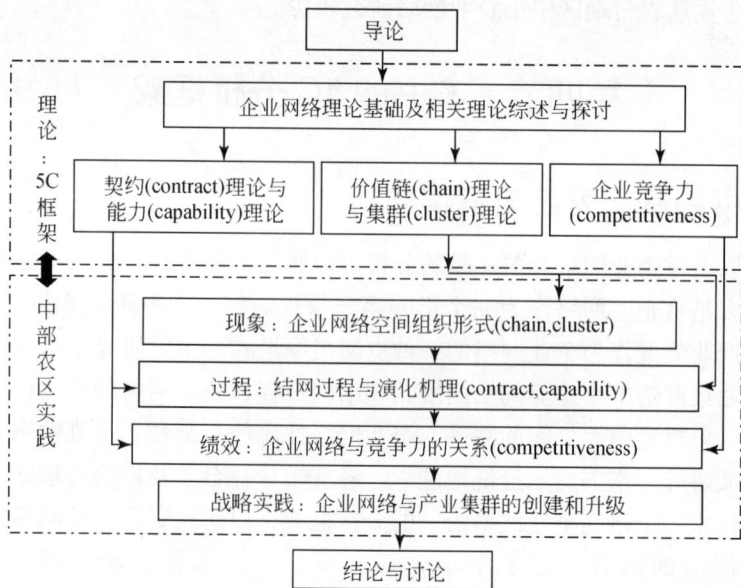

图 1-2　本书的研究框架图示

鉴别有可能存在产业集群的地方或产业集群,然后根据笔者对河南省农区产业集群的实地调查和间接了解,按不同的发展阶段和网络类型选择三个典型集群,把它们当做一个演化序列作时空耦合分析(即把它们当做一个网络来分析网络的演化,用相同的调查表进行问卷调查和企业访谈),来总结企业网络的特点和演化规律,从而揭示出如何通过加强或创建产业集群内企业之间的网络联系,来培育产业集群,加速中部地区的工业化过程。

二、研究内容

本书在对企业网络理论研究回顾与探讨的基础上,以河南省为代表,用5C分析框架来研究中国中部农区产业集群中的中小企业如何通过结网来提高自身及区域的竞争力。首先通过对个案集群的实地调查,用产业集群理论和价值链理论分析中小企业本地结网及其沿价值链向区外延伸的空间现象;其次用企业的能力理论和契约理论来解释集群企业的结网过程及演化机理。针对中部农区集群中非正式网络或非正式契约占主导的实际,本书提出企业网络的心理契约概念,用以解释企业"如何结网、与谁结网"的决策过程;再次,本书在企业、集群和区域三个层次分析企业网络的绩效,即企业网络能提高成员企业、产业集群及所在区域的竞争力;最后从战略实践的角度探讨如何在中国中部农区创建企业网络,并提出培育和升级产业集群的政策建议。

三、研究方法

企业网络既具有经济结构特征，又具有社会结构特征，且企业间的相互作用又是动态的、空间变化的。鉴于企业网络性质的复杂性，企业网络文献中出现了多种网络分析方法，如社会网络分析法（social network analysis，SNA）、交易成本分析法（transaction cost analysis，TCA）和行为者网络理论（actor network theory，ANT）（李二玲和潘少奇，2009）等。在使用中不同的学科对这三种网络分析方法有不同的侧重。由本书的企业网络定义，可以同时运用这些方法。

（1）社会网络分析法（SNA）。SNA 是刻画网络形态、特性和网络结构的一种重要分析方法，在社会学中的应用最为广泛。它是 20 世纪 60 年代以来社会学大师怀特（White）及其后继者伯曼（Boorman）、布里格（Brieger）和弗里曼（Freeman）等一手由数学的图形理论导演出来的一套数学分析方法，可以有效地对网络结构进行测量（罗家德，2005）。之后由于人们看待经济和社会生活的方式从个人主义、必然主义和原子式视角向关系化、情景化和系统化视角转变，应用 SNA 的文献呈指数上升（Borgatti and Foster，2003）。SNA 强调行为主体之间"关系"的重要性，行为主体可以是个体、企业、独立组织或各种团体，行为主体及其行动被看成是相互依赖的单元，而不是相互独立的原子式个体。行为主体之间的关系纽带或联系是资源传送或流动的通道，这些资源可以是物质的，也可以是非物质的（如知识或信息符号）。构建网络的关系纽带被看成是网络的"结构"，因此 SNA 是一种结构分析（Wasserman and Faust，1994；Scott，2000）。

"关系"很宽泛，要找出网络内关系格局在结构上的规律，需要进行大量的数据搜集和复杂的统计技术，这也是 SNA 的特点。它是一种数据分析—确定网络结构—归纳总结的经验分析。近年来社会网络分析软件〔如博卡提、埃维瑞特和弗里曼（Borgatti，Everett and Freeman）于 2002 年制作的 UCINET、博特制作的 STRUCTURE 等〕的面世使 SNA 使用起来更为简便。但单纯的网络结构分析不能反映网络中正在发生什么行动，即 SNA 不能提供一个系统的方法将不同的关系数据升华为有意义的理论成果，因此，SNA 仅仅是一种分析工具，相应的分析还要探究现象背后社会关系的深层含义。

（2）交易成本分析法（TCA）。TCA 是随着新制度经济学的发展而兴起的一门分析技术。20 世纪 70 年代，威廉姆森等学者在科斯的基础上创立了交易成本经济学。他们以交易为基本单位、以交易成本最小化为目标，来考察经济组织的战略选择，形成了对社会和经济组织及其协调的又一种分析方法——交易成本分析法。TCA 是想确切地回答市场、网络与科层如何按各自的组织规则进行成本利益计算、各自的边界如何确定、组织活动的各种形式是如何运作的。企业通过交易成本分析，来决定在什么情况下进行"制造、购买或联合"的战略选择，企业和市场的折中可以用表征内部组织成本和市场交易成本最小化的治理结构来表达。因此 TCA 是企业网络形成的动因分析，并可以挖掘企业网络竞争优势的来源所在。

TCA 不仅对企业网络给予了独特解释，还对不同经济地理现象存在的合理性给予了剖析。如跨国公司内部的全球网络、企业集聚、空间经济的管制和治理模式等。但它由于忽略了影响企业行为的生产、社会关系、心理及其他非正式因素，故而无法解释网络的结构差异及其社会成因。因此，TCA 在分析不同经济地理现象形成过程方面要与 SNA 互补使用。

（3）行为者网络理论（ANT）。ANT 是来源于科学技术的社会建构运动、由法国社会理论家拉图尔（Latour）和卡龙（Callon）创立的一种分析方法。ANT 强调，围绕要完成的特定目标（如一个产品的开发），如何构建一个行为者网络，将人类与非人类行为主体平等地以行为者身份联系在一起，共同形成网络。忽略社会与自然、社会与技术、人类与非人类、甚至网络内部与外部的差异，将这种对事物的两分合并溶解到事先设计的行为者网络中。因此，行为者网络的构成是异质的（Stalder，1997）。在 ANT 中，重新配置或重新安排的过程叫"转译"，一个转译过程使以前无关联的行为者成为一个联盟。ANT 的一个主题就是为实现一个特定的目标，排列或联盟异质元素（人、其他主题、设备、程序、制度等）从而构成一个网络，这个目标可以是证实一个科学发现，制造一个产品或采用一个新程序等。ANT 的形成，对传统的社会学分析框架（它有着预定的社会范畴和严格的社会/自然区分）给以挑战。拉图尔和卡龙认为，ANT 是一种分析方法，而不是一种理论（Henderson et al.，2002）。

近年来，ANT 被引用到经济地理学研究中，其中运用较多的领域是全球化和跨国生产网络分析。在 ANT 框架下，空间和距离并不是绝对的几何术语，而被看成是影响力、权力和关系的空间场所和关系范围，经济全球化是功能上一体化的经济活动跨越国界的延伸，全球生产网络是一个不断改变形状和范围的动态概念。ANT 考虑了影响和支持全球生产网络的关键技术因素，这种理念使本书可以在统一的框架下处理一个给定的全球生产网络不同的维度和种类。追踪一个完整的行为者网络，尤其是跨国性或跨区域的行为者网络，可以实现研究者"跨区域合作研究"的可能性（Yeung，2003）。在跨国公司形成的全球生产网络链中，行为者通常是本地化的，而网络能延伸到全球范围内。任何给定的行为者都可以被另一个行为者所替代，本地和全球这两个极端通过行为者网络这个中介联系在了一起。杨伟聪（Yeung，2000c）将 ANT 看成是近年来经济地理学网络理论研究中的两大分支之一①，并认为行为者网络的核心是在不同的地理尺度上权力的控制和执行。而权力的建构是社会性的，因此，要全面理解（跨国）企业网络，必须研究社会行为主体和企业间的多层面、有时是重叠的关系，以及这些网络所处的社会制度背景（Yeung，2000c）。

目前，对于 SNA 和 ANT，国内文献只是关于这方面的理论介绍，用此方法进行实证研究的还很少见。

本书首先将网络作为一种分析工具，用社会网络分析法来分析中国中部农区集群企业的结网特征、网络结构和演化过程。社会网络分析方法虽然可以有效地理清行动者之间、行动者与其环境之间的关系，分析网络的结构形态和特性模式，但其结构分析是表面化的"形态学"、"绘画"技术，并不是深层次的结构模型，它在动因分析和动态分析方面显得薄弱。因此，本书还要将网络作为分析的对象、是介于市场与科层之间的一种企业组织方式，用交易成本分析法来分析网络的形成机理和动因、企业网络的绩效及其对企业竞争力和区域经济的影响，即将社会网络分析法与交易成本分析法融合使用。由于行为者网络理论的一些核心概念与社会网络分析法含义不同，但它强调围绕共同目标沿着一条完整的链将能力与行动进行重新分配、目标完成后网络断裂，可以用其理念来追踪核心企业的行为网络在全球范围内的组织和延伸，而不作为主要方法。另外，本书的网络演化分析用的是时空耦合方法，企业合作与企业绩效的关系分析用的是计量经济建模方法，全书数据分析是建立在对企业访谈和问卷调查的统计分析基础上的。

---

① 杨伟聪（Yeung，2000c）认为，近年来经济地理学中的网络理论从广义来说可以分为两大分支，一是网络被看成是企业和产业间交易中的物质流［如（Park，1996；Scott，1988）］和信息流［如（Cooke，Morgan，1993）］；二是关注行为者网络理论，它强调网络中行为者间的人类和非人类关系［如（Murdoch，1997；Thrift，1996）］。

第二章　企业网络理论基础及相关理论研究综述与探讨

　　企业网络的出现反映了当今微观组织的深刻变化，是企业组织的一大创新。它一方面成为跨国公司全球扩张的重要支撑，另一方面又成为许多本地企业和产业参与全球竞争并获得持续竞争优势的重要来源（安娜·格兰多里，2005）。企业网络理论则是随着企业网络的发展，在 20 世纪 80 年代中后期逐渐形成并发展起来的新领域，还处于探索阶段。企业网络理论的发展对现代企业理论提出了严峻的挑战，它将社会经济活动放到了更加现实和更为广阔的背景下进行分析。近年来，企业网络理论探讨了导致企业网络形成及其演进的各种要素，并把分析的重点转向对企业内部或外部能够诱导和实际存在的各种网络关系及其构造的研究上（黄泰岩和牛飞亮，1999）。企业网络研究的目的在于说明企业如何通过各种关系提高生产效率，研究的对象是企业之间的关系。

　　本章首先对企业网络的概念和分类作简要概述；其次论述企业网络的理论基础是能力理论和契约理论的融合，由此而形成的复合理论更能解释企业网络现象，并在回顾企业的能力理论和契约理论的基础上进一步探讨企业网络的能力和契约关系；最后对相关理论即产业集群理论和价值链理论的研究作一回顾与探讨，并对企业网络、产业集群和价值链三个概念的区别与联系进行明晰。

第一节　企业网络的概念与分类

一、概念

　　鉴于企业网络应用领域的广泛性，对于企业网络的概念，学者们至今尚未达成一个明确而统一的定义。一般而言大致分为狭义和广义两种观点。狭义观点把它看成是市场和企业之间的中间产物，广义观点则把它看成是企业经济活动中持久联系所构成的相互依赖（贾根良，1998）。许多学者从不同的视角对企业网络下了不同的定义。

　　作为一种制度安排，贾根良（1998）把企业网络看成是企业间契约关系的形态。刘东等（2003）将其定义为由企业之间多边准市场协调契约（或超市场契约）关系所形成的多维向量体系。

作为一种企业或产业组织方式，许多文献对应于市场组织与科层组织，将其称为"网络组织"。例如，戴尼斯·迈拉特、奥利费·克莱瓦塞和布鲁诺·莱科格等从多维角度对网络组织概念进行了全面概括。第一，经济维度，网络组织是超越市场与企业两分法的一种复杂的社会经济组织形态，从这个角度来看，构成一个网络的特定组织形态的出现及其演变可以用交易费用经济学的方法来分析；第二，历史维度，网络组织是各种行为者之间基于信任、相互认同，互惠和优先权行使等所组成的长期关系系统，网络是随时间推移组织交易的一种手段，它从不是静态的，而是处于不断的演进之中，路径依赖的历史分析方法可以对这种演进过程提供基本的洞察力；第三，认知维度，一种网络组织是大于个别行为者（企业）诀窍总和的集体诀窍的储存器，这种组织方法的优势是允许集体学习过程得以在更广阔的范围内展开，如超越了企业边界的技术开发的学习过程；第四，规范维度，所有网络都是由旨在确定每个成员的义务与责任的一套规则所定义的，这些规则划定了集体活动的领域，并确保与网络的外部环境相比，网络组织受到始终如一的规制（贾根良，1998）。

陈守明（2002）认为，作为一种经济联合体，企业网络是由一组自主独立而又相互关联的企业，依据专业化分工和协作建立起来的一种具有长期性的、有指向的、企业间的组织联合体。他强调了企业网络的目的性和长期性，不同于虚拟企业的临时性契约特性。慕继丰等认为，企业网络是许多相互关联的公司或企业及各类机构为解决共同问题通过一段时间的持续互动而形成的发展共同体。企业网络包括三类相互联系、持续互动的组织：①某类相似或相关的企业；②政府有关部门和机构及其他中介机构；③高水平的研究机构和大学。

杨伟聪（Yeung，2000a）认为，作为一种社会化过程，企业网络既是一种治理结构，又是一个社会化的过程，这个社会化过程将不同的企业和组织以互惠和协同的黏合方式联结在了一起。

综合以上企业网络的定义，本书认为，企业网络从"内在形成机理"上表现为企业对一项业务是在市场上购买还是在企业内部组织两种方案权衡后决策的结果，是介于市场组织与科层组织之间的网络组织方式。而这种组织方式又受企业所处的社会环境的影响很大。一个完整的企业网络除了包括位于产业链上不同环节的生产和销售企业外，还应该有为网络内企业提供社会化服务的中介机构和服务机构。因此，本书的企业网络定义为：企业网络是介于市场组织与科层组织之间、并根植于社会关系之中的一种企业（或商品生产）组织方式，它是一组企业（或机构）为了某一共同的目的而结成一个较大的经济单元，其内部的正式或非正式关系的集合。

对于本书企业网络的含义，可以从以下几个方面理解：

（1）节点多元性。企业网络是一个由节点及节点之间的关系构成的有机的组织系统。网络中的"节点"是具有决策能力和信息处理能力的活性节点，它可以是企业，也可以是企业外部与企业相联系的个体、组织或其他机构（如大学、科研机构、市场中介组织、政府、金融机构、服务机构等）。

（2）联系广泛性。企业网络中的"关系"是由共同的目标将节点联系起来形成交易过程的桥梁和纽带。它可以是节点之间的正式联系（如投入－产出联系、转包联系、服务联系、销售联系、技术联系或财务联系等），也可以是非正式联系（如信息交换、信任、感情、共同的价值观、兴趣等）。

（3）成员互赖性。网络成员的经济行为深深嵌入于其所处的社会关系之中，那些使其交易行为偏离利润最大化目标的非经济因素，强化了网络成员之间贸易和非贸易的相互依赖。

（4）系统动态性。企业网络是动态开放的自组织系统。网络中的节点和关系、网络的宽度和深度、网络沟通渠道中的流量大小等都是围绕特定的目标而不断变化的，因此网络的边界具有可渗透性和模糊性。网络的空间地域边界是依据节点之间的联系而决定的，它不受国界或一国行政边界的限制。

（5）利益排他性。网络成员根据平等、自愿、互利互惠的原则组成一个超组织实体，虽然动态来说它是开放的、边界是模糊的，但网络资源、过程控制和网络利益的共享仅限于该时点网络内的成员，而对于网络外的行为主体具有排他性，这不同于企业的集聚利益。

需要说明的是，本书仅研究企业外部的网络。由于本书要研究网络的演化，因此不强调企业之间的关系必须是经长期合作而固定下来的关系。企业网络不强调网络的地域性，本书仅研究产业集群中企业的网络。

二、类型

根据不同的分类标准，可以将企业网络分为不同的类型。目前文献对企业网络主要存在以下几种分类方法。

1）按企业网络的空间组织形式来分

可以分为地方性网络（马歇尔式产业集群或意大利式产业区）、区域性网络（在一个国家、省区、城市内联系的区域创新系统）和全球性网络（国际性生产流通网络）三种类型。随着经济全球化的深入，虽然企业可以在全球范围内将业务开展在其成本效益最高的地方，但某些关系如传播隐含经验类技能所利用的关系可能是高度本地化的，有时地方主体之间的贸易与非贸易相互依赖超越了地方自然禀赋而成为决定区域产业活力的关键（Krugman，1991；王缉慈等，2001），产业集群的发展就是典型的地方性网络。而在产业中贸易和非贸易的网络关系并不一定都集中在地方上，某些关系可能跨越很远的地理距离。有国家的，有跨国性区域的，也有全球范围的。如成功地通过产业优先政策和行政法规进行国家一盘棋的产业协调是存在于国家范围的（王缉慈等，2001）。立足于现代信息技术平台的跨国公司在全球范围内利用网络组织形式来整合资源和统筹市场，以其个性化又成本低廉的产品和服务供应着全球的消费者，他们搭建的就是全球生产网络。全球价值链、全球商品链分析等都属于这个范畴。

对于中国中部农区来说，中小企业空间网络也可以分为地方性网络、区域性网络和全球性网络三种类型，但以地方性网络为主。产业集群是地方性网络载体，区域性网络和全球性网络大多是地方性网络发展演化的结果，直接由外资拉动融入或形成全球性网络的并不多见。

2）按企业网络存在的形态来分

企业和市场之间的网络组织形态有多种，格兰多里根据目前企业网络存在的形态，对等级制企业与市场之间的网络组织序列作了如下总结（王缉慈等，2001）：

完全等级制→U 型→矩阵型→M 型→控股或合资→特许经营→财团和下承包商→卡特尔联合体→董事互派→企业间的族系或社会关系→纯市场。

刘东等（2003）按企业网络存在的方式也作了类似的总结。他将企业网络分为战略联盟、虚拟企业、供应链网络、企业集群、外包和下包网络、特许经营网络等。

3）按企业之间联系的方式来分

按企业之间联系的方式，企业网络可以分为正式网络和非正式网络两种。正式网络是指基于投入－产出联系、转包联系、服务联系、销售联系、技术联系或财务联系等正式联系所形成的网络；非正式网络是指基于信息交换、惯例、信任、忠诚、情感、兴趣、互惠和凝聚力等非正式联系所形成的网络。最近经济地理学中的企业网络研究强调社会文化背景和非正式联系对网络形成的作用。与正式联系不同，非正式联系不需要法律和各种规定的约束，联系双方常常心照不宣（李小建，2002）。

4）按网络中成员企业之间的关系来分

按网络中成员企业之间的关系，企业网络可以分为垂直网络、水平网络和混合式网络三种。处于同一价值链不同环节的企业之间构成的网络为垂直网络；处于同一价值链环节或具有共同商业计划的企业或机构之间构成的网络为水平网络；既包含垂直网络又包含水平网络的网络为混合式网络。

5）按网络的社会化过程来分

杨伟聪（Yeung，2000a）按网络的社会化过程，将企业网络分为商业网络

（business network，也有许多学者将其直接叫做企业网络）、供应商品链网络、生产网络和创新网络。商业网络更趋向于通过非正式联系和社会化过程来组织，而在供应商品链网络、生产网络和创新网络中正式联系和等级控制程度较高。

本书基于对农区产业集群中企业网络及其演化过程的调查分析，按企业网络的演化过程将企业网络分为家族或泛家族网络、内部分工生产网络、本地（区域）创新网络和全球供应链网络。

第二节　企业网络的理论基础

古典经济学研究仅考虑了个人的生产，新古典经济学逐渐由生产转向了市场，但其仅考虑了市场，而新制度经济学更偏向于企业内部的科层组织，三者均忽略了个体或企业之间的互动，即 $1+1>2$ 的互动效应。企业之间结成网络的目的就是为了追求这种效应，其中的差额来源于企业之间的关系产生的价值。由于人是有限理性的，同时又是具有认知能力的，因此企业通过网络学习可以产生新的知识，提高企业的内生能力；而人又是具有机会主义倾向的，企业之间的交易需要由契约规则来约束，但契约是不完备的，这就需要"信任机制"的存在来保证契约关系的可持续性。相对于市场和科层组织来说，企业网络是拥有互补性能力和资源的参与者之间所形成的相互关联的长期存在的关系网（彼得·史密斯·林，2005）。它包含了两个主要的因素，一是参与者的互补性能力及其协调整合；二是参与者之间的契约关系。因此笔者认为，企业网络的理论基础应该是能力理论和契约理论。对于网络成员来说，能力理论强调企业的内生增长，契约理论强调企业的外部互动；对于企业网络来说，契约理论反映了企业网络的静态特征，能力理论则是反映企业网络的动态演进。霍奇逊认为，最具有解释力的理论是复合的理论而不是单一的理论。这是一个重要的方法上的问题：解释复杂的现象，应该从单一的理论转向复合的或者混杂的理论（Hodgson，1997）。对于企业网络这个复杂的现象，能力理论和契约理论的融合而形成的复合理论，能很好地解释企业之间的结网行为。

一、企业网络的能力

本章第一节的第二部分探讨了企业网络的许多形态，这些组织形态之所以存在，关键是各种组织形态均有其优势。例如，完全等级制（企业内部网络）可以很好地协调部门间技术合作，实现基础设施的共享；市场（很多文献将市场也看成是一种网络）可以保持较高的创新活力；财团和下承包商可以实现弹性生产，同时中小企业保持了创新活力，成为经验知识和隐含经验类知识的生产来源；大企业之间的联盟对突破性创新有着极大的优势，在实现资源共享的同时，还可以降低巨大创新的风险。基于家族和社会关系的中小企业合作，不但能在很大程度上实现资源互补，而且能促进隐含经验类知识的产生和传播。总之，网络组织的优点就是充分发挥各类组织的优势，促进经济的发展（王缉慈等，2001）。这些均体现了企业网络的能力。本书将企业网络的能力定义为，各个企业结成网络后，整个网络所具有的竞争优势大于各个成员企业所具有竞争优势之和的能力。

经济学和管理学中对企业竞争优势来源的探讨是企业的能力理论。20世纪80年代以后，企业能力理论出现了三大流派，即资源基础论、企业核心能力理论和知识基础论。资源基础论的理论核心是把企业看成一系列资源和能力构成的资源束。企业的长期竞争优势源自于企业所拥有和控制的有难以模仿、难以交易等特征的特殊资源和战略资产，尤其是一些异质性资源。然而，企业内的资源有多种多样，并非所有资源都可以成为企业竞争优势。基于这些考虑，一些学者提出了企业核心能力理论。该理论认为能力与资源不同，能力是指企业的知识、经验和技能（理查德森），它是以人为载体的，是配置、开发、保护、使用和整合资源的主体能力。企业的长期竞争优势来自于企业的核心能力（李怡靖，2003）。正如普拉哈拉德（Prahalad）与哈默（Hamel）所认为的，决定企业竞争优势的能力是企业多方面资源、技术、不同技能的有机组合，而不是单纯的企业资源。90年代之后发展起来的企业知识基础论将知识视为企业能力的深层次因素，企业组织被认为是知识的载体，是一种知识整合的机构（郁义鸿，2001）。特别是，很多知识往往只有在企业中才能被有效地应用，并且它具有企业独特性。而这种知识的学习、生产和应用的能力正是组织能力的核心。

由于个人有限的认知能力、企业有限的生产能力，个人和企业都需要分工合作。一方面，分工可以使企业专业化于某一价值链环节的生产，并通过专门知识、技能的不断积累和学习逐渐培养自己的核心竞争能力，通过不断地网络互动和网络创新培养自己的动态竞争能力；另一方面，分工必然带来交易成本的增加。而企业之间密切的网络关系可以有效地降低交易费用，提高交易效率。因此，企业网络的能力表现在两个层次上：首先是企业网络专注于其成员企业核心能力的构造和培养，其次是其组织和协调的能力。企业网络根据特定的目标选择节点，并将各节点的核心能力和有形资源有效组合起来，整合其互补优势，降低其交易成本，使企业网络运行更有效率。所以本书认为，企业网络是一种能力整合的组织体系。它与企业都可以看成是"能力"的集合，企业的能力来自于企业内具有异质性知识的个人之间的相互作用，而企业网络的能力来自于具有不同能力的企业（还包括大学、政府部门、科研机构）之间的协调互动。

1. 提高成员企业的核心能力

企业的核心能力是指一个企业在自己所从事的生产和服务活动中形成的积累性知识，特别是关于如何协调不同的生产技能和有机结合多种技术流的学识（Prahalad and Hamel，1990；杜跃平，1999），这些技术和技能能为客户提供某种特殊的利益。一个企业拥有的核心能力是独一无二的，是其他企业难以复制和模仿的，并且一般具有不可交易性，它是通过自身学习积累起来的知识，它决定了企业之间效率和竞争地位的差别。亚当·斯密认为，企业内的劳动分工可以通过"干中学"导致技能的积累和促进。马歇尔认为，除了企业组织以外，同一行业中各种企业的组织以及相关行业的组织也有助于知识的产生（马歇尔，1981）。因此，企业要提高自己的核心能力，不但企业内部需要劳动分工，企业之间也要进行社会分工，而分工的结果导致企业网络的产生。由于形成企业核心能力的投资一般为专用性资产投资，企业加入网络，可以将企业有限的资源集中在其核心能力的培养上，而将非核心业务外包出去，通过专业化生产中的"干中学"和相关企业之间的网络学习得到积累性知识，提高自己的内生能力，从而比竞争对手较快速度地生产出创新产品。企业网络对成员企业核心能力的提高可以表现为以下三个方面：

第一，企业网络为企业及企业间的"学习"提供了良好的条件。首先，企业网络使由单个企业独立完成的整个生产流程分解为多个环节由网络中的各个企业执行，这样可以使每个流程直接面向市场环境，从而拓展了相关信息搜集的广度和深度，导致企业网络内积累了大量丰富的技术和信息；其次，网络内的个人关系和企业间密切的相互联系促进了信息的流动、减少了信息的不对称性，使得信息更具有可转移性。企业网络内的非正式交流可以使企业间信息的获取速度快、成本低。企业与网络内其他成员的相互作用，使企业能够获得像"如何进行生产"等行业隐性知识，而隐性知识的碰撞是创新和持续竞争力的源泉。因此，企业网络的存在，使具有不同能力的个人和企业之间的学习和交流更为有效，从而产生新的知识和技能。

第二，企业网络能够促进成员企业创新的产生。许多学者认为，一家企业不可能创造自己所需要的所有知识，所以企业之间、企业内部需要进行持续不断的知识交流（慕继丰等，2001c），以增加创新思想的出现概率。一些研究表明，企业之间倾向于形成知识网络。例如，Hippel（1998）发现，网络内企业的顾客和供应商是企业创造性思想的最基本源泉。Powelletal（1996）发现，在生物技术行业中，创造和创新活动的中心是企业网络，而不是孤立的企业，专利是为不同企业和机构（包括生物技术公司、制药企业和大学等）工作的许多人合作的产物

（慕继丰等，2001a）。也就是说，企业创新的产生是其所构建的企业网络内所有成员共同努力的结果，尤其是对于小企业的创新（它不同于大企业的研发创新）更是如此。

第三，企业网络有助于成员企业核心能力的提升，以保持动态的竞争能力。一些研究发现，企业的核心能力在环境发生变化时很容易表现出某种抗拒变化的惰性也即是所谓的"核心刚性"（孟艳芬等，2004）。而处在网络中的企业会对自己和网络中的其他企业有更深的认识，当外部环境变化时，企业可以重新整合、重构其内部及外部的技能和资源，重塑其核心能力和外部网络关系，来应对不断变化的需求。企业网络所特有的"柔性生产"使成员企业以信息传递快捷、产品创新迅速、企业营销到位来打败竞争对手，并与不断变化的经营环境相协调。这种动态能力反映了企业形成具有竞争优势的创新方式的组织能力。因此，企业的核心能力是随着企业环境的不断变化而变化的，这也使企业网络处于不断优化的动态演进中。

2. 成员间协调能力

企业网络是随着分工的深化而产生的。在企业网络中，单个企业逐步变为功能较为单一的元素单位。拥有不同偏好、资源、能力、处在价值链不同位置的企业之间依靠网络进行协调统筹，代替科层企业内部的计划指挥，起到资源配置的作用。新制度经济学通过引入交易费用的概念，说明了企业不过是为节约交易费用所产生的对市场机制的替代。理查德森（Richardson）认为，企业与市场之间直接协调和自动协调的两分法，使人误解为性质截然不同的协调方法，它忽视了企业间合作的事实。坎德·兰逊（Rikard Larsson）通过深入研究组织间的关系之后，建议用市场、组织间协调和科层企业的三级制度替代传统的市场与科层两级制度框架。兰逊所指的组织间协调就是经济学文献中的网络组织或企业网络。遵循亚当·斯密和钱得勒把市场和企业科层分别称作看不见的手和看得见的手的隐喻，他形象地把组织间协调称作"握手"。他认为，在较低的内在化成本和行为者之间信任程度低的情况下，不确定性、交易频率及特定资源依赖程度越高，这些资源依赖越可能由"科层"看得见的手所协调；在较低的外在化成本情况下，不确定性、交易频率和特定资源依赖程度越低，这些资源依赖越可能采用"市场"看不见的手之方式实现；在较低的召集成本和较高的内在化成本或行为者之间信任程度高的情况下，不确定性、交易频率和特定资源依赖程度越高，资源依赖的协调越可能由作为企业间契约的"网络"来协调，这实际上隐含了企业网络萌芽的思想，即通过看得见的手和看不见的手的握手来构筑企业网络的协调关系（贾根良，1998）。这与威廉姆森的组织演变图谱有异曲同工之处。

为了更好地理解企业网络的组织间协调能力，可以将网络组织（企业网络）与市场组织和层级组织的特征加以比较（表2-1）。

表2-1 网络组织与市场组织和层级组织的比较

组织特征	层级组织	网络组织	市场组织
目的	上级部门的利益优先	各个合作者的利益兼顾	提供交易场所，各自追求利益最大化
资产和资源	高资产专用性，不易交易；松散资源、缓冲存货；固定、大型的有形资产	适度高资产专用性；非松散资源；柔性、较多的无形资产	低资产专用性；易于交易
垂直一体化	高；生产投入所有权集中化	可变（静态网络中等，动态网络较低）；所有权单元分散化	无；生产投入所有权分散化
信用	低	中等偏高	低
交易	长期时间模式；高概率反复	中等偏长期时间模式；可变的反复（静态网络较高，虚拟网络较低）	短期时间模式；低概率反复
产权转移	生产时引起的工资索取权；生产投入或未来收入流的劳动索取权小或无	分散的/有效的产权转移；协商/常常共享的收入流索取权	销售时产生的工资或收入索取权，由产权决定
冲突解决	详尽的合约；行政命令	关系型/经常性/隐含性合约；共同协商，互让互惠	市场规范；法庭，法律体系
边界	固定，刚性，内或外；强，典型的静态连接或联合	柔性，可渗透，相对，潜在连接；强和弱，经常处于动态变化	具体，完全细微；不明显，公平，一次性连接或联合
联系	不间断；垂直渠道；一点到多点或多点到一点	随需要产生；直接渠道；多点到多点	短期存在；直接渠道；多点到多点
任务基础	功能导向	项目导向	一致性（一个当事人从开始到结束）
激励	低，预先确定过程步骤和产出；主要取决于固定工资	较高，业绩导向；利益来自多重交易	高度强调销售额或退出市场，利润刺激

组织特征	层级组织	网络组织	市场组织
决策轨迹	高层，远距离	共同参与或协商，接近行动地点	即时/完全自主
信息集中	静态环境中的最低寻找；通过专业化机构（如市场）	分配的资源集中；中等寻找	通过价格传达信息；价格向量极其重要，需要寻找价格
产品	大量生产，规模经济	更定制化，规模/范围经济	允许巨大变化的现货合约
控制/权威/影响模式	地位或规则基础；命令/服从关系	专业技能或声誉基础；重信念；通过形成联系也影响控制	通过价格机制形成信念

资料来源：根据 Marshall Van Alstyne, The State of Network Organization: A Survey in Three Frameworks。*Journal of Organizational Computing*, & Electronic Commerce, 1997, vol. 7 (3)，并参见《企业网络论》（刘东等，2003），略有改动。

安娜·格兰多里（2005）在对 EMOT（转型中的欧洲管理与组织）研究项目中关于企业网络问题研究的综合中，强调了企业网络在协调不同利益和能力方面的作用。她认为企业网络的核心特征不仅是一系列的协调机制，还是对企业和市场的替代。企业网络因为存在一系列协调机制而不同于市场，又因为财产权利的分散性而区别于企业。这种协调机制包括规则和惯例、经纪和中介组织、企业间权威、联合决策及其激励和谈判计划（从价格到担保和抵押）等诸多方面。其协调方式包括以企业间关联决策为特征的社会网络、以契约性权威为基础的准科层组织、以风险分担为核心的网络形式和以权利对等为特征的战略同盟。

格兰多里认为，对企业网络需要什么样的协调机制以及如何运用于企业之间关系的治理还需要进行深入细致的分析。为此，她和纳里（Neri）进行了对规则和惯例重要性的研究，这些规则和惯例具有产业、场合和伙伴关系的专用性特征，对它的研究提供了一个对产业区内部契约性协议的细节的考察，突出了博弈和谈判作为网络协调机制的重要性（安娜·格兰多里，2005）。塞巴斯蒂安诺·布鲁斯科（Sebastiano Brusco）通过对产业集群的案例分析表明，在反复互动中恰当地保持合作博弈战略的游戏规则维持着"可信任的"交易的进行。他列出了规范成功合作的一系列游戏规则，包括"谨慎"规则（这类规则是法律性的，希望可以借助它使自己免受极端依赖合作伙伴及其相关风险所造成的损失）、"信任"规则（它禁止通过欺诈手段获取利益）和"惩罚"规则（它避免对其他合作伙伴有价值的资源的浪费）（塞巴斯蒂安诺·布鲁斯科，2005）。尤其是

"信任"规则，近年来得到了许多实证和理论分析的支持，例如，埃瓦纳·潘尼西亚（Ivana Paniccia，1998）通过对意大利产业区的比较研究，描述了事前的偶然事件如何在接受规则的基础上依赖信任进行处置，这种信任建立的基础是对特定伙伴在反复的经济交往中是值得信赖的这一事后判断。在不同地区，甚至在同一地区，信任机制都是不同的，对规则和道德标准的描述是有差别的并因人而异，而不是公开的和一致的。这些成果与本书后面所引入的企业网络心理契约的观点也是一致的。

二、企业网络的契约关系：心理契约的引入

新制度经济学的奠基人科斯在 1937 年解释企业为什么存在时，把企业归结为一系列劳动的契约。他认为市场配置资源是有成本的，企业的存在是因为它能够实现"用一种契约取代一系列的契约"、"用长期契约取代短期契约"，结果使得契约的数量大为减少。他通过引入交易费用的概念，说明了企业不过是为了节约交易费用而产生的对市场机制的替代，从而奠定了市场与企业的两分法。张五常（Cheung，1983）进一步阐释和发展了科斯的思想，他将企业看成是一组要素的契约，认为企业取代市场实质上是契约种类的替代，要素契约取代了商品契约才是科斯论文的真谛。周其仁将企业的契约特殊性归结为"人力资本的产权特征"，明确了企业是就人力资本这种要素的交易达成的契约，与科斯最初的思想"劳动契约"相吻合。威廉姆森的网络组织概念奠定了企业、网络组织、市场三分法的思想根源，他在麦克尼尔的关系型契约概念的基础上探讨了组织的契约类型，并认为交易类型与契约类型是相匹配的。金森（Jensen）和麦克令（Meckling）将包括企业在内的组织定义为，本质上是一系列契约关系的联结。自此，从契约的角度来研究企业或组织，尤其是关于契约类型和契约安排的研究，已经发展成为一个引人注目的理论分支（周立群和曹利群，2002）。如阿尔钦（Alchian）和德姆塞茨（Demsetz）认为，企业可以被认为是一种私有市场，要素契约与商品契约之间并没有什么差异。此观点虽招致了广泛的批评，但却也否定了科斯与张五常要素契约与商品契约完全对立的观点。周立群和曹利群（2002）以农业产业化过程中龙头企业长期支配农户土地和劳动力要素的契约安排为例，讨论并证明了商品契约和要素契约具有一定的通融性和互补性，此案例正是一种网络组织形式。还有许多学者也把企业网络看成是企业间契约关系的形态（贾根良，1998；刘东等，2003）。

笔者认为，现有研究虽然已意识到企业网络的契约性质，但对企业网络内部相关企业之间的商品契约的特性并没有作出很好的解释。企业网络内部相关企业之间的交易行为是以市场交易为基础，但还包含了许多非市场交易行为，其契约

性质也是以传统的商品契约为主，还隐含了许多非文字性的内容。所以，有许多学者把它归于一种隐含契约，但隐含契约的说法太过笼统，有很多契约都能说成是隐含契约。刘东等（2003）认为，运用麦克尼尔现成的关系型契约概念似乎还不足以揭示企业网络内相关企业之间商品契约的全部特征，因此，他把企业网络内相关企业之间的商品契约称为超市场契约。隐含契约、关系型契约或超市场契约虽然都前进了一步，但对企业网络契约本质内容的探讨还有些不够。企业网络是研究企业间关系的，而关系的建立是在长期心理因素支配、行为重复博弈过程中实现的。企业网络契约之所以表现为一种隐含契约、关系型契约，或者之所以表现出一种超市场契约特性，是因为它背后还有一种机制在发生作用，这种机制就是网络成员在交易过程中的心理契约机制。

目前，已有许多学者观察到了心理因素对经济行为的影响。如上海财经大学的李健教授在其《制度与契约经济学》电子版教案中就认为"心理学与制度分析远比数学对经济学有更重要的位置，现代经济学放弃了这个最宝贵的基石"；朱华晟（2003）在《浙江产业群》中阐述影响地方网络联系强度的因素时，也将心理因素列为其五大因素之一等。由于人的有限认知、市场的不确定性、信息的不对称，契约是不完备的。在交易活动发生的过程中，除了正式的经济契约之外，还有一种重要、有时是起决定作用的契约在发生作用，那就是心理契约。而这种契约很容易被人们忽略。本书下面从心理契约理论回顾、企业网络心理契约的概念、与相关契约概念的区别与联系、企业网络的契约类型及引入心理契约的意义等方面详细阐述。

1. 心理契约理论研究回顾

心理契约的概念自阿吉瑞斯（Argyris）于1960年首次提出后，处于不断的完善、深化和探索之中。最初的心理契约概念是指工厂内雇佣关系中雇主与雇员的期望，如彼此的义务、价值、远景以及隐含或超越正式雇佣合同的期望（波特·马金等，2000）。它是在任何时候都存在于雇佣双方或组织成员之间的一种未书面化的契约、内隐契约或者期望（魏峰和张文贤，2004）。这些期望可以是对经济内容的要求，如做了工作就有工资的回报。但与经济因素相反，心理契约的本质是对无形的心理内容的期望。如雇主期望雇员对组织忠诚、努力，雇员期望长期努力工作能得到升迁和提薪等。谢恩（Schein）将心理契约划分为个体和组织两个层次，强调虽然心理契约是未明确书面化的东西，但却是组织中行为的强有力的决定因素。罗宾逊与卢梭（1994）提出了一个更具体的心理契约定义，认为心理契约不仅具有期望的性质，也有"对义务的承诺与互惠"。心理契约强调的是个人与组织间的"关系"，而不是他们之间的"交换"（波特·马金等，

2000）。魏峰和张文贤（2004）认为，心理契约概念的本质特征是对建立在承诺基础上的相互义务的主观感知。

卢梭（Rousseau）和帕克（Park）认为心理契约可以分为交易型心理契约和关系型心理契约（魏峰和张文贤，2004）。它们在关注点、时间框架、稳定性、范围和明确程度上存在差异。交易型心理契约追求经济的、外在需求的满足，雇员的责任界限分明；关系型心理契约追求社会情感需求的满足，雇员的责任界限不清。也有实证研究显示心理契约由交易维度、关系维度和团队成员维度三个维度构成（魏峰和张文贤，2004）。

2. 心理契约理论的拓展

综上所述，以往的心理契约研究都是针对企业内部雇员与雇主之间的工作心理契约研究。其实，只要两个行为主体发生交换关系，就会存在心理契约过程，它可以发生在不同的层次上。对于企业内部来说，它表现在雇主和雇员之间的心理契约，除工作与工资关系之外，还包括休假和生病时付酬的项目等。对于企业网络来说，它表现为企业与企业之间，尤其是企业代理人之间的心理契约。对于市场组织来说，个体或企业之间的心理契约是偶然、短暂的、不受约束的，所以市场关系极易产生机会主义行为，造成高昂的交易成本。

心理契约不仅可以发生在个体与个体、个体与企业、企业与企业之间，还可以发生在个体、企业与区域（地方）之间。个体、企业为区域服务，期望有一个满意的工作和生活环境。心理契约的遵守，可以留住有创新能力的人才，而心理契约的违背使人才和企业成为"松脚型"人才和企业。从这个意义上说，区域政府应成为"诚信、道德、服务型"的政府。

3. 企业网络心理契约的概念

由目前对企业内部雇主与雇员之间的心理契约概念，可以延伸到企业网络的心理契约概念。企业网络的心理契约是指网络成员企业在承诺基础上对双方交易关系的主观感知、信念和期望。如成员企业的权利、责任、贡献、信任、忠诚、能力、努力、利润、升级和安全等。如在供应链网络的供货合同中，除了双方的书面合约内容外，供应方还期望购买方能长期向其提供需求，购买方期望供应方能自愿提供分外服务、不在找合同的漏洞方面努力、不偷工减料等。双方均期望对方能做到诚信兑现承诺，相互保密，相互维持名誉，相互忠诚、信任，在合同执行过程中更积极主动等。

企业网络心理契约概念包含以下几个重要方面：①成员企业双方对交换关系信念、理解和期望的一致性；②它被看成是合作双方之间的隐含契约，隐含着不同程度的公平和信任，显示着双方的互利和互惠；③它可以随个人、组织的期望，经济和社会地位的改变而不断地重新修改，是动态变化的；④心理契约是基于个人的知觉，它影响个人在交往中的合作方式。

企业网络心理契约也可以包含交易型心理契约和关系型心理契约。交易型心理契约追求交易中经济内容的满足，成员的责任界限分明；关系型心理契约追求情感需求的满足，成员的责任界限不清。

4. 企业网络心理契约与相关契约的区别与联系

1）企业网络心理契约与经济契约的联系与区别

企业网络心理契约和经济契约在契约形式、交换内容、交换过程、强调重点和期望体现形式等方面是有区别的（表2-2）。经济契约（economic contract）是网络成员企业在交易时所依据的正式的、具有明确法律效力的书面规定（如销售合同、保险合同、贷款合同等），它一经确立就表现出相对稳定性。由于人的有限认知和信息不对称，契约都是不完备的。在任何契约背后，都存在交易双方对契约执行的期望和理解，即都存在一种心理契约，它是双方对交易关系中彼此间权利和义务的一种主观心理的无形约定，不需要对方的承认和认可，并随环境条件的变化而变化。心理契约所包含的大部分内容，都可以体现在"体谅"与"品德"这两大范围内。在体谅之下，双方期望在外部环境变化时，他们有协商的权利。在品德之下，双方期望在一方有难时，另一方会伸出援助之手，更不会落井下石。这些期望虽未明确提出或写入合同，但作为一种心理预期，它可以使交易双方更具有归属感。所以，企业网络契约是以经济契约形式为主，但心理契约也发生重要作用。经济契约是市场交易的主要契约形式和内容，而心理契约是提高市场交易效率的有效手段。

表2-2　心理契约与经济契约的区别

契约类型	契约的形式	过程	内容	强调的重点	期望体现形式
经济契约	正式、明确、公开、稳定	违约时的程序	金钱与交易等	交换内容，企业之间的交换	金钱、工作
心理契约	非正式、隐含、主观、动态变化	有协商的权利	其他效果的奖励	交换过程，企业之间的关系	体谅、品德

2）企业网络心理契约与关系型契约的联系与区别

麦克尼尔曾经将商品契约形式分为古典型契约、新古典型契约和关系型契约三种类型。其中关系型契约与其他交易类型相比，具有以下几个特征：①实行的是隐含契约或默认契约（implicit contract），它是由双方共同知识所达成的默契，彼此心照不宣。②交易具有连续或简短的延留义务。③交易对象是相对稳定的，构成重复博弈环境。④契约具有自我实施的性质，更需要以社会规范而不是法律做保障（刘东等，2003）。

按照麦克尼尔对关系型契约的定义，关系型契约是在网络企业之间客观存在、双方都默认、可察觉到的、达成共识的东西，而心理契约并不一定能被双方共同察觉，其隐含性更强、更主观。所以关系型契约是交易双方在心理契约包含内容一致情况下的表现，是双方对心理契约的遵守，而心理契约是更微观的层次，可以观察到关系型契约是如何形成的。

5. 企业网络的契约类型

企业网络的契约类型包括正式的经济契约和非正式的心理契约两个部分。经济契约可以是商品契约或市场契约，是企业网络契约的主要表现形式；而关系型契约或超市场契约等非正式契约部分可以用心理契约来解释，如关系型契约是交易双方心理契约内容一致时的表现。心理契约包含内容不一致时，引起心理契约违背和企业网络的断裂（图2-1）。

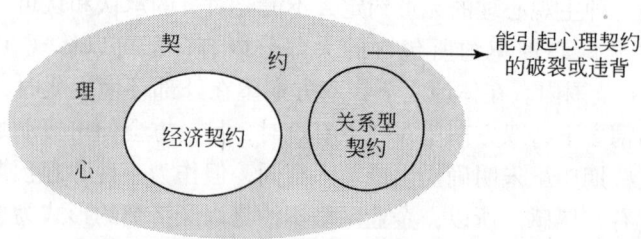

图2-1　企业网络的契约类型

本书认为，企业网络心理契约是一种机制，它时刻在企业网络内部发生作用。正是由于心理契约的存在，企业网络才表现出能超越市场之上的关系型契约或超市场契约的特征，并严重影响企业网络的稳定性和交易效率。由于违背心理契约所造成的损失会大于机会主义行为得到的利益，所以，网络企业有时会暂时选择不利于自己的契约安排甚至是顺从的关系。以转包网络为例，发包商将中间生产转包给承包商，发包商期望生产者能按它的要求保质保量地完成，生产者期望发包商再有类似的需求不要不转包于他。只要能保住长期的转包关系，承包商会听从一切指挥。发包商期望交易契约按照他们的方式安排生产，生产者期望通过生产能提高自己的技能和地位。这些期望驱使发包商主动参与生产者的生产过程，对其进行指导、协调甚至决策，生产者积极接受发包商的监督和指导。双方心理契约的遵守使这种服从关系长期维持下去，在企业网络中形成稳定的权力结构。

6. 心理契约决定企业网络的结网方式

心理契约在企业决定"与谁结网、如何结网"中起重要作用。经济性契约不管内容如何不同，其本质都是交易双方为了各自经济利益而达成的书面协议，它无法激发网络成员的潜力。而心理契约具有更大的柔韧性，是网络中企业行为的强有力决定因素。心理契约的遵守和暗含条款的约束，能降低双方的监视成本和不确定性，提高网络的稳定性；而心理契约违背造成的机会主义的发生，使企业网络断裂。

心理契约的内容受个人、组织、社会、经济和文化因素的影响较大，区域差异也较大。相关企业之间心理契约的不同有时决定了企业网络不同的结网方式。以以下几个方面为例来加以说明。

1) 区域文化背景对企业网络特征的影响

人是属于社会的人，企业网络是根植在社会关系和社会结构之中的，网络成员企业代理人之间的心理契约极易受其所在区域的制度、文化背景的影响。不同的区域，制度文化背景不同、人们的社会心理不同、人际关系模式不同，造成心理契约的内容不同，导致偏好的经济组织和运行方式也不同。这在日本、美国及海外华人三种企业网络的不同特征上有所体现。

心理契约的特定模式与当地或国家的文化特征有关。特定的区域文化背景影响个体行为，影响个体对"自我"的理解和实践，从而影响工作方式。每一个人的"自我"都可以归结为是属于"集体主义"的，还是属于"个人主义"的，这种"自我"是解释个人行为的核心因素，也严重影响了个人喜好的心理契约模式。日本人在与其他人交往时，把自己看成是相互依赖的社会关系的一部分，而不是单个的个体，属于"特殊主义"人际关系模式（王询，1994）。这种"集体主义"自我塑造了"集体主义"的国家文化，该区域背景又决定了日本人相互依赖的心理契约模式，表达了交易双方超越正式契约之上的期望和道德上的义务。在这种文化导向下，日本企业内的劳动合同倾向于终身制，企业与雇员之间建立的是长期的基于情感的关系性契约。这些特征同样也表现在企业与企业之间的交往上。一些研究表明，日本的企业网络特征是等级式结构、高度的信任、供应商与客户之间紧密的联系并相互适应（Tsui-Auch，1999）。这些均体现了企业之间心理契约的遵守和关系型契约特征。日本企业代理人之间相互依赖的心理契约，使每一个成员把相对稳定的网络组织看成是一个共享命运的共同体。但日本企业一般主要依靠下属的供应商，而很少注意其他的供应商，所以日本的分包制网络是封闭僵化的。

美国人的"个人主义"自我塑造了"个人主义"的国家文化,该区域背景又决定了美国人"普遍主义"的人际关系模式和相互独立的心理契约模式,人与人的合作关系仅仅被看成是一种交易,企业与企业之间建立的是短期的基于利益和任务的交易性契约。这种心理契约模式决定了美国的企业网络结构松散、信任度低,但比较开放灵活。然而一些研究表明一些美国企业如摩托罗拉、福特等也有日本网络组织的特征(Tsui-Auch,1999)。

在人际行为的情感联结上中国人有自己独特的方式和习惯,它既有传统上的重"情义"、轻"实利"的特点,也具有在商业行为中的表面上顾及"情面",私下里计算"实惠"的特征。但无论是传统的观念,还是现代市场经济产生的价值观,他们都还不习惯独立承担个人的责任,对自己的权利也认识不清,这造成他们对个人关系的依赖性很强(波特·马金等,2000)。海外华人企业代理人之间的心理契约内容比较容易达成一致,这使他们在基于个人关系的相互信任和依赖的基础上结成网络,交易成本很低,因此他们一般保持较小的公司规模,依赖网络效率弥补它们内部有限的能力。但过度依赖个人联系和有限的资本限制了中小规模海外华人企业对外部知识的吸收,与美国和日本相比,在技术升级、资本投入方面是缓慢的(Tsui-Auch,1999)。

2)心理契约与产业集群:企业的本地结网

心理契约包含内容的一致性对交易双方关系的建立至关重要。企业网络中,达成心理契约的双方,预料和期待对方将会满足自己的某些需求,想要对方表现出自己所期盼的某些行为。这些期望微妙而含蓄,要期待双方去细心观察、琢磨、估测和领会。同处一地、具有相似经历和相同文化背景的企业代理人之间更能领会对方的期望,满足对方的要求,更容易达成心理契约内容的一致,建立起长期合作的关系型契约。所以,一般来说,企业更倾向于在本地结网,集群内部的企业网络比一般的企业网络更加非正式。由于不同经济状况、不同文化水平、不同地区、不同行业、不同职务的个人心理契约内容存在着差别,所以企业在区域外部结网比区域内更加依赖正式契约。

按照笔者对河南省农区多个产业集群的实地调查及对虞城县南庄村钢卷尺产业集群的跟踪调查,发现心理契约对市场制度不完善的农区中小企业网络的形成和发展尤其重要,它决定了企业"与谁结网"和"如何结网"。农村地区中小企业集群中信息、技术的传播首先是从家族、泛家族网络带动整村、整乡向外延展的。这是因为乡土社会靠亲密和长期的共同生活形成"共同的惯例"或"内化了的道德标准",在本地形成了一种和谐的心理契约氛围,形成区域的社会资本。这和没有这种背景的情况相比,需要更少的正式组织和强制约束。心理契约的约束和遵守使企业网络较一般的企业集聚更具有排他性,它决定了企业网络的边界，并因大量非正式联系和非正式契约的存在，大大降低了企业之间的交易成本。因此，心理契约内容的一致是农区中小企业集群发展初期的关键因素之一。这也是改革开放以来，我国农村地区在正式制度不完善甚至缺失的情况下，许多工业集聚区或产业集群蓬勃发展的原因之一。

3）心理契约的违背

心理契约的违背是由于一方意识到另一方没有充分履行心理契约的信念而产生的失望、挫折、愤怒和忧伤（杨杰等，2003）。心理契约的违背对交易双方都会有相当大的影响，如产生较低的信任和合作满意度，影响网络合作的长期性。另外，心理契约的违背还会导致对双方更多契约的重新评价，产生心理契约的易变性。

中小企业在本地结网虽然对其所在区域产业集群的发展起到了巨大的作用，但随着集群的发展、现代市场经济的引入，区域传统文化特征及乡土气息就会淡化，滋生了机会主义行为，引发心理契约的违背或破裂。如目前浙江的某些企业集群就出现了一个怪现象，即在同等条件下，浙江人宁可与老外做生意，也不与本地人做交易①。就是因为本地人之间心理契约的违背，才使他们转向市场机制相对完善、能强制执行的国际贸易。由此可见，随着经济发展水平的提高和市场制度的完善，依赖于信任、忠诚和满意的贸易性关系契约在一些方面正被交易性契约所取代，人们更加依赖正式契约。心理契约也许对我国欠发达农区传统产业集群发展初期的作用会更大些。

波特·马金等（2000）认为，对于心理契约来说，找到一个非常明确的例子是很难的，但心理契约的重要性怎样评价都不过分。企业网络契约虽是以经济契约形式为主，但心理契约在企业"与谁结网"和"如何结网"的决策方面起重要作用。经济契约是正式的、相对僵化的，而心理契约更具柔韧性，更能开发企业的合作潜力。本书之所以引入企业网络的心理契约特性，就是因为笔者在对农区产业集群和企业网络的调查中，发现心理契约对深受传统文化影响、市场经济制度又几近缺失的我国中部农区中小企业本地结网的作用尤为重要。心理契约的违背对网络成员企业的交易效率和整个企业网络的稳定性都会有很大的影响。因此，从心理契约角度研究企业网络对广大传统农区产业集群与企业网络的培育和发展具有深刻的指导意义。

另外，引入企业之间的心理契约概念，也可以引起交易双方对相互期望的重视，加强相互履行责任的意识，加强自我约束和自我控制，减少双方的不确定性、误解及冲突，在诚实、公平和守信的基础上兑现相互的价值承诺，这是提高

---

① 金祥荣，"集群与区域发展"国际研讨会上的报告，广州，中山大学，2004年12月6～7日。

双方信任、主动积累地方社会资本的有效途径。目前，很多文献都强调了社会资本对企业和区域发展的重要性，但大多是将社会资本看成是一个长期积累、被动接受的既有财产，如何加速它的积累过程，变被动为主动，就要从重视心理契约入手。从这个意义上说，对心理契约研究就从更微观层次上找到了如何主动积累社会资本的突破口。

第三节　相关理论研究综述与探讨

一、产业集群理论：产业集群的网络本质

产业集聚现象历来是经济地理学研究的核心内容之一。20世纪90年代以来，伴随着学者们在全球化背景下对马歇尔"产业区"的再发现，"产业集群"成为区域经济学、管理学、地理学文献中出现频率最高的名词之一，集群理论也得到了快速的发展和完善。

斯泰勒（Steiner）认为，产业集群很早就已经存在，并自产业革命以来规模不断扩大、数量日益增多（朱华晟，2003）。而对产业集聚现象的研究最早可以追溯到马歇尔和韦伯。早在一百多年前，英国著名经济学家马歇尔就已关注许多性质相似的小型企业在特定地区的集聚现象，并将这一"特定地区"叫做"产业区"。由于他是以新古典经济学的规模收益不变为假设前提的，所以他把地方性工业在产业区的集聚归结为企业追求"外部经济"，即企业层面的规模报酬不变、社会层面的规模报酬递增，并指出这种外部经济带来的"地方性工业的利益"包括：加速技术的外溢、提供专业技术工人共享的劳动市场、提供共享的中间投入品、平衡劳动需求结构、促进区域经济健康发展以及便利顾客等几个方面（马歇尔，1981）。韦伯（Weber）在《工业区位论》中，阐述了微观企业在集聚所得的利益大于因从分散地迁向集聚区而追加的运输和劳动成本时趋向于集聚。马歇尔的外部经济和韦伯的集聚经济虽然在一定程度上概括了产业集聚的优势，但他们并没有阐明这种外部经济或集聚经济的最初来源何在，他们均忽略了企业之间合作的存在。后来，由于福特制大宗生产方式的流行及追求规模经济和利润最大化的大型公司的出现，使以中小企业为主的"产业区"的发展受到长期忽视。直到1979年在发达国家经济和传统生产方式普遍衰退时，意大利经济学家别卡提尼（Becattini，1990）对意大利持续高速增长的中小企业集聚地区的重新发现，这种产业组织和企业合作模型才又引起了国际学术界的注意（朱华晟，2003）。Becattini（1990）在马歇尔的基础上又前进了一步。他将产业区作为一个社会经济概念，强调企业在本地社区环境的根植和劳动分工、生产专业化的不

断产生，并称之为"新产业区"。最早提出集群概念并真正促使产业集群在学术界和全世界各层次决策者中间引起广泛影响的学者是美国的企业经济学家波特教授。相对于马歇尔的"产业区"和别卡提尼的"新产业区"，波特的集群概念最大的贡献就是强调了他所构建的"竞争钻石"模型四大要素（因素条件、本地需求、供应商和服务、企业结构和竞争对手）之间的紧密互动（Porter，1990）。但由于他定义的产业集群过于宽泛，因此在不同的领域得到了不同的应用、赋予了不同的含义，以至于变成了一个混乱的概念（Martin and Sunley，2003）。20世纪90年代末，以克鲁格曼（Krugman，1999）为代表的新经济地理学理论和以杨小凯为代表的新兴古典经济学理论从收益递增的角度解释了产业集聚产生和演化的机制，分别强调了本地投入–产出联系和劳动分工的贡献。

从以上对产业集群不同视角的研究可以发现，产业集群包含了两个必然条件：集聚和网络。要构成产业集群，首先企业是集聚的，社会和空间的接近才能产生技术溢出和本地市场的外部经济。但随着各地产业集群面临的挑战和升级压力的增加，人们越来越发现中小企业仅仅集聚在一起是不够的。许多集群文献也强调了本地供应链和社会网络的重要性（Scott，1988；Schmitz，1995）。约翰森等（Johansson and John，2004）认为企业扎堆得到的仅仅是具有公共资本和非排他性特征的集聚经济，而具有私人资本和排他性特征的企业之间的网络联系在提高企业生产率方面是集聚经济的补充。笔者认为，集群内部必须要有网络联系的存在，才能产生创新和合作效率。产业集群能否表现出预期的良好绩效，关键是集群内是否存在企业网络，即企业之间的网络联系是产业集群的本质特征。总结近年来的国内外文献，可以发现网络在产业集群的定义、鉴别、分类、竞争优势来源等方面的重要性，即可以看出产业集群的"网络"本质（李二玲和李小建，2007a）。

1. 从集群网络的角度来定义产业集群

产业集群的成功引起了国内外学者的广泛研究，不同的学者根据自己对集群的理解，从不同的侧面为集群下了不同的定义，其中有许多文献直接用网络联系来定义产业集群。比如，集群概念的创始人波特教授在《牛津经济地理学手册》（克拉克等，2005）中给出了一个比较详尽的集群定义：集群是指在某一特定领域内，因共用性和互补性而相互联系的公司和机构在地理上接近而形成的群体。其地理界限可以从一个城市或一个州延伸到一个国家甚至几个相邻的国家。集群依各自的（分工）深度和复杂性而呈现出不同的形式，但大都包括：最终产品或服务公司；专业化投入品、零部件、机械和服务的供应商；金融机构以及相关产业的企业。集群通常也包括处在下游产业的企业（即销售渠道或客户）；互补产品的生产商；专业化基础设施的提供者。此外，集群还常常包括许多政府机构和其他提供专业化培训、教育、信息、研究和技术支持的机构（如大学、智囊团、职业培训提供者），以及一些标准的制定机构。对集群有重大影响的政府部门和管理机构也可看成是集群的一部分。最后，许多集群还包括贸易协会和其他支持集群成员的私立部门联合体。波特认为集群的边界是由产业和各机构间最重要的联系和互补性而决定的"溢出"强度及其对生产率和创新的重要程度来决定的。

由此可以看出，波特的集群定义的特征是，集群中的企业必须是相互联系的，这些联系可以是垂直联系（供购链），也可以是水平联系（互补产品和服务、相似投入及专门技术或机构的运用或其他联系），而且这些联系还涉及社会关系或网络利益。马丁和森利认为波特的集群定义很明显的问题是缺乏明显的产业和地理边界（Martin and Sunley, 2003）。

还有许多文献表达了对集群概念的理解。如一些研究认为，"集群"、"产业区"、"地方生产系统"、"企业集聚"等虽然术语不同，却同样反映了企业在相关的商务联系基础上所存在的地理组合现象。集群包含的企业数可以不同，大小企业占有的比例也可以不同。一些集群（如意大利的产业区）是由大量的中小企业构成，而其他集群的核心可能是大企业，有时是外国企业。在不同的集群里，企业之间交互作用的程度不同，可以从松散的企业网络协会到多种形式的合作与竞争（OECD, 2001）。一些研究沿用马歇尔的思想，认为集群是生产和销售一系列相同或相关产品、面临共同挑战和机遇的企业在部门和地理上的集中。这些集中能够产生外部经济，例如出现原料和零部件的专门供应商，出现具有专业技能的劳动力市场，发展在技术、管理和金融等方面的专业服务等（UNIDO, 2001）。

另外也有一些文献直接将产业集群理解为一种企业网络，如若兰特等（Roelandt and den Hertog, 1999）认为，集群可以被刻画为在一条增值生产链中相互联系、相互依赖企业（包括专业化供应商）的生产网络。一些学者认为，集群与本地或区域网络意义最接近，集群是专业化组织的本地化网络，其生产过程通过商品、服务和（或）知识的交易而紧密联系在一起（Belussi, 2004）。埃玛瑞诺和麦肯（Iammarino and McCann, 2005）为了强调网络的社会根植性，认为产业集群相对于城市纯集聚经济和产业综合体来说就是一种社会网络。陈守明（2002）认为，产业集群在某种意义上就是介于市场与等级组织之间的一种企业网络。

笔者认为，尽管集群定义有多个不同的表达方法，但大多数都包含"地理接近、专业化和网络化"的含义。网络是集群的本质特征，集群是本地网络的地域载体，不能将二者混为一谈。在实践上，已有许多研究强调组织间网络、信任和社会经济网络的作用，并将网络作为一种工具来创建和发展产业集群（Rosenfeld，2001；UNIDO，2001；Belussi，2004）。

2. 从企业间联系（网络）的角度来鉴别产业集群

从近年来学者们所探讨的鉴别产业集群的定性定量方法也可以看出企业网络是产业集群必备的条件之一。如从定性来看，白鹭斯（Belussi，2004）在总结现有文献的基础上提出，一个集群或产业区必须具备以下三个条件：①存在一组地理上接近、在特定领域（属于一个生产系统 a filière）专业化的企业，这个条件是集群存在的底线。②主要由中小企业组成或者至少中小企业的数量比大企业的数量多。③满足前两条的企业地理集中必须由组织间网络（基于企业间劳动分工，形成复杂开放的经济体系）和反映本地产业结构的相关产业的支撑性机构构成。满足这三个条件才能确定为是一个集群。

从定量来看，许多鉴别产业集群的方法也都强调了集群内联系的定量测度。如哈佛和 OECD 研究小组所用的区位商方法、德柏逊（DeBresson）和胡（Hu）所用的创新互动矩阵、投入－产出矩阵和图论分析方法等（Belussi，2004）就是运用能反映产业之间技术与市场联系的投入产出表来鉴别产业集群的。

1）区位商＋产业联系测度方法

哈佛与 OECD 研究小组利用定量数据计算区域产业的区位商，再利用投入产出表来测度产业集中、专业化和联系的程度。区位商大于1，表明该区域产业比平均水平集中程度高。区位商的大小是一个区域存在集群的第一个指标，如果能得到分行业数据，区位商方法可以鉴别国家、区域、城市、乡镇等各层次哪个地方有可能存在集群。再用投入产出表、因子分析法、主成分分析法或聚类分析法等来测度集群内的产业联系。

2）知识联系（创新互动矩阵）＋物质联系（投入－产出表）测度方法

OECD 研究小组描述了用创新互动矩阵和投入－产出表来鉴别集群的方法（Belussi，2004）。创新互动矩阵是用研发和专利数据以及企业与其他合作性机构之间信息和知识流动的数据（这些数据通过调查并从国家或区域统计数据中估计最小偏差而得到）来建立的。而投入－产出矩阵反映了商品和服务的流动。对同一个集群，比较其创新互动矩阵和投入－产出矩阵数据，就可以鉴别出一个集群是可能出现的集群、成熟的集群还是衰退的集群。比如，一个集群若具有较高的创新知识流、较低的商品和服务流，那么就表明该集群可能是一个新出现的集群，其创新活动较为频繁，有助于集群产品和销售的发展；若一个集群具有较高的商品和服务流、较低的创新知识流，则表明该集群是一个成熟的集群。

3）联系图分析法

与创新互动矩阵和投入－产出表测度方法相似，DeBresson 和 Hu（1999）用图形分析的方法来画出集群内企业间和机构间的创新流，再用这些图形与投入产出表作比较，按照这些流的类型和强度来鉴别集群。Campbell（1975）根据区域投入产出表，按一定的门槛值将产业间联系很强的产业辨识出来，然后通过图谱绘制产业联系网络辨识区域产业集群。

这些技术方法的合并运用可以为产业集群的鉴别提供许多方法。如我国学者贺灿飞等（2005）利用投入产出表和主成分分析法、关联企业的空间相关分析等鉴别了北京市制造业产业集群。

3. 以集群网络的不同对产业集群进行分类

现有研究对产业集群进行了多种分类，每个研究者根据自己的研究目的和分类标准对集群就进行一种分类。其中，有许多学者根据集群中可观察的企业网络来对集群进行分类。如 1988 年，联合国贸易与发展会议根据集群内企业技术的总体水平、集群变化的广泛性以及集群内企业间相互协作与网络化程度三个标准，将集群分为非正式集群、有组织集群、创新集群、科技集群和孵化器及出口加工区五个类型（骆静和聂鸣，2002）。马库森（1996）将产业区（集群）划分为马歇尔产业区（意大利式产业区为其变体形式）、轮轴式产业区（其地域结构围绕一种或几种工业的一个或多个主要企业）、卫星平台式产业区（主要由跨国公司的分支工厂组成）和国家力量依赖型产业区（王缉慈等，2001）。

产业集群的区别关键在于其企业网络及劳动力市场网络组织方式的不同。海特（Hayter）根据企业网络所有权集中程度和协作程度组成的二维框架对集群和其他形式的生产系统进行了分类（王缉慈等，2001；安娜·格兰多里，2005）。克瑞斯·亨德里（2005）根据联系网络是否具有地方性，将产业集群分为地方性网络、国家创新系统和国际性生产流通网络（以国际网络为特征的产业集群）（安娜·格兰多里，2005）。国内学者仇保兴按照集群内企业之间的权力结构将产业集群分为"市场型"（企业之间的关系是以平等的市场交易为主，各生产厂以水平联系来完成产品的生产）、"椎型"（以大企业为中心、众多中小企业为外围而形成的产业集群，也称中心卫星工厂型）和"混合网络型"（以信息联系为主，以计算机辅助设计和制造业的柔性生产方式进行生产）三种（仇保兴，1999）。李新春根据对广东省产业集群不同发展形态的观察，将产业集群描绘为三种形式：历史形成的产业集群，沿全球商品链形成的产业集群以及创新网络产业集群（李新春，2000）。

由于企业网络是处于市场与科层之间的一种企业组织方式，而在市场与科层之间存在着各种程度不同的网络组织，因此，本书按产业集群内企业网络的演化来对产业集群进行轮廓式分类。由于要研究产业集群的演化及企业的结网过程，本书将产业集聚看成是产业集群的初级阶段。由于中部农区很少出现以大学和科研机构为基础的高技术型产业集群，因此本书将中部农区产业集群分为三类：纯集聚性的经典马歇尔式产业集群、进化的后马歇尔式产业集群和融入全球化或国际化的产业集群，各自的特点如表2-3所示。相应地，本书将中部农区自发产生的产业集群的演化也分为三个阶段：家庭作坊纯集聚阶段、地方生产网络形成阶段和融入全球化阶段。

表2-3　产业集群的分类及特点

集群类型	经典马歇尔式	进化的后马歇尔式	融入全球化式
组成	主要由家庭型中小企业组成； 信息、知识多方流动的内部学习机制	本地结构由二元系统组成：大型垂直一体化企业（充当技术和商业领导）和大量具有分工性质的中小企业；经由特殊渠道和代理机构共享流行的信息和知识	生产结构由外部企业控制：多国公司、外部生产商下包或外部购买商下单；知识和信息主要在领先型企业间流动
制度特征	紧密的社会经济联系；信任与合作；可能存在支撑性机构	社会经济联系没有与能够提供有用知识和信息的行为主体联系重要；可能存在支撑性机构	社会经济联系趋于次要地位；主导型企业处于本地网络的中心位置；可能存在支撑性机构
本地联系	水平网络	水平和垂直网络	卫星型网络
外部联系	只有经销人员有限的外部联系	主动创造和发展外部联系	仅与产业集群内部多国公司的分部有有限的外部联系
发展趋势	企业由于在其他区域可以得到更好的或更廉价的投入、更接近市场或知识而逐渐从本地移走	一些马歇尔式产业集群转向低或中高技术以知识为基础的区域；重新定位；产出高增长但在本地雇佣方面减少；服务产业增长	需要投资以获得更好的基础设施
河南农区典型例子	河南省庞村镇钢制办公家具产业集群	河南省虞城县南庄村钢卷尺产业集群	河南省许昌县发制品产业集群

资料来源：根据（Belussi，2004）修改。

4. 从网络优势来认识产业集群的发展机制

相对于马歇尔的外部经济和韦伯的集聚经济，20世纪80年代意大利的新产业区概念和 90 年代波特的集群概念进一步强调了企业网络对于产业集群发展的重要性。这也是 20 世纪末学术研究由集聚概念转向集群概念的主要原因。

与此同时，经济学对收益递增和不完全竞争理论的研究也涉及了产业空间集聚的产生与发展机制，并出现了两类文献。一类是沿着马歇尔外部经济（其实是外部规模经济）和韦伯集聚经济传统的以克鲁格曼为代表的新经济地理学理论，它以 D-S 模型为基础，强调内部规模经济、运输成本和要素流动的相互作用，解释了空间上的收益递增——产业集聚的发生机制：由于消费者喜好多样化的消费、生产者具有企业层次的规模报酬递增，每个企业就生产不同的工业品。为使运输成本最小化，它便倾向于将区位选择在市场需求大的地方，但大的市场需求又反过来受相关企业集聚的影响。以制造业为例：一方面，只有制造业大集中的区位才有较大的当地市场需求，这就产生一种向心力驱使新企业的加盟；另一方面，只有有较大市场需求的区位才有更大规模的制造业部门，有较大制造业部门的区位有较低的制造品价格指数，从而有能力支付工人一个较高的实际工资，这就产生了对劳动力的吸引。两方面结合就增强了产业集聚的程度。这样的循环累积过程使产业集聚一旦发生，就能自我增强而持续下去。克鲁格曼将最初的产业集聚归于一种历史的偶然，初始的优势因"路径依赖"而被放大，从而产生"锁定"效应，所以集聚的产业和集聚的区位都具有"历史依赖"性。由此可见，该类文献是将空间上的收益递增归因于规模经济。另一类文献是沿着亚当·斯密、杨格分工专业化、迂回生产传统的以杨小凯为代表的新兴古典经济学理论，他通过引入距离参数证明了：分工水平和交易效率决定了产业集聚的产生。并且专业化经济程度越高或每对贸易伙伴间的距离越短，则有效率的经济组织形式越趋向于分工深化，人均真实收入也越高，导致生产力的"起飞"。即他把空间上的收益递增归因于分工经济。

笔者认为，规模经济和分工经济是集聚区收益递增来源的两个侧面，两者相互依赖、相互加强，并为集群带来双重叠加的收益递增。但在规模经济和分工经济中存在协调（或组织）成本和交易成本，它们又限制了规模经济和分工经济。而集群企业之间网络联系的发展，可有助于缓和由分工深化而引起的交易成本与分工经济、由扩大规模而引起的协调成本与规模经济之间的两难冲突，即减缓了由规模经济和分工经济带来的负面矛盾，扩大了二者发生作用的范围。新制度经济学所带来的交易成本革命和经济地理学的文化转向等方面的研究均证明了企业之间正式和非正式的网络联系能有效地降低企业的交易成本。同时，基于本地文化的企业网络组织关系还可以带来企业间资源共享、风险共担、优势互补，并加快知识的流动和碰撞，实现网络创新。还有学者认为企业扎堆得到的仅仅是具有公共资本和非排他性特征的集聚经济，而具有私人资本和排他性特征的企业之间的网络联系在提高企业生产率方面是集聚经济的补充（Johansson and John，2004）。

李小建和李二玲（2004）在文献总结的基础上，对中国欠发达农区产业集群的竞争优势来源作了深入探讨。认为，规模经济、分工经济和网络联系是所有的产业集群共同具有的竞争优势的三个主要来源，三者共同作用、缺一不可。产业集群演化的过程也表现为集群规模的不断扩张、分工的不断深化，企业合作的不断加强。产业集群内的规模经济可以表现为马歇尔式的外部规模经济，如基础设施和通用知识的公共物品效应、区域品牌与公告效应、竞争效应等，分工经济表现为产品差异化效应、企业核心能力效应、合作效应等、网络联系所引起的生产成本与交易成本的节约效应、学习与创新效应等。共性之外是特殊类型产业群的个性。由于中国中部农区属于内地、不是对外开放地区、经济发展水平总体较低、深受中国传统文化的影响、对外联系不便、社会环境较为封闭，与沿海开放地区（如浙江、广东、江苏等）的农村地区有着明显区别。对于中部农区产业集群来说，模仿创新、中原文化背景、低成本的要素组合，以及政府的制度支持等因素也是其竞争优势的主要来源。

由以上对产业集群的定义、鉴别、分类和发展机制等几个方面的分析，笔者认为，企业之间的网络联系是产业集群的本质特征。虽然空间集聚能给中小企业带来优势，但新经济背景下，仅用低廉的成本优势和马歇尔式的集聚经济已不足以解释现代的集群经济。集群与集聚是两个不同的概念，集聚是大量企业在某一特定区位的"扎堆"，它们之间不一定产生联系。而集群是以企业之间的网络联系为基础的，是企业集聚与企业网络的综合，即集群＝集聚＋网络。产业集群之所以表现出强大的竞争力，是因为集聚优势和网络优势的双重作用，而网络优势具有更大的发挥潜力。从某种意义上说，企业网络是产业集群的骨架，产业集群是企业在本地结网的空间表现形式。许多迹象表明小企业的问题不在于其规模小，而是因为孤立无援。集聚的企业在本地结网形成产业集群可以提高自身及区域的竞争力。20世纪末，我国在政府推动下大量出现的高新区和开发区正是由于本地的企业联系太弱而没有取得与产业集群类似的增长绩效。许多开发区严格意义上说并不是集群，只能算企业集聚。仅有企业的大集中，并不必然产生劳动的分工、效率和动态的学习，也并不必然导致企业在一起有效率的运作，即网络并不是自发产生的。因此，要培育产业集群，不仅要促进企业的集聚，更要重视本地企业网络的创建。

然而产业集群不是一个封闭的系统，集群内部的企业网络必须延伸到区域之外才能避免区域锁定的危险。据调查，农区集群的企业网络主要是沿价值链向区外延伸的，因此，本书对价值链理论也作一简要概述。

二、价值链理论

经济地理学中，有关"链"的术语很多。瓦柯（Walker）在分析生产系统的地理组织时使用 filière（其法语意思为"线"）一词来表达"技术相关的活动之间的联系"，斯多波（Storper）使用商品链作为分析全球技术区的基础，迪肯（Dicken，1998）则用生产链的概念分析全球生产系统的地域结构。与此同时，经济学界出现"增值链"的概念，工商管理学界以波特为代表提出"价值链"作为分析问题的基本工具。这些不同的"链"有本质的共同点，即表达具有某种特征的不同要素之间的相互联系（王缉慈等，2001）。即是以某种目的或目标作为线将不同的企业串起来。如生产链、价值链、商品链、机会链等。本部分主要讨论价值链理论。

1. 价值链的内涵

价值链概念是 Porter 于 1985 年在其所著的《竞争优势》一书中提出的。他在分析公司行为和竞争优势的时候，认为公司的价值创造过程主要由基本活动（含生产、营销、运输和售后服务等）和支持性活动（含原材料供应、技术、人力资源和财务等）两部分完成，这些活动在公司价值创造过程中是相互联系的，由此构成公司价值创造的行为链条，这一链条就称为价值链。它是以单个企业的观点来分析企业的一系列连续完成的价值活动。新的价值链观点把价值链看成是一些群体共同工作的一系列工艺过程，被定义为"集成物料价值的运输线"。这意味着产品价值链中的每一个价值增值活动在不同的阶段可以包含不同的公司。全球化以后，价值链中的每一个价值增值活动也可以在全球范围内不同的区位完成，形成了全球价值链的概念。

卡普林斯和莫瑞斯在《价值链研究手册》中将价值链描述为一个产品或服务从概念开始、通过研发和不同的生产阶段（涉及所有的物理变化和各个生产者投入的服务）、传送到最终消费者、售后服务及最后的用后处理等所需活动的全部范围，如图 2-2 所示。由此可见，生产本质上是一种价值增加的联系。而且，在链的每一个联系内，有其活动的范围。虽然价值链通常被描述为一个垂直链，但链内联系经常具有两面性。如专业化设计部门不仅影响生产过程和营销的特性，而且还反过来受链中下游联系的限制。因此，实际的价值链研究比图 2-2 要复杂得多，它还包括链中与相关产业的联系。如家具产业的价值链（图 2-3）涉及对林地提供种子、化学药品、设备和水等，然后伐木、用机器锯木材得到家具的原材料，锯好的木材被移往家具制造厂，制造商再投入机器、黏合剂和印刷产业，通过服务部门的设计、商标制作等来供应市场，这样家具通过各种中间环节，最后到达最终消费者手中，消费者使用后，家具进入再循环（Kaplinsky and Morris，2001）。

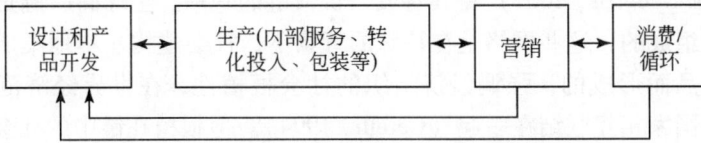

图 2-2　一个简单价值链的四个联系环节
资料来源：（Kaplinsky and Morris，2001），下图同

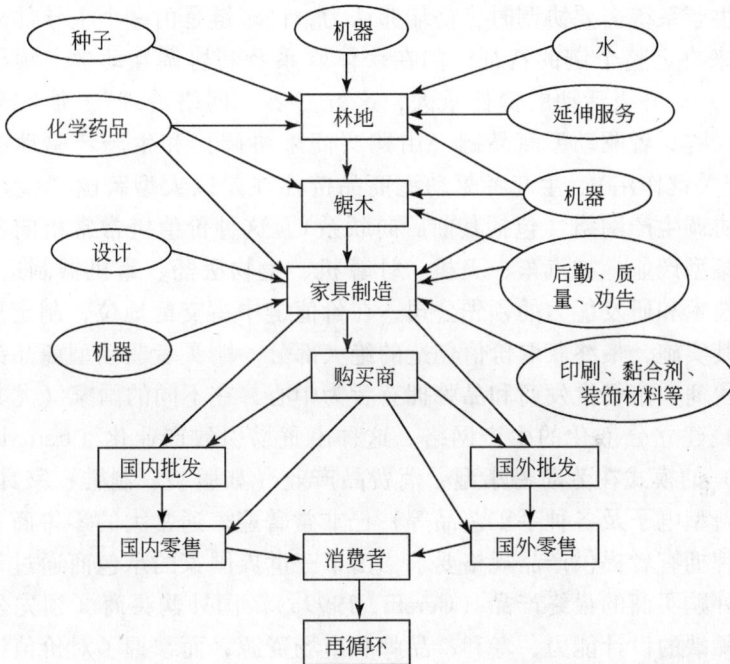

图 2-3　林地、木材和家具价值链

与价值链有相似内涵的概念是生产链。生产链（production chain）是某种产品生产与销售环节活动及其关联，包括原材料采集、运输、逐次加工、组装到制造品的销售，以及研究与开发和其他服务活动。由于每一个环节均为产品提供相应的增加值，故又称作增值链（value-added chain）。迪肯总结他人及自己的相关研究，将生产链概括为四个阶段，每一个阶段均有生产和服务的价值加入，最后演化为包括多种产业、纵横交错关联网络的完整的生产系统（李小

建，2002）。

另一个与价值链相似的概念是格瑞弗（Gereffi）在 20 世纪 90 年代中期引入的"全球商品链（global commodity chain，GCC）"概念。卡普林斯和莫瑞斯（Kaplinsky and Morris，2001）将其看成是价值链的一种。全球商品链是由一系列组织间网络组成的，这些网络是在特殊的背景下，社会建构、本地集成、围绕一种商品或产品而形成的，强调经济组织的社会根植性，在世界经济范围内将农户、企业和国家相互联结在一起（Gereffi，1994）。但根植在链中的社会关系因路径依赖限制了链发展的未来轨道。

格瑞弗的贡献是在价值链概念的分析和规范应用中所作的重大突破，尤其是他在价值链分析中强调权力关系，弥补了波特的不足。在明确强调全球分散而联系的生产系统需要协调时，格瑞弗认为，许多链是由一个主导部分（有时是几个）来决定整个链的特征，如在个体联系及其协调互动中，领导性企业（lead firms）对升级活动的责任重大，这就需要"网络治理"。他区分了两种治理方式：购买者驱动型商品链（由购买商来协调）和生产者驱动型商品链（生产商起关键作用）。生产者驱动型商品链往往是以大型跨国"生产者"为中心，来协调生产网络（包括其前后向联系）。这种价值链常常指向资本密集和技术密集型产业，如汽车、飞机、计算机、生物医药、重机器制造产业等。掌握关键技术和研发能力的领先公司，在价值链中占支配地位，制定规则、标准并监督其实施，最终获取价值创造的绝大部分。购买者驱动型商品链往往是以大的零售商、市场批发商和品牌拥有者为中心，在不同的国家（尤其是第三世界国家）建立分散化的生产网络。这种由贸易引致产业化（trade-led industrialization）的模式在劳动密集型、消费品产业（如服装、制鞋、家具、玩具、陶瓷、消费型电子及各种手工艺品等）已非常普遍。通常大的零售商、市场批发商和品牌拥有者提供产品规格要求，由第三世界国家的承包商通过等级网络来生产国外购买商的最终产品（Gereffi，1999a）。国外购买商（领先公司）因为掌握了稀缺的设计能力、专利、品牌和市场资源，而掌握了对价值链的治理权，获取价值创造的大部分。

格瑞弗还对这两种治理方式作了比较。他认为，生产商更有责任帮助其供应商和消费者提高效率，并认为生产者驱动链比购买者驱动链更可能具有外商直接投资（FDI）的特征，不同类型的价值链与不同类型的生产系统相对应（表 2-4）（Gereffi，1999b）。生产者驱动链反映了传统的"进口替代产业化方式"，而购买者驱动链更适合于 21 世纪外向定位和网络化的生产系统。

表 2-4　生产者驱动链与购买者驱动链的比较

	生产者驱动商品链	购买者驱动商品链
全球商品链的驱动者	产业资本	商业资本
核心能力	研究与开发；生产	设计；营销
进入壁垒	规模经济	范围经济
经济部门	消费耐用品、中间产品、资本品	消费非耐用品
代表性产业	汽车；计算机；飞机	服装；鞋业；玩具
制造业公司的所有权	跨国公司	本地公司，以发展中国家为主
主要网络联系	以投资为基础	以贸易为基础
主要网络结构	垂直	水平

资料来源：（Gereffi，1999b）。

2. 沿着价值链的升级

利用价值链工具研究最多的是企业和集群在全球市场中的升级问题。以往关于升级研究出现了两个学派、核心能力学派（Pralahad and Hamel，1990）与动态能力学派（Teece and Pisano，1994）。核心能力学派认为，考察企业的能力有三个标准：①给最终用户提供价值；②相对独特性（很少有竞争对手拥有）；③难以模仿，即存在进入壁垒。企业的创新能力就集中在这些核心能力之中，并需要将不满足这三个标准的功能（非核心功能）外包出去。而企业升级的任务一部分意味着要放弃过去专长的东西。动态能力学派认为，控制市场的办法（如半垄断）不能使企业利润保持长期持续增长，而需要通过动态能力的发展才能实现。企业的动态能力包括：①企业内部便于学习过程的发生，包括企业的重新配置能力；②它的独特能力，包括它自己的或从区域或国家创新体系中得来的能力；③它的发展路径，即发展轨道，因为企业变化总是路径依赖的。然而，这些升级研究虽然对理解企业的产品和过程升级非常有用，但它们仅停留在了企业层面，而对具有系统性、由价值链联系在一起的企业群体的升级过程研究不够（Kaplinsky and Morris，2001）。最近有学者从更宽泛的层面提出企业和本地产业集群沿全球价值链的四种升级类型（Humphrey and Schmitz，2002）（表2-5），对价值链理论和升级研究更前进了一步。

表2-5 企业或集群升级的四种类型

升级类型	升级的实践	升级的表现
过程升级	生产过程变得更加有效率	重组生产系统、引进先进技术、降低成本
产品升级	新产品的研发、比对手更快的质量提升	新产品、新品牌、改进产品、市场份额增加
功能升级	改变集群自身在价值链中各个环节所处位置	专注于价值量高的环节，把低价值增加活动放弃或外包出去，提升企业或集群在价值链中的地位和位置
部门升级	依靠在特定链中获得的知识移向新的、价值量高的相关部门	获得相关部门的高收益率

资料来源：（Humphrey and Schmitz，2002）。

国际经验表明，企业的升级具有一个稳定的层次性路径，比如由过程升级开始，经过产品升级、功能升级最后移向链的升级（即部门升级）（Gereffi，1999b），这种升级过程与东亚国家的企业从 OEA（original equipment assembling，由全球购买商来单进行产品组装）生产向 OEM（original equipment manufacturing，来单贴牌加工）再向 ODM（own design manufacturing，自主设计生产）、OBM（own brand manufacturing，自主品牌生产）的转变过程是一致的（表2-6）。在这个升级过程中，增加值的获取越来越脱离实体（Kaplinsky and Morris，2001）（如耐克公司），而增加值越来越高。

表2-6 企业和集群具有层次性的升级路径

类型	过程升级	产品升级	功能升级	链（或部门）升级
轨迹			→	
举例	OEA ⟶ OEM	→ ODM	→ OBM	移入新价值链（如从电视机生产转为计算机控制器生产）
脱离实体活动的程度	增加值的非实体内容逐渐增加 →			

资料来源：（Kaplinsky and Morris，2001）。

对于中国中部农区产业集群来说，过程升级和产品升级相对来说还容易一些，而功能升级和部门升级则相对较难。

价值链是企业价值活动的顺序和环节分解工具。使用价值链理论可以很好地把契约理论中不同环节的交易契约进一步细分，从而说明企业网络的外部契约特性是弹性专业化的实质内容，是企业动态核心能力和战略柔性能力赖以存在的外部条件。

第四节　企业网络、产业集群与价值链
三者的区别与联系

企业网络、产业集群与价值链是相互区别又相互联系的三个概念（图2-4）。

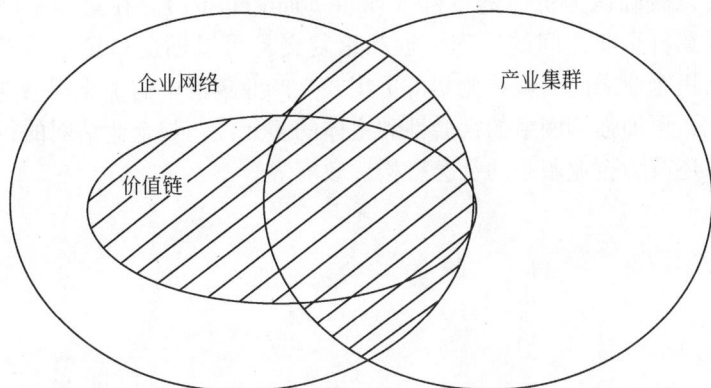

图2-4　企业网络、产业集群和价值链三者之间的关系图示

三者的区别在于：企业网络强调企业间关系的特性和程度，这些关系将许多企业凝结为一个较大的经济群体。而一般意义上的价值链描绘了事件的垂直序列，围绕一个产品或服务，涉及研发、生产、传送、消费和售后服务等活动的全部范围。一个经济行为主体可以同时参与不同的价值链，他们在发展中被重新运用和重新配置，即价值链是动态的。因此，价值链是企业网络的一种形式，它完全被企业网络所包含。产业集群则描述了在地理上相互接近、产业上相互关联的许多企业或机构竞争又合作、共同发展的经济地理现象，它是一种发生在某一地域内的网络形态。由于本书将产业集聚作为产业集群的初级形式，而企业网络和价值链并不强调地域性，因此产业集群与企业网络和价值链是相互交叉的关系。

作为企业联系的分析工具，产业集群分析是强调企业的本地联系，而价值链分析是强调企业在全球生产和分配体系中的跨界联系；价值链分析的主要局限是将生产和分配过程看作一定是垂直和线性的。而事实上，生产和分配过程看成是高度复杂的网络结构更为妥当，这种网络结构是内在联系（水平、对角和垂直）形成经济活动多维的、多层面的网格状。因此，企业网络分析比价值链分析应用更为广泛。扩展的价值链与企业网络含义较为接近。本书主要对农区产业集群中的企业网络研究，该企业网络要沿着价值链向外延伸，图中阴影部分就表示了本书的研究对象。

笔者认为，三者之间的联系表现在：产业集群是企业网络的一种空间表现形式，价值链是企业网络的一种组织形式，二者都是中小企业为了提高竞争力、应对升级挑战的一种组织方式，是企业网络在空间上侧重的不同层次。但二者也不是相互排斥的，而是相互重叠和互补的。加入产业集群的企业通常也加入到一条或多条价值链中；企业网络或价值链可以在集群内或独立于集群外而发展；一个集群可以包含多条价值链或企业网络；扩展的投入－产出链或供－求链在一个集群内完全可以被确认为价值链集群（value-chain cluster）。在集群中网络发展更快，尤其是集群企业之间的地理接近和重复交易可以创造和建立亲密的信任关系；而网络里企业之间的联系比集群更正式。产业集群中的企业网络与一般的企业网络相比，更加强调网络的社会性和主体的多元性，与企业结网的行为主体不但是企业，还有为企业服务的社会机构、政府等。

第三章 河南省农区产业集群 及其网络形式调查

产业集群是以相关产业的企业或机构集聚发展为基础的，农村地区的产业集群是农村工业在集聚布局的前提下发展到一定阶段的产物，是农村地区产业组织的地域创新。由于河南省目前还没有专门以产业集群为统计单元的系统数据，也没有核定产业集群的定量标准，那么在农村地域究竟哪些地方有可能存在集群，或有可能发展成集群呢？根据产业集群具有"中小企业数量多、地理集聚、专业化和网络化"特点，并且成功的产业集群所在区域通常是经济增长较快的区域（Porter, 2003；OECD, 2004a），本书首先对河南省乡镇企业的发展过程及空间变化做统计分析，其次根据笔者近些年对河南省农区产业集群的实地调查及经验判断对河南省农区的产业集群做总结性的定性描述，并根据各地市乡镇企业中优势产业的区位商及每个集群的发展特点挑选出进一步网络分析的案例集群，最后对每一个案例集群的企业网络组织形式进行总结。

第一节 乡镇企业发展过程与空间变化

河南省地处我国内陆，以传统农村经济为主的农区地域广阔、人口众多，是中部五省区乡村人口比例最大的省份（表1-1）。改革开放以来，河南省农村工业发展迅速。2003年全省乡镇企业现价总产值达8591.4亿元，是1984年乡镇企业总产值的85倍，在全国继浙江、山东、江苏、广东、河北、辽宁之后排位第7，在中西部地区名列前茅。2003年全省乡镇企业现价增加值达2078.5亿元，占全省国民生产总值的30%，其中乡镇工业企业总产值6009.9亿元，占全省工业总产出的61%，成为河南省国民经济增长的重要力量。全省乡镇企业拉动就业966万人，占全省农村从业人员的20.6%，有效地吸纳了农村剩余劳动力。

自1984年国家统一将社队企业改为乡镇企业以来，河南省乡镇企业的发展经历了快速发展（1984～1995年）—整合调整（1995～1998年）—稳步发展（1998年至今）三个阶段（图3-1、图3-2）。1984年后，随着我国经济体制改革的全面推进，个体经济开始迅速增长，户办、联户办企业迅速兴起。从1984年到 1995 年，全省乡镇企业（包括乡镇办、村办、合作和个体）由 72 万家发展到 268 万家，从业人员由 396 万人增加到 1420 万人，产值由 100 亿增加到 5986 亿元，处于快速稳定发展阶段，出现了"村村点火、户户冒烟"的局面。但随着我国短缺经济状态的消失以及市场经济制度的完善，农村工业先天的不足逐渐暴露出来，大批企业破产倒闭。到 1998 年乡镇企业就减少到 86.9 万家，从业人员缩减到 769 万人，但经过资源整合后的乡镇企业产值并没有减少太多。1998 年以后，河南省乡镇企业又进入了稳步发展的阶段，由图 3-1～图 3-3 可以看出，无论是企业个数、就业人员还是现价总产值基本上都是在匀速增长。但河南省乡镇企业发展的潜力并不乐观，乡镇工业企业总产值占全省工业总产出的比例一直在下降。

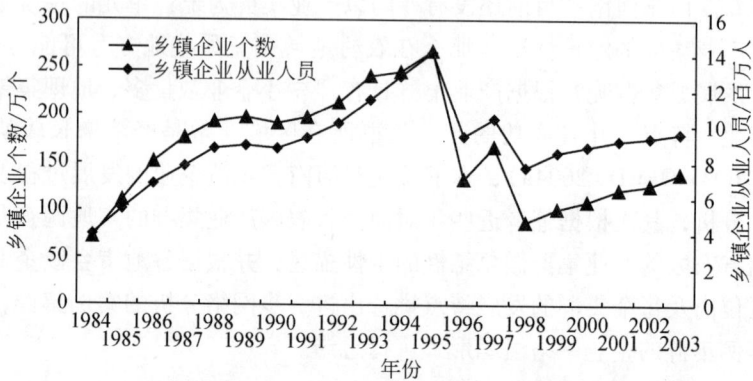

图 3-1　河南省 1984 年以来乡镇企业个数及就业人数变化情况

资料来源：根据河南省中小企业局调查资料绘制，下图同

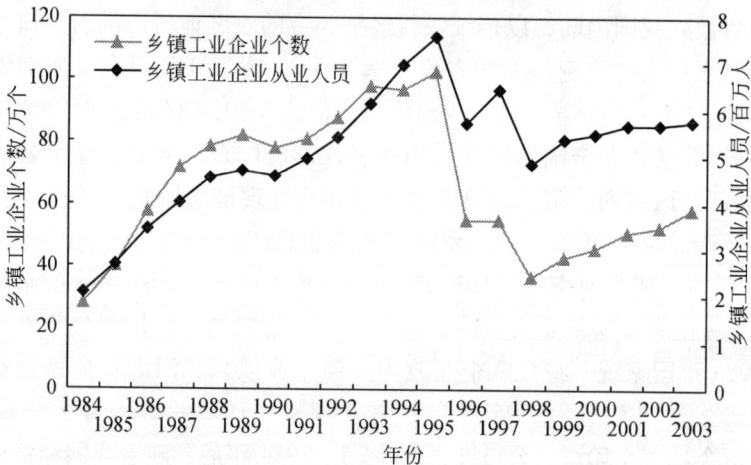

图 3-2　河南省 1984 年以来乡镇工业企业个数及就业人数变化情况

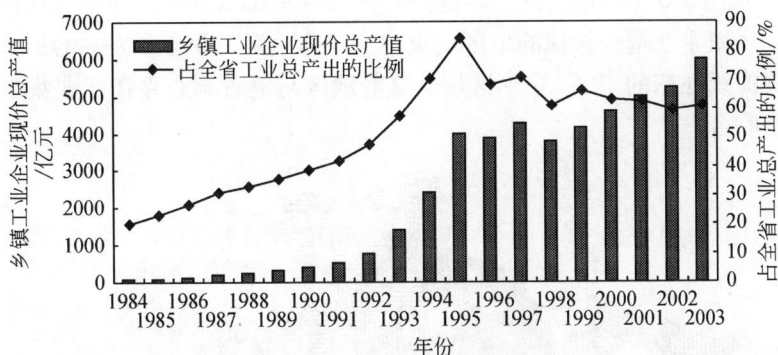

图 3-3　河南省 1984 年以来乡镇工业企业现价总产值及其占全省工业总产出的比例

在这个整合调整的过程中，河南省乡镇企业的空间布局也发生了巨大变化，本书选择企业个数和从业人员在调整前后大体相当的 1991 年（企业个数为 196.9 万家、从业人员 937 万人）和 2003 年（企业个数为 138.5 万家、从业人员 966 万人）两个年份的县级人均乡镇企业产值（县级层次上 1991 年的乡镇企业个数和从业人员数据缺失）来考察县域层次上乡镇企业发展的空间变化特征。

在 1991~2003 年，虽然全省乡镇企业个数和从业人员数量变化不大（图 3-1），但乡镇企业产值总体规模大大增加。2003 年乡镇企业总产值是 1991 年的 10.14 倍，人均产值规模也提高了将近 7.3 倍。经计算并由图 3-4 和图 3-5 可以看出，1991~2003 年，乡镇企业发展的空间格局变化特征有以下几点。

（1）全省各县乡镇企业发展总体差异减少。人均产值较低的县、市数量减少，全省人均乡镇企业产值的变异系数由 1991 年的 0.946 减小为 2003 年的 0.893。

（2）乡镇企业空间集聚程度增加，行业集中程度减少。县级乡镇企业总产值赫尔系数（按各县级单元乡镇企业总产值占全省乡镇企业总产值份额的平方和来计算）由 1991 年的 0.0148 上升到 2003 年的 0.0166。行业赫尔系数（按各地级单元 38 个两位数行业乡镇工业企业总产值占全省对应行业乡镇工业企业总产值份额的平方和来计算）由 1991 年的 0.104 降低到 2003 年的 0.057。若用分行业企业数和从业人员来计算，得出相似的结论。按分行业企业数，行业赫尔系数由 1991 年的 0.171 下降到 2003 年的 0.062，按分行业从业人员，行业赫尔系数由 1991 年的 0.173 下降到 2003 年的 0.061。

（3）1991 年豫西、豫北地区属于乡镇企业人均高产值集中区，随着 20 多年的发展整合，2003 年乡镇企业人均高产值区沿陇海线和京广线向南、向东推进，形成了郑-洛工业走廊、灵宝、许昌、平顶山、漯河组成的豫中地区以及许昌—驻马店的京广线沿线等人均高产值集中区。

（4）从图3-6（市辖区没统计进去）中1991～2003年乡镇企业人均产值的增量来看，乡镇企业增长较快的地区也集中在以郑－洛工业走廊为主的沿京广线往南、沿陇海线往东的"T"字形区域。这些地区与笔者调查存在产业集群的区域分布非常吻合。

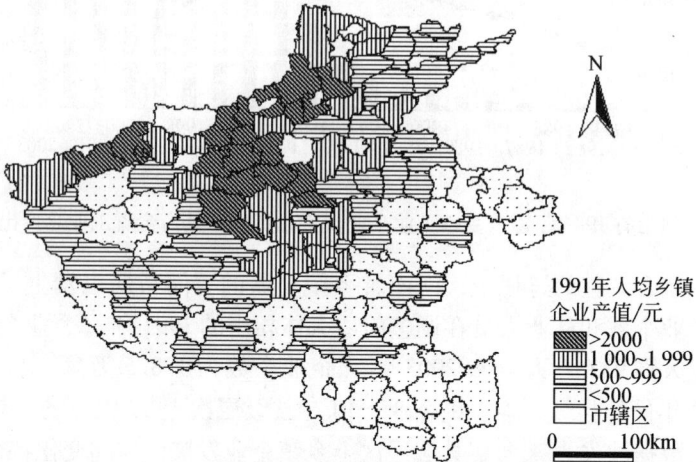

1991年人均乡镇
企业产值/元

- >2000
- 1 000~1 999
- 500~999
- <500
- 市辖区

0   100km

图3-4   1991年河南省乡镇企业发展的空间差异

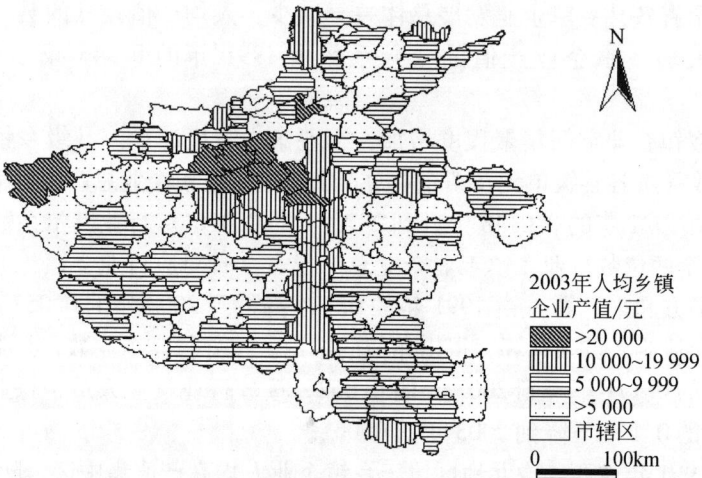

2003年人均乡镇
企业产值/元

- >20 000
- 10 000~19 999
- 5 000~9 999
- >5 000
- 市辖区

0   100km

图3-5   2003年河南省乡镇企业发展的空间差异

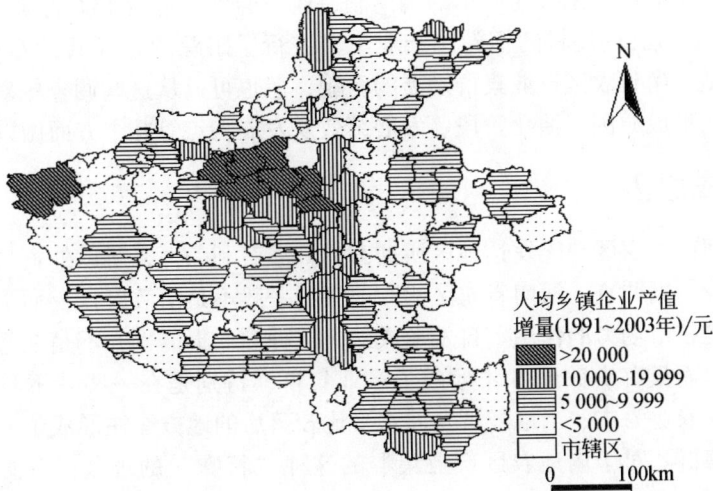

图 3-6 1991～2003 年河南省乡镇企业人均产值增量的空间差异

第二节 农区产业集群发展的总体情况

河南省农村工业发展已有一定的基础，产业专业化和集聚现象已日益明显。改革开放以来，河南省农区的产业集群从雏形到成形，迅速成长，涌现出像长垣县的卫生材料和起重机械，濮阳县的玻璃制品，偃师市的钢制办公家具、布鞋和针织，巩义市的铝加工，荥阳市的阀门与建筑机械，新密市的耐火材料，长葛市的有色金属制品，许昌县的档发和制鞋，鄢城县的食品加工，孟州市的毛皮加工，虞城县的钢卷尺，夏邑县的打火机，镇平县的玉器加工和固始县的柳编等大批的产业集群。据初步调查，2004 年河南全省已有上亿元规模的产业集群三四十个，达到 10 亿元规模的也有 10 家左右，有相当一部分集群的产品在全国同行业中处于领先地位，如长垣县的起重机械几乎垄断了全国 50 吨以下的全部市场，荥阳、上街的阀门和偃师的钢制办公家具等占了全国市场份额的将近一半，许昌的档发、孟州的皮毛加工在全国同类产品出口中位居前列（李政新和李二玲，2004）。

本人自 2002 年以来对河南省农村地区十多个产业集群（如虞城县南庄村的钢卷尺产业集群、孟州市桑坡村的皮毛加工业集群、巩义市回郭镇的电线电缆业集群、偃师市城关镇的制鞋业集群、偃师市翟镇的针织业集群、偃师市庞村镇钢制办公家具产业集群、长垣县魏庄镇的起重机械业集群、长垣县丁栾镇的卫生器材业集群、许昌县档发产业集群、濮阳县文留镇的玻璃制品业集群、安阳县水冶镇的冶炼业集群、荥阳县高阳镇的阀门制造业集群等）进行了实地调查或重点关注①，并对虞城县南庄村的钢卷尺产业集群进行了跟踪调查（共计 4 次）。这些集群虽不是河南省农区产业集群发展的全貌，但也可以从这些调查中对内地农区产业集群的形成原因、演化阶段、发展绩效及发展特点等几个方面做以下总结。

一、形成原因

由于河南省农区缺乏发达地区所拥有的许多有利条件，所以外资拉动型的产业集群较少。据调查，河南省农区的产业集群一般不是由政府自上而下设计或推动的，而是在市场力的作用下自发形成的。这种产业集群也并不是在很多地方都普遍存在，而只有少数地方才形成了产业集群，特别是在一些并不具有区位优势、以传统农业为主、当地经济发展水平比较落后的地方往往形成了一些有竞争力的产业集群。对于内地农区产业集群的这种"特殊"的现象，有必要探究其形成的原因。究竟何产业、在何地能够形成集群？笔者的调查和分析发现，其形成的初始原因主要有以下几个方面。

1. 偶然事件的发生

有学者认为，产业集群的形成是历史偶然因素的结果（布雷恩·阿瑟，1995；Krugman，1991）。笔者在调查中发现，在广大的传统农区为什么只有少数地方形成了产业集群，确实存在着偶然因素的作用。但是，简单地用历史的偶然因素进行解释，不可能揭示某类产业集群形成的根本原因。实际上，所谓的"偶然因素"是经常存在的，为什么没有导致产业集群的普遍存在呢？笔者认为，"偶然因素"诱发产业集群形成的真正原因是，具有企业家素质的个别农民识别出了偶然机遇中所蕴涵的商业机会，并且成功地利用了这种特殊的商业机会。例如，虞城县南庄村的钢卷尺产业集群的形成，就是因为有一个农民拣到废弃的尺条拿去卖，获得了"意外"的收益。于是，有人发现了其中的商业机会，觉得生产钢卷尺有销路，并自己生产，从而开拓了钢卷尺生产这个产业。同样，荥阳市高阳镇的阀门产业集群，也是因为一个农民拣到了一个旧阀门，便自己仿制。偃师市庞村镇的钢制办公家具产业集群的形成，是因为村里机械厂的一位农民与省邮电局有特殊的人际关系，使他偶然接到一笔铁柜生产订单。于是，机械厂就开始生产铁柜。当他们开拓出钢尺、阀门、铁柜的商业机会后，获得了超出预期的收益回报，这刺激了他们的继续投资行为。他们在钢尺、阀门、铁柜生产上的

---

① 巩义市回郭镇的电线电缆业集群、偃师市翟镇的针织业集群、孟州市桑坡村的皮毛加工业集群、长垣县魏庄镇的起重机械业集群分别是崔立华、文婧、卫春江、罗庆同学硕士论文中所调查的集群。本人一直关注和思考这些集群的发展。

成功产生了一种正的外部性,诱发了本地其他农民的模仿,逐渐有更多的农民进入钢尺、阀门或者铁柜的生产领域,形成集群的最初规模,而经济体制的改革与短缺经济时代无限大的市场则为这些集群的飞速发展提供了难得的机遇。

需要特别指出的是,由此而形成的产业集群需要具备几个关键性的前提。一是,偶然因素的背后,在农区必须有某个或者几个具有企业家素质的农民。熊彼特认为,企业家就是把一种从来没有过的关于生产要素和生产条件的"新组合"引入生产体系,并以此为基本职能的人们(熊彼特,1990)。不难想象,有机会拣到废弃的钢尺或阀门的农民并不在少数。但是,能从中发现商业机会,并利用这种商业机会来改变原有生产状态的农民确实少之又少。这些极少的农民就是具有企业家素质的农民。他(或他们)在那个农区就决定了产业集群在那里形成。这从一个方面解释了为什么不可能所有的农区都可以形成某种产业集群。二是,行业的进入门槛很低。对于农民而言,初始的投资能力很小,只有"简单加工"的行业才有进入的可能。这一点对于开拓者或后来的模仿者都是重要的。三是,少数成功农民的行为具有外部性。他(或他们)开拓出一种商业机会,发财致富,对于本地的其他农民产生了诱导。后者开始模仿而进入同一个行业,生产相同的产品。

2. 地方传统生产工艺的承继

在河南有的农区,历史上形成了一些特殊的传统生产工艺,以及相应的产业文化。当地的农民大多数都从父辈那里继承了某种产品的生产工艺,也养成了从事该产品生产和经营的职业习惯,对于生产的规范、市场的信息、行业的各种"规矩"等十分熟悉。传统的生产工艺在当地是"共享"的,特殊的产业文化在当地成为"通用知识"。这两个方面共同决定了那里的农民在产业发展上存在强烈的"路径依赖"。

因此,改革开放之后,当允许农民发展非农产业时,他们自然而然地就选择了当地的传统加工产业。因而,在当地也就比较容易形成产业集群。例如,孟州市桑坡村的皮毛加工业集群、安阳县水冶镇的冶炼业集群、许昌县的档发产业集群就是如此形成的。

调查中,对于这类集群的技术来源问题,80%以上的企业主回答是"祖传"(如桑坡村),只有不到20%的企业回答技术是"模仿"的。这里的所谓"祖传"实质上就是当地特有的传统生产工艺与产业文化的传承和影响。这些传统工艺与现代技术的有机结合加速了集群的形成和发展。

3. 特定自然资源优势的利用

河南省的一些农区具有发展某些产业的资源优势,一旦这种资源优势被加以利用,当地就会成为相应的产品生产或产业的优势区位,导致产业的集聚而形成产业集群。例如,濮阳县文留镇是天然气的产地,全县 70% 的天然气产于该镇。而且,当地用气又享有优惠政策。于是,当地农民利用这个资源优势发展起了高耗能的玻璃制品产业。由于生产成本大大低于国内其他一些地区,加之已经形成了一定的产业集聚,从而在 20 世纪 90 年代吸引了大量的外地投资者的进入。文留镇因此发展起了一个重要的玻璃制品产业集群。

4. 外出打工人员的智力回流

河南农区有众多的农民外出打工。其中,有部分农民不仅学会了某项技术,更重要的是改变了人生的观念。他们在外地打工获得一定的技术、资金积累,以及市场信息之后,特别是认识到某种产品生产的商业机会后,便返回家乡创办自己的工厂。本地农民进入他们的工厂工作,一方面学习到了生产技术和营销经验,另一方面也接受了市场经济的新观念。客观上,由打工返乡农民创办的工厂在当地实现了技术和观念的扩散,刺激当地其他农民进入到同一个产业,创办自己的工厂。结果,就形成了产业集群。例如,长垣县魏庄镇的起重机械业集群、丁栾镇的卫生器材业集群都是这样形成的。

由上述分析可知,虽然一般而言产业集群的产生是复杂的多因素综合作用的结果,如厂商偏好、便捷区位、大企业的进入、政府引进技术等,但对于缺乏许多优越条件的河南农区来说,以上原因则是最为重要的。初始的优势因"循环累积"和"路径依赖"而被放大,从而产生巨大的吸聚力促使集群的规模迅速扩张。

二、演化阶段

某一地区虽然由于上述因素而具有发展某种特色产业的原始条件,但要形成集群还需要区域内各行为主体的共同参与和地方生产系统的逐步完善。河南农区的产业集群发展水平不一,这为笔者从一个集群发展的时间序列和从多个集群的横向比较的角度观察内地农区产业集群演化的时间规律提供了条件。以笔者所调查和关注的产业集群为考察对象,可以发现,河南农区产业集群的演化大体经历了以下几个阶段。

1. 家庭作坊式纯集聚阶段

在河南农区,产业集群的雏形是从手工作坊式的家庭工业开始的。生产单位是一家一户的农户。家庭成员充当了主要的劳动力,此外还有少数亲朋好友和邻居。开始,这些农民并没有完全离开土地,放弃农业,主要是在农闲时或者有订货时从事加工生产。起初由于生产的工艺简单，设备投入少，技术要求不高，基本上属于简单生产，同时，生产的收益高于农业，因而吸引了其他农民进行"模仿"式生产，集群中的生产单位逐渐增加。这样就形成了"户户冒烟"的生产格局。由于农民自身的劳动成本很低，有的在观念上甚至不计入成本核算，因此，生产出来的产品可以以"薄利多销"、"百万大军跑供销"的方式开拓出自己的市场。特别是在短缺经济时期，每个生产单位都能比较容易地占领一片市场区，获得超出农民预期的收益。许多农户就是这样完成了原始积累。

当完成原始积累后，集群中一些具有经营头脑和开拓精神的人开始更新生产设备，引进大型关键设备或生产线。随之引发了生产单位的两个重大变化。一个是产品质量和劳动生产率大幅度提高，主动适应了不断升级的市场需求。另一个是促成了以手工生产为主的家庭小作坊向以机械化生产为主的企业的转变。这两个变化对于集群的发展而言是一种质的跃迁。

在这一阶段，产业集群开始进入快速发展时期。企业和集群的规模都出现了较快的扩大，技术水平大大提高，产品结构日趋多样化。但总体来说，集群内沿价值链的纵向分工还不明显，无论是家庭作坊还是企业都是独自进行生产和经营的，企业之间的经济联系较少，仅仅共享集聚而带来的外部经济。

2. 内部分工与地方生产网络形成阶段

随着集群规模的扩大，集群内部出现分工、协作，地方生产网络开始形成。导致这一变化的因素主要有以下几个。其一，集群内的竞争加剧，少数实力强、规模大的企业开始注重对生产和销售的关键环节或者增值大的环节的控制，把那些不太重要的生产环节让给别的企业去做。于是，在企业之间开始了分工。其二，集群所影响的市场区越来越大，为了提高在大市场中的运作效率，一些企业会主动地寻求分工与协作，借助群体的力量扩大市场占有份额。其三，部分人脱离原有的企业，运用所掌握的技术或者市场渠道创办自己的企业。这些新企业有的与原有企业建立联系，形成分工。有的迫于企业小，为了在竞争中发展，不得不选择在行业中的某个领域进行专业化的生产，以获得生存和发展的机会。其四，也是很重要的一个方面，在集群内部，分工的出现衍生了更多的对中间产品和配套服务的需求，从而为更多的企业提供了发展的机会。一些中介组织和服务机构随之而生。生产企业之间、生产企业与中介组织、服务机构之间形成价值链和本地生产网络，每个企业依靠价值链而获得自己应得的收益。于是，它们就共同构建起了一个地方生产系统。

集群内部分工的出现和深化，以及地方生产系统的形成和发展，标志着农区产业集群发展的又一次质的跃迁。由于产业集群的发展在增加经济实力，解决农村劳动力产业转移，提高农民收入，促进乡镇建设等方面对乡镇经济、县域经济作出了越来越大的贡献，地方政府开始重视和积极推进产业集群的发展，成为生产网络中的一员。在道路、能源、通信等基础设施建设，拓展对外联系，引进技术和资金等方面，地方政府为产业集群的发展创造条件。当然，有些地方政府的介入不当也对产业集群的发展产生了不少负面影响。

3. 集群企业网络向外延展并融入全球化阶段

随着产业集群的发展壮大，集群中的一些企业逐渐树立起了自己的品牌，不少企业有了自己的固定客户，并开始在更大的市场区内形成自己的销售网络。集群在行业内的影响和地位不断提高，集群的区域品牌效应逐渐显现。也有许多集群企业开始拓展国际市场和国际联系，并在全球生产网络中占据一席之地。同时产业集群和本地生产网络为企业提供了一个良好的配套环境，集群所在地成为吸引新的投资者和外资进入的优越区位。如许昌县档发产业集群中的许多企业是中外合资企业，本地企业可以通过合资融入外国投资者原有的市场关系中。但总体来说，河南农区产业集群中融入全球价值链的还不多见。

三、发展绩效

农区产业集群的发展绩效可以表现为其对县域经济发展的拉动上。调查发现，农区产业集群在吸纳农村剩余劳动力、提高农民收入、提升产业结构、促进农村工业化、加快小城镇建设等方面作用巨大。其在县域经济中的地位和作用有如下几个方面：

第一，农区产业集群大多已发展成为其所在县域的增长极。农区产业集群是市场体制作用下农村工业企业的自发集聚和结网，是农村经济新的增长点。据调查，产业集群所在区域均比其周围非集群区域具有高得多的发展速度。产业集群所在产业无论在产值还是税收方面，均占其镇域经济的70%以上，产业本身不仅表现出强劲的发展势头，还对所在县域的经济具有明显的带动作用，达到"一业兴百业上"的效果。如所调查集群提供的就业机会均在6000~30 000个，不仅有效地转化了当地农村剩余劳动力，还对周边村镇的劳动力和技术具有明显的吸聚作用。

第二，农区集聚而结网的产业大多是所在区域的支柱产业。农区集聚而结网的产业（或产业集群）往往能形成所在区域的地方专业化。据调查，集群所在产业的产值占其所在区域工业总产值的比例均在80%以上，占GDP的70%以上。这些专业村、专业镇的人口虽然大多仍是地地道道的农民，但他们的收入90%来自产业生产，而农耕则成了他们的"副业"，有些地方早已形成中国特色的"男工女耕"现象。

第三，农区产业集群能有效提升区域的产业结构。由于"一业带动百业兴"，许多拥有集群的农村区域产业结构已由"农-工-贸"式的"一、二、三"结构转变为"工-农-贸"式的"二、一、三"结构甚至"贸-工-农"式的"三、二、一"结构，经济增长方式也由传统的粗放式增长向集约式增长转变，许多集群产业具有良好的发展势头，并逐步向纵深加工、高技术方向迈进（如虞城县南庄村的钢卷尺产业集群、长垣县魏庄镇的起重机械业集群等）。

第四，农区产业集群的发展推动农村工业化。由于集群企业较强的衍生能力和集聚的自增强机制，农区产业集群的形成伴随着农村工业化的过程。如：河南省商丘市虞城县的南庄村是典型的农村地域。一个很偶然的机会使钢卷尺产业在此埋下了集群的种子。改革开放以来，以家庭为单位的钢卷尺生产企业如雨后春笋成长起来，经过手工组装阶段、机械化生产阶段到规模化、分工化的整合，很快占据了当地经济的主导地位。截至2004年年底，南庄村产业集群内钢卷尺生产经营企业已达228家，其中固定资产投入100万元以上的尺盒厂就有40家、尺条厂17家、尺簧厂13家、垂直一体化的钢卷尺厂8家。另外，还有配套关联产业企业42家，家庭组装户150多户。经过十几年的发展，钢卷尺产业在南庄村已形成了一个细密的分工协作生产体系，成为目前国内规模最大的钢卷尺产销基地。不同规模、不同部门的企业共同构成了一个弹性就业体系，使南庄村内没有"闲人"，提高了整个区域农民的纯收入。虞城县南庄村正是由于产业集群的发展才改变了昔日的贫穷面貌，大大加速了其工业化的进程。

第五，农区集群、网络的形成加速农区小城镇建设。城镇化与工业化是相辅相成的。中国特殊的体制环境造成了中国的城镇化相对滞后于工业化，工业化产生的市场需求推动着城镇化进程。农区产业集群发展到一定程度，就会产生城镇效应。农村工业的集聚发展引发了当地对生产、交通、信息、能源、生活等多方面配套性基础设施的强烈需求。工厂越多，需求越大，进而带动相关产业及各种服务业务的发展，小镇就会演化成小城市。首先是形成物质设备供应的基础设施网络体系，从而吸引着更多的人来办企业，而企业的增多，意味着各方面需求的增加，又会促使邮政、通信、金融、保险、零售、储存、分发、配送等物流体系和酒店、宾馆、休闲、娱乐场所等服务体系的建立，使城市经营体系形成。集群企业没有精力去办大而全的"小社会"，因此，水电供应、市政工程、生态环境、文化卫生、商业学校等城市整体配套服务系统及街道、社区、城镇管理、监督机构应运而生，城市整体框架构成，运营有序，城镇得以可持续发展。所调查集群区域的小城镇建设均是经过这样的互动效应而逐步得到改善的。目前，大多数集群区域正在规划建设乡镇工业园区，这将极大促进农村工业的进一步集聚，成为小城镇建设中新的隆起点。

四、发展特点

与浙江、广东、江苏等地的产业集群相比，河南农区的产业集群具有如下特点：

（1）从集群形成的原因来看，河南农区的产业集群大多属于内生型集群，外资拉动型或外资嵌入型集群很少。集群企业的性质多为个体私营的家族式企业，中外合资、合营的企业较少。

（2）从行业和技术特点来看，河南农区的产业集群以劳动密集型、技术门槛低的传统产业为主，主要集中于食品加工、机械制造、纺织服装、工艺陶瓷、冶金、家具、皮毛加工等行业，并以生产中低层次的产品为主。

（3）从集群的数量、规模来看，河南农区的产业集群数量较少，呈星点状分布，整体规模较小。因此，统计部门也没有像浙江省、广东省那样以产业集群为统计单位进行专门统计。据初步调查，2004 年河南全省上亿元规模的产业集群也仅有三四十个，达到 10 亿元规模的只有 10 家左右（李政新和李二玲，2004）。还不及浙江省的十分之一。集群企业的平均规模虽与浙江相差不会太大，但龙头企业和知名品牌较少，出现"有龙身、无龙头"的格局。

（4）从集群内企业网络化程度来看，河南农区集群企业之间的联系较少，企业网络发育不足，地方生产系统不完善，民间组织较少。集群内因分工而必需的纵向经济联系较多，横向联系及同行企业之间的合作较少，集群企业与区外行为主体高质量的联系更少。

（5）从集群的创新能力来看，河南农区的产业集群因缺乏密集的智力和技术支持，自主创新能力较弱。但由于其经营模式是"百万大军跑销售、广布销售网点"，接触市场的机会较多，这为集群企业提供了模仿和模仿创新的机会，集群的技术创新以模仿创新为主。因此，河南省也有一部分集群的产品在全国同行业中处于领先地位，如长垣县的起重机械、荥阳的阀门、偃师的钢制办公家具和许昌的档发等在全国同类产品销售额中位居前列。

第三节　三个案例集群的选择依据及调查方法

一、案例区的选择依据

研究产业集群中的企业网络需要大量的关系数据，这要通过大量细致的企业调查才能获得，所以不可能对所有的产业集群进行调查，必须抽取典型的集群作为案例。基于本章第一节中对 1984 年以来河南省乡镇企业发展及其空间变化的分析，根据产业集群具有产业专业化优势和经济高增长优势，笔者通过计算各地区产业的区位商选择出各地区的优势产业，参考2001～2003年乡镇企业总产值增量，来确定案例集群的地域和产业所在。然后，基于第二节对河南省农区产业集群的实地调查和了解，兼顾集群的网络类型、发展阶段及全球化的情况，选择出案例集群。其选择依据如下。

1. 区位商计算

根据河南省分地市、分行业乡镇企业数据，计算出各地市、各行业的区位商，其计算公式为

$$Q_{ij} = \frac{h_{ij}}{H_j}$$

式中，Q_{ij}表示地市i行业j的区位商；h_{ij}表示地市i工业行业j的现价总产值占该区域工业企业总产值的比例；H_j表示全省同一工业行业j占全省工业总产值的比例。按照区位商大于1挑选出各地市的优势行业如表3-1所示。

表3-1　2003年河南省各地市乡镇企业优势产业的区位商

地　市	乡镇企业优势行业的区位商
郑州市	煤炭采选业1.8，其他矿采选业2.1，造纸及纸制品业1.5，文教体育用品制造业4.0，化学原料及化学制品制造业1.0，非金属矿物制造业2.0，黑色金属冶炼及压延加工业1.5，有色金属冶炼及压延加工业2.1，普通机械制造业1.03，交通运输设备制造业1.7，仪器仪表及文化办公用设备制造业2.1
开封市	食品加工业1.48，纺织业1.9，皮革皮毛羽绒及其制品业1.2，木材加工及竹藤棕草制品业6.3，化学原料及化学制品制造业1.3，化学纤维制造业1.4，橡胶制造业3.2，塑料制品业1.3，黑色金属冶炼及压延加工业1.1，有色金属冶炼及压延加工业1.08，专用机械设备制造业3.0
洛阳市	有色金属矿采选业1.46，木材及竹材采运业5.0，服装鞋帽制造业5.7，家具制造业6.2，石油加工及炼焦业1.1，化学纤维制造业11.0，化学原料及化学制品制造业1.2，塑料制品业1.5，黑色金属冶炼及压延加工业1.2，金属制品业1.4，普通机械制造业2.2，交通运输设备制造业2.5，电子及通信设备制造业4.3
平顶山市	煤炭采选业6.6，黑色金属矿采选业7.3，饮料制造业1.9，石油加工及炼焦业18.5，化学原料及化学制品制造业1.4，黑色金属冶炼及压延加工业1.9，交通运输设备制造业3.5
安阳市	黑色金属矿采选业2.9，印刷、记录媒介的复制业3.7，石油加工及炼焦业3.9，黑色金属冶炼及压延加工业5.0，普通机械制造业1.2，专用机械设备制造业4.3，仪器仪表及文化办公用设备制造业3.3
鹤壁市	煤炭采选业2.5，黑色金属矿采选业2.0，非金属矿采选业1.1，食品加工1.8，化学原料及化学制品制造业2.6，塑料制品业1.2，黑色金属冶炼及压延加工业1.5，有色金属冶炼及压延加工业1.3，专用机械设备制造业1.1

续表

地　市	乡镇企业优势行业的区位商
新乡市	食品制造业1.1，纺织业2.8，造纸及纸制品业2.5，化学原料及化学制品制造业2.4，医药制造业5.2，普通机械制造业3.3，电子及通信设备制造业9.0
焦作市	非金属矿采选业1.5，饮料制造业1.7，服装鞋帽制造业1.7，皮革皮毛羽绒及其制品业2.3，造纸及纸制品业1.3，医药制造业1.2，橡胶制造业2.8，塑料制品业1.4，非金属矿物制造业1.3，金属制品业1.2，普通机械制造业1.2，电气机械及器材制造业2.1，仪器仪表及文化办公用设备制造业2.0
濮阳市	食品加工业2.9，塑料制品业2.6，非金属矿物制造业1.7，木材加工及竹藤棕草制品业1.1，化学原料及化学制品制造业2.0，电子及通信设备制造业2.0
许昌市	煤炭采选业2.1，橡胶制造业1.3，纺织业2.4，有色金属冶炼及压延加工业1.9，专用机械设备制造业1.2，普通机械制造业1.4，金属制品业1.0，电气机械及器材制造业3.1
漯河市	食品加工业3.4，食品制造业3.5，家具制造业6.4，印刷、记录媒介的复制业4.8，造纸及纸制品业1.7，橡胶制造业3.0，专用机械设备制造业1.2，电气机械及器材制造业2.7
三门峡市	黑色金属矿采选业1.6，有色金属矿采选业16.7，烟草加工业19.5，有色金属冶炼及压延加工业1.2
南阳市	黑色金属矿采选业6.4，非金属矿采选业6.6，食品加工业1.4，纺织业2.8，非金属矿物制造业1.2，服装鞋帽制造业1.1，塑料制品业1.9，金属制品业1.7，交通运输设备制造业2.6
商丘市	木材及竹材采运业24.1，食品加工业10.3，食品制造业25.5，饮料制造业4.3，纺织业4.6，服装鞋帽制造业5.5，皮革皮毛羽绒及其制品业7.7，木材加工及竹藤棕草制品业13.9，家具制造业3.9，造纸及纸制品业1.3，印刷、记录媒介的复制业3.4，医药制造业2.3，文教体育用品制造业1.3，非金属矿物制造业1.1，金属制品业12.8，专用机械设备制造业2.3，化学原料及化学制品制造业1.8，仪器仪表及文化办公用设备制造业5.2
信阳市	黑色金属矿采选业2.4，非金属矿采选业4.8，食品加工业1.9，食品制造业2.3，饮料制造业6.6，木材加工及竹藤棕草制品业7.5，家具制造业1.3，医药制造业1.8，橡胶制造业5.1，纺织业1.8
周口市	木材及竹材采运业7.9，食品制造业3.0，饮料制造业2.1，木材加工及竹藤棕草制品业1.5，医药制造业3.1，塑料制品业6.3，纺织业1.6，皮革皮毛羽绒及其制品业9.4，金属制品业2.3
驻马店市	黑色金属矿采选业3.8，非金属矿采选业2.1，木材及竹材采运业6.3，食品加工业2.3，食品制造业3.0，饮料制造业1.7，皮革皮毛羽绒及其制品业2.8，木材加工及竹藤棕草制品业1.8，家具制造业1.6，造纸及纸制品业1.2，医药制造业2.3，非金属矿物制造业1.2，印刷、记录媒介的复制业1.0，服装鞋帽制造业1.2
济源市	煤炭采选业2.1，石油加工及炼焦业10.8，有色金属冶炼及压延加工业7.5，黑色金属采选业1.4，纺织业2.3，化学原料及化学制品制造业1.1，化学纤维制造业2.2，金属制品业1.1，交通运输设备制造业3.4，电子及通信设备制造业1.2

　　由于研究机械制造业比研究资源依赖型产业对区域发展更具普遍指导意义，本书偏向于选择非资源依赖型产业。再用某地市各产业在全省的区位商（大于5）加上该区域该产业总产值（销售额指标较好）在全国总产值的百分比来挑选。其结果如表3-2所示。

表3-2　挑选出的优势产业及其区位商

地　市	产业及其区位商
洛阳市	服装鞋帽制造业5.7，家具制造业6.2，化学纤维制造业11.0
新乡市	医药制造业5.2，电子及通信设备制造业9.0
漯河市	家具制造业6.4
商丘市	服装鞋帽制造业5.5，皮革皮毛羽绒及其制品业7.7，金属制品业12.8
信阳市	橡胶制造业5.1
周口市	塑料制品业6.3，皮革皮毛羽绒及其制品业9.4

2. 乡镇企业总产值增量计算

　　用2001～2003年乡镇企业总产值增量来表示各县域乡镇企业发展的速度，其增加量居前20位的县（市）如表3-3所示。

表3-3　2001～2003年乡镇企业总产值增加量居前20位的县（市）及其排序

县（市）	排序	县（市）	排序	县（市）	排序	县（市）	排序
灵宝市	1	虞城县	6	濮阳县	11	禹州市	16
郾城县	2	郏县	7	新郑市	12	孟津县	17
临颖县	3	长葛市	8	伊川县	13	鄢陵县	18
偃师市	4	林州市	9	汝州市	14	南乐县	19
荥阳市	5	巩义市	10	许昌县	15	尉氏县	20

3. 经济全球化情况

　　区域产品能否融入全球化，也是反映该区域产业竞争力和企业发展潜力的一个重要指标。为此，本书计算了2003年各地市乡镇企业出口交货值及其人均值。从表3-4可以看出，2003年许昌市乡镇企业出口交货值仅次于南阳市位居第二，但其人均值则大大超过南阳市名列前茅。

表3-4　2003年河南省各地市乡镇企业出口交货值及其人均值

城　　市	2003年出口交货值/万元	2003年人均出口交货值/元	城　　市	2003年出口交货值/万元	2003年人均出口交货值/元
许昌市	171 112	382.7	周口市	103 398	97.5
焦作市	111 390	328.7	洛阳市	60 807	95.6
濮阳市	73 440	207.1	开封市	39 542	83.6
南阳市	179 320	168.4	三门峡市	12 818	58.0
安阳市	88 200	166.8	济源市	3 441	52.7
商丘市	129 673	160.0	信阳市	37 910	48.6
新乡市	76 128	139.1	驻马店市	30 652	37.1
郑州市	77 742	120.1	漯河市	7 486	29.8
鹤壁市	14 208	99.5	平顶山市	8 576	17.6

注：数据来源于2003年《河南省乡镇企业统计年鉴》。

　　由本章第三节中第一部分的区位商计算可以看出，在全省的区位商大于5的优势产业主要集中在洛阳市、新乡市、漯河市、商丘市、信阳市和周口市。属于这六个市、2001～2003年乡镇企业总产值增量又位居前20位的县（市）有：偃师市、伊川县、鄢城县、临颍县、虞城县和孟津县。而由本章第三节中第三部分的分析计算可以看出，许昌市是乡镇企业融入全球化最好的地市。从本书对河南省农区产业集群的面上了解，许昌县的发制品产业出口是许昌市出口创汇的主要来源，且发制品产业集群是河南省乃至整个内地农区为数不多的外向型产业集群之一。洛阳市偃师庞村镇的钢制办公家具产业集群和商丘市虞城县南庄村的钢卷尺产业集群的产品在全国同行业中均处于领先地位，且分别占到全国市场份额的36%和70%以上，因此，本书选择洛阳市偃师庞村镇的钢制办公家具产业集群、商丘市虞城县南庄村的钢卷尺产业集群和许昌县发制品产业集群为案例集群。这样选择的结果也兼顾了案例集群处于河南省的相对空间位置，在地图上三集群所在点的连线正好组成了陇海线和京广线所组成的乡镇企业"T"形高增长区域。

二、调查方法

　　为了分析河南农区产业集群企业网络的结构特性及其运行机制，笔者采用问卷调查和企业访谈相结合的方法，于2005年9～10月对三个案例集群进行了为期一个多月的实地调查，并于后来多次进行电话补充访问。为了便于集群间的对比和对接，笔者对三个案例集群采用了相同的调查表，并针对每个集群的特点进行专门访问。在当地有经验的人的协助下，笔者[①]与每个企业主或管理者进行了

─────────

　　①　本调查是在李小建教授的指导帮助和几个同学的协助下完成的。轮流与笔者一起调查的还有河南大学环境与规划学院2004级硕士生吴学峰、焦俊党、朱艳玲以及2005级硕士生樊福才、马芳芳和刘芬同学。

1～2 小时的问卷和访谈。此外，在李小建教授的带领下，笔者曾与几个硕士生一起于 2002 年 11 月、2003 年 10 月、2004 年 5 月对河南省虞城县南庄村钢卷尺产业集群进行了跟踪调查①。调查中样本企业的选择依据以下原则：①调查的生产经营企业数量超过其总数的 1/10；②调查的企业要具有代表性：既兼顾不同规模（如大、中、小企业兼顾），又兼顾不同类型（如垂直一体化企业和中间产品生产企业兼顾，生产经营企业和家庭工厂兼顾）。据此，笔者在三个集群中选择了生产性企业、家庭工厂及其他配套产业企业共 129 家进行了实地访谈。同时，笔者还专门对乡镇政府、村支书、行业协会设计了问卷进行整体面上访问和调查（见附录 1）。

第四节 案例集群发展及其网络的组织形式

一、偃师市庞村镇钢制办公家具产业集群

1. 发展概况

庞村镇位于河南省洛阳市东南 18km 处，北临伊河，南依伏牛，东有少林名刹，西有龙门石窟，省道顾龙公路东西穿境，207 国道、太澳高速公路分别从镇区东西两边通过，地理位置优越，交通极为便利。全镇总面积 32.9km²，辖 14 个行政村，3.88 万人。隶属于全国县域经济基本竞争力百强县（市）——偃师市，距偃师市区仅 20km。

庞村镇钢制办公家具产业集群在地域上大体包括以庞村镇为核心、以顾龙公路两侧 6km 产业带为主（分布在该产业带的企业数占集群企业总数的 80%）的 3 个乡镇（庞村镇、李村镇、寇店镇）（图 3-7），近几年开始往周围乡镇扩散（如顾县镇、高龙镇、缑氏镇、大口乡和首阳山镇已零星分布有一二十家企业）。集群中共有钢制办公家具生产及配套企业 230 余家，其中钢制办公家具厂 174 家。年产钢制办公家具 300 万件（套），包括钢制资料柜、金融保险设备、图书设备、校用设备及防盗门五大类 180 多个品种。产品占全国钢制办公家具市场份额的 36% 以上，畅销全国各省、自治区、直辖市，并远销俄罗斯、蒙古国、澳大利亚等十几个国家。2004 年集群营业收入实现 18 亿元，从业人员达 3 万余人，成为全国最大的钢制办公家具生产基地。

---

① 参与跟踪调查的除笔者外，还有卫春江、罗庆和邬晓霞同学。

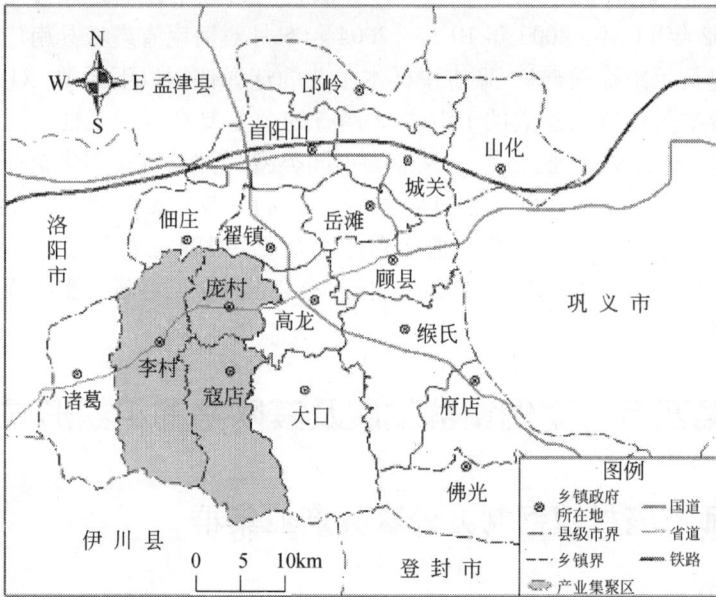

图 3-7　庞村镇钢制办公家具产业集群区位图

在产业集群所在乡镇中，庞村镇企业数目最多，分布也最为集中，有钢制办公家具企业 128 家，占集群企业总数的 56%，拉动就业 1.8 万人。全镇固定资产超过 2000 万元的公司有 3 家，超过 1000 万元的公司 20 家，拥有喷涂流水线的企业 92 家，通过 ISO9000 认证的企业 28 家。花都、莱特、红星、花诚、安顺、龙立、先导、铁将军 8 家企业进入偃师市工业企业 50 强，花都保险柜荣获"中国名牌"，"花都"、"虎力"分别荣获"河南省著名商标"。2004 年度全镇完成国内生产总值 8.5 亿元，农民人均纯收入达 4204 元（由于体制和统计方面的原因，实际数值比统计数字要高得多）。全镇财政收入的 82% 来自钢制办公家具产业。经济实力在偃师市排名第三，是河南省发展民营经济先进乡镇和百强乡镇之一。

考虑到庞村镇在集群中的核心地位和代表性，本次调研集中在庞村镇。被访企业概况如表 3-5 和表 3-6 所示。

表 3-5　庞村镇样本企业的类型、数量及平均职工人数

类型	钢制办公家具企业			辅助产业企业						
	大	中	小	纸箱厂	涂料厂	锁具厂	运输公司	钢材经销公司	模具厂	合计
样本数量/家	7	8	17	1	2	1	1	1	1	39
平均职工人数/人	350	160	70	41	60	50	15	8	50	

表 3-6 庞村镇按企业创办时间分类的样本企业数量

时间段	1988 年以前	1989~1995 年	1996~2001 年	2001~2005 年
样本数量	2	12	20	5

2. 发展过程

钢制办公家具产业之所以在庞村镇发展壮大，要归功于特殊人际关系的作用。20 世纪 60 年代末，寇店乡（当时庞村隶属于寇店乡）机械厂的一名业务员张某与省邮电局职工有特殊的人际关系，使他接到一笔铁柜生产订单，之后该厂便一直生产铁柜。在此过程中，张某积累了生产和销售铁柜的经验。1984 年，他离开机械厂，利用 1500 元启动资金在西庞村大队饲养室创办了第一家铁箱厂，赚得第一桶金。在其带动下，其他人纷纷创办铁箱厂，到 1988 年底庞村乡成立时，全乡已发展铁箱厂 12 家。

20 年来，庞村钢制办公家具产业集群在内推外拉的联合作用下迅速成长。自第一家铁箱厂创办以来，许多农民加入外出推销铁皮柜的行列中，逐渐掌握了生产经验和市场行情。1986 年，国家规定政府机关、企事业单位用于存放资料的家具必须是钢制，禁止采用木制家具。这给庞村镇的钢制办公家具产业提供了一次难得的飞速发展机遇。钢制办公家具供不应求，许多产品在运输过程中就被人高价转购，价格由推销员自定。在这种高额利润下，许多推销员完成了原始积累，纷纷自己办厂。因此，庞村许多钢制办公家具企业是由第一家铁箱厂及其衍生企业衍生出来的。到 2004 年底全镇企业已达到 128 家。

目前，庞村钢制办公家具产业集群经过原始积累、资本裂变、快速发展，已进入整合提升阶段。各发展阶段的生产和销售特点如表 3-7 所示。

表 3-7 庞村镇钢制办公家具产业集群的发展阶段及特点

发展阶段	生产特点	销售特点
原始积累阶段（1984~1988 年）	手工作坊式制作。生产设备简单，制作工艺粗糙，手工剪板、人工抬撬抬弯、电焊等；表层喷漆处理；产品"粗、笨、重"，种类单一（绿色铁皮柜），科技含量和附加值低	农闲时农民外出上门推销，销售对象以机关、厂矿、学校等为主
资本裂变阶段（1989~1997 年）	引进机械化设备（剪板机、折弯机、冲床等），产品品种增加，质量提升。推销人员增加，企业资本快速积累，发生裂变：合伙企业分开办厂、推销人员自行办厂。产品以模仿和模仿创新为主，企业数量快速增加	专职的推销员上门推销。市场供不应求，销售利润高

发展阶段	生产特点	销售特点
快速发展阶段（1998 ~ 2001年）	企业数量和产品种类进一步增加。企业开始注重产品开发和质量提高，表面处理由喷漆、烤漆发展为自动化喷塑流水线。产品结构由单一的钢结构向钢木、钢塑、钢皮结构转变。企业规模化发展，生产过程实现机械化流水作业。行业竞争激烈，出现兼并破产、资产重组格局	以厂家在市场区设点销售为主，以网上销售、上门销售、单位招标销售为辅，销售对象涉及部队和中、高收入家庭。产品利润下降
整合提升阶段（2001 ~ 2005年）	龙头企业引进现代化的喷塑设备和数控机床，产品技术化、智能化、人性化，种类达五大类、180个品种。由于产品成本结构中运输成本比例很大，企业区位属于市场区指向，许多企业在市场区建立分厂，部分企业整体向外搬迁。地方政府加大服务管理力度	实行薄利多销，品牌经营战略。少数企业通过外地经销商或贸易公司少量出口

资料来源：根据本人调查整理。

3. 本地企业网络组织特点及产业发展态势

1）本地企业网络组织特点

庞村钢制办公家具的加工过程包括原料板材、剪板、冲压、折弯、小件组装、表面处理、成品组装等环节，其中，表面处理是影响产品质量的关键环节，它包括表面调理、除油、除锈、水洗、磷化、净化、烘干、喷塑、隔化、固化、下件等工序。向上还可以追溯到原材料钢材的购买、家具样式的设计，向下延伸到附件的安装、成品的验收包装、销售等（图3-8）。

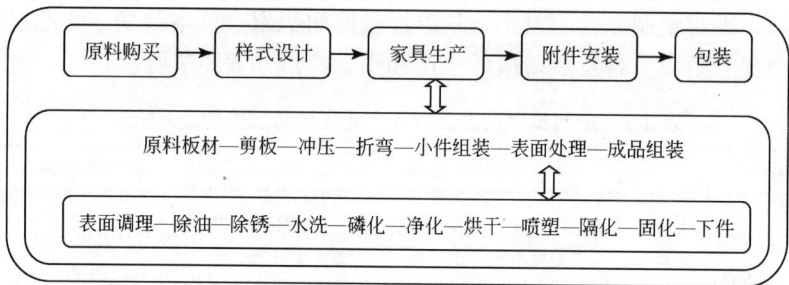

图3-8　钢制办公家具的生产工艺流程

钢制办公家具的制造加工过程虽然环节较多，但生产性企业均采取纵向一体化的规模生产。企业之间垂直分离程度相当低，基本上没有上下游的产品分工，而只有产品种类的差别。每个企业生产五大类产品中的全部或某些品种。这主要是因为：①原材料及半成品体大量重，装卸、搬运成本高，生产链中的所有中间环节都在一个企业内通过流水作业完成，可大大降低运输成本及在装夹过程中造成的误差。②钢制办公家具产品及其中间投入目前还没有形成统一的标准，缺乏标准化就影响了中间零部件的互换性，产品难以跨企业组装，只是最近为了控制质量和价格才出台了地方性的产品标准。③由于钢制办公家具体积较大，无法拆装也影响了产品运输的规模经济，目前大的企业在进行设计新产品时已开始考虑产品的可拆装性。

随着集群规模的扩大，近些年集群内出现一些辅助产品生产企业、贸易型企业和服务型企业或机构。辅助产品生产性企业包括涂料厂、锁具厂、纸箱厂等，贸易型企业包括钢材经销公司、钢制办公家具经销公司、锁具经销公司、拉手等配件商店等，服务型机构包括近十家运输公司（其中有一家运输信息中心是连接企业运输信息和运输公司的中介）、行业协会、会计、法律事务所等。庞村镇顾龙公路两侧现已形成一个巨大的家具市场，大多数企业在此设立了商店，形成"前店后厂"布局。

钢制办公家具的主要原材料——钢材的制造加工不在集群内。大的企业用量大，一般是进口俄罗斯的板材，他们在新疆口岸设立办事处转运过来，每吨价格比内地一般低 150 元左右。小的企业 80%是从庞村镇一家钢材经销商那里购进。来自集群外部的原料除钢材以外，还有喷塑用的涂料粉末、（电子）锁具、螺钉类的标准件等附件。近两年集群内也出现了 5 家喷塑涂料厂和一家锁具制造厂，摆脱了对集群外部的完全依赖。

庞村集群内目前还没有专门从事研究开发和样式设计的部门。仅大的龙头企业内部设立了设计室或与科研院所联合开发。而大多数中小企业的技术来自模仿。由于钢制办公家具产业属于劳动密集型产业，技术含量较低，加上本地行业氛围所造就的通用知识，庞村人一看产品就会仿制，因此，集群的样式创新多来自市场或客户需求，并能迅速在整个集群扩散。大的企业因此也没有动力去投入太多的资金去进行研发设计。2005 年 5 月国家中小企业局在龙头企业"花都"公司设立中小企业技术中心，重点进行技术创新以带动整个集群的发展。这是很有价值的举措。

由于钢制办公家具产业集群中生产企业之间没有分工，直接的纵向经济联系较少，企业之间的关系基本上属于水平网络式的横向合作关系。如产品种类互补的企业之间相互销售对方的产品等。大量类型相似的中小企业集聚在一起，分享着劳动力市场、辅助产品供应商、专门化的服务商、技术外溢等外部经济，共同满足差异化的市场需求，实现范围经济。同行企业之间竞争激烈，激励着创新的产生。由此可见，该集群属于纯集聚性的经典马歇尔式产业集群。

2）本地产业的发展态势

由于钢制办公家具产品运输成本较高，企业区位属于市场区指向，因此，全国各大城市均有生产厂家。随着庞村家具集群规模的扩大，集群内部的竞争日趋激烈，土地、劳动力的成本也逐渐提高，许多企业在自己所控制的市场区建立分厂或整体搬迁至市场区。截至 2004 年 5 月，全镇共在外地建厂 70 ~ 80 家，其中本地企业在外建立分厂 50 ~ 60 家，整体搬迁 10 ~ 20 家。

二、虞城县稍岗乡南庄村钢卷尺产业集群

1. 发展概况

南庄村地处河南省虞城县稍岗乡，北靠 301 国道，南隔乡政府与陇海铁路相距不足 4km（图 3-9）。自 1993 年第一家企业创办以来，该村钢卷尺工业发展迅速，并逐渐辐射到以南庄村为核心 10km 内的周边村镇，如冯庄村、范庄、小李庄等。截至 2004 年年底，集群内钢卷尺生产性企业已达 228 家，家庭组装户 150 多户，吸引外来人口 12000 多人。年产卷尺 5 亿只，占全国钢卷尺 70% 多的市场份额并远销俄罗斯、韩国、土耳其等 20 多个国家和地区，实现产值 4.2 亿元，占全乡工农业总产值的 80%。在集群所处的几个乡镇中，南庄村的生产规模最大，也最集中。截至 2004 年年底，南庄村钢卷尺企业已发展到 45 家，其中固定资产投入 100 万元以上的达 25 家，500 万元以上的 9 家，1500 万元以上的 3 家。916 常驻居民中，80% 直接或间接地从事钢卷尺生产经营活动。2004 年南庄村农民人均纯收入突破 11 000 元（村支书的估计），分别是河南省和虞城县的 4.3 和 6.1 倍。昔日的穷乡僻壤经过 20 年的改革开放，陆续击败了国内 29 家国有企业，现已发展成为全国最大的钢卷尺产销基地。

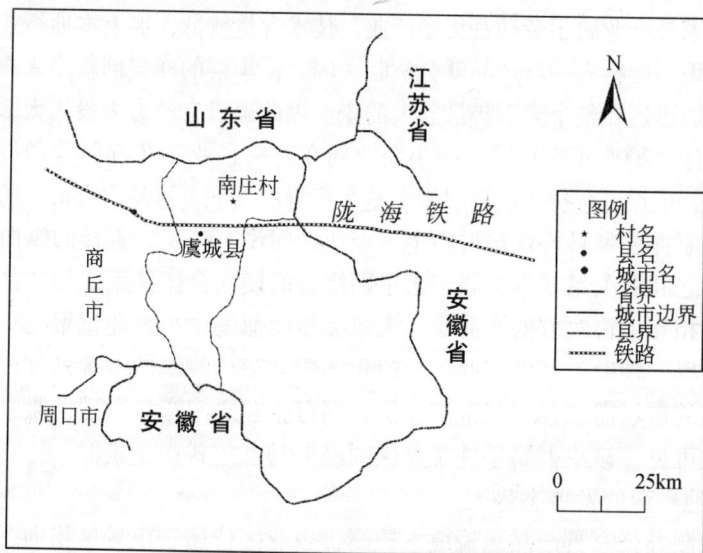

图 3-9　南庄村钢卷尺产业集群区位图

笔者对南庄村钢卷尺产业集群的调研主要集中在南庄村、冯庄村、范庄村和小李庄等，被访企业组成概况如表3-8所示。

表3-8　南庄村集群样本企业的类型、数量及平均职工人数

类型	一体化企业		中间投入品生产者					相关产业企业	家庭组装户	合计
	大	小	尺盒	尺条	尺簧	尺钩	尺钉			
样本数量/家	3	3	12	6	6	2	1	10	17	60
平均职工人数/人	342	86	33	57	30	23	17	18	12	

2. 发展过程

南庄村是地处豫东平原上典型的乡村地域，曾经以传统农业为主，经济发展水平落后，工业基础几乎为零，且并不具有区位优势和产业发展所依赖的资源优势。钢卷尺产业之所以在南庄村兴起，是源于一个偶然的事件。20世纪70年代末，一位姓林的村民在路过商丘市卷尺厂（一家国有企业）时拣到一些报废的尺条，他将其截成10~20 cm长的尺段卖给当地的学生，挣得颇丰的收入，从而引起周围人的效仿。后来模仿者中有人将用过的香脂盒改装成尺盒或捡废尺盒装成卷尺卖，价值得到了提升。效仿的人多了，共同的需求使大家联合购进国营卷尺厂的废品尺条、尺盒（当时国营厂有15%的报废品或下脚料），在家里组装。后来由组装废品发展到组装正品，然后再到外地或摆摊零卖、或沿街兜售。就这样，到80年代末，南庄人基本上完成了原始积累。

如本章第二节第一部分所述，笔者认为，钢卷尺产业集群之所以在南庄村形成，其真正的原因是偶然因素背后具有企业家素质的农民的存在。他们识别出了偶然机遇中所蕴涵的商业机会，并成功利用和开拓了这种机会来改变原有的生活状态。南庄村的这几个农民（如姓林的村民、王胜喜、吴海运、许秀章等）就是具有企业家素质的开拓商机的先驱者。

进入90年代，南庄村钢卷尺工业发生了质的飞跃，由家庭小作坊手工组装业迈向机械化的制造加工业。王胜喜、许秀章、吴海运等几个能人率先办起了工厂，上机械化的尺条生产线，尺簧、尺盒、尺钉也都能自己生产。他们先是合资办厂，后由于资金积累和各执己见又分开办厂，一分二、二分三，现均已发展成为南庄村钢卷尺工业的龙头企业。

1998年以后，南庄村钢卷尺工业得到了飞速发展。在龙头企业的带动和示范作用下，钢卷尺生产像滚雪球一样规模越来越大。到1999年，南庄村工农业总产值超过1亿元，创造了"江华"、"红叶"、"黑豹"等国内、国际知名品牌

5 个，成为全乡、全县有名的亿元小康村。

进入 21 世纪，南庄人并没有满足于"小富即安"，钢卷尺生产朝着规模化、分工专业化、网络化的方向发展。同时，钢卷尺产业逐渐朝周边村镇蔓延。在 2001～2004 年里，稍岗乡内投入 50 万元以上的新增企业数目达 60 多家，其中尺盒厂 36 家，尺条厂 12 家，尺簧厂 10 家，尺钉厂 2 家，为周围 150 家组装户提供货源。南庄村周边村（如冯庄村）的许多家庭在农闲时从事卷尺营销业务（互为邻居的他们根据自己的实力细分市场区域），数目不好统计。目前，南庄村钢卷尺产业仍处在快速发展阶段，已基本形成了产、供、销、服务一条龙的产业化格局，有机的地方生产系统已逐步趋于完善，一个朝气蓬勃的产业集群已基本形成。

3. 国内国际产业发展环境和本地产业的发展态势

20 世纪 80 年代以来，国内钢卷尺产业的经营主体发生了很大的变化。改革开放之初，全国有北京、天津、青岛、商丘等 29 家国有企业生产经营钢卷尺的系列产品，几乎占领了国内的全部市场，仅有浙江余姚的民营钢卷尺企业处在萌芽阶段。沿海地区的政策倾斜和对外开放，为浙江余姚民营企业的发展注入了活力。而国有企业普遍存在经营管理体制的刚性，不能激发经营者的责任心，产品报废率高达 15%；人员冗余，监督成本高昂；企业办社会的沉重包袱加大了企业的管理成本和生产外开支，极大地抬高了国有企业的产品价格。这些环境使国有企业在市场竞争中处于不利地位，也使在这种背景下进入钢卷尺产业的南庄村企业，从一开始就拥有了很大的存活空间和竞争优势，并可以从购买国有企业的二手设备和模仿浙江钢卷尺企业的关键技术中获益。南庄村的钢卷尺企业是以家庭为单位的私营企业，相对于国有企业产权比较清晰，机制比较灵活，严格的管理制度限制了废品率、内陆农区更低价格的要素组合形成了企业的低成本优势，"跑供销的百万大军"，在全国各地的批发市场、店铺、沿街地摊，甚至走街串巷，几乎是无孔不入。这样南庄村的钢卷尺迅速抢占了国内市场，使 29 家国营卷尺厂于 20 世纪 90 年代中期相继倒闭或转产，也使浙江余姚的钢卷尺在南庄村的低价格竞争和产业升级的双重压力下被迫转向技术要求和利润均较高的国外市场。

目前，国内的钢卷尺市场几乎被河南虞城和浙江余姚两地瓜分，但两者有着明显不同的特点。虞城钢卷尺企业无海外投资，数量较多且以小企业为主，企业平均职工规模不到 40 人，而浙江余姚钢卷尺企业部分是海外投资（如长城精工卷尺制造有限公司是香港江丰集团所属独资企业），规模较大（平均职工人数在千人以上）、数量少，共有一二十家企业，就生产出了全国钢卷尺总量的 60%。

由于浙江余姚钢卷尺起步较早，又位于沿海发达地区，与虞城相比具有经济、技术、人才、出口方面的优势和实力，而地处内陆欠发达农区的南庄村，凭借微利经营战略和低成本优势进行低价格竞争，使国内市场的利润空间极小，所以，浙江余姚主销国外（出口额约占其总产值的70%），虞城主销国内。随着集群的快速成长，南庄村现已顺利实现了由单纯的低成本优势向质量、品牌、快速、创新的竞争优势转变，并在努力开拓国外市场，出口额也已超过其总产值的20%。据了解，从2004年下半年开始，由于国际贸易形势不容乐观，加上浙江沿海钢卷尺生产的机会成本较高，浙江余姚的钢卷尺企业逐渐压缩了钢卷尺的产量，并向五金类等相关产品转产，这种形势使2004年虞城的钢卷尺更加热销，市场份额进一步扩大。这样，南庄村的钢卷尺以整体的集群优势与浙江余姚少数实力雄厚的大企业实现了抗衡。不过，总体来说，由于技术含量低和"反倾销"政策，南庄村的钢卷尺仅能进入拉美、东南亚、非洲等欠发达国家和地区的市场，而很难进入美国、欧洲、日本等发达国家和地区的市场。

4. 企业网络组织特点

1）本地企业网络

随着南庄村产业集群规模的扩大（现已基本上遍及整个稍岗乡），集群内的家庭组装户增多，各中间产品和辅助工业的当地需求也随之增多，导致专门从事某一环节生产和服务的企业纷纷建立，形成具有专业化分工与合作关系的本地生产网络结构。该生产网络中最主要的是企业与企业（包括钢卷尺生产性企业、中间产品生产企业及家庭组装户）之间极为紧密的网络联系（图3-10），企业与政府、中介机构、服务机构等的联系较弱，贸易联合会以及其他非政府组织发展滞后，仅大企业与大学、科研机构有较少的联系，许多企业与它们几乎没有联系。同时，本地企业网络还延伸到配套产业（如运输队、集装公司、大型批发市场等）和相关产业（包括塑料厂、纸箱厂、涂漆厂、电镀厂、五金器具厂等）。由于经济基础薄弱，需要上亿元资金的原材料供应商（带钢生产商）不在集群内，各企业主从浙江的余姚或永康购入原材料后生产各工艺过程（图3-11）：磕条、淬火、拉漆、印字、制盒、制簧、组装、成品包装、销售、运输等。企业之间专业化分工精细、相互结成网络共同完成钢卷尺的生产。起步较早的企业现已发展成为一体化的龙头企业，起步较晚的企业，由于资金、技术有限，首先进入某个门槛较低的专业化环节，待发展后再多元化生产。据估计，截至2004年年底，南庄村集群内固定资产超过1000万元的一体化大企业共有8家，固定资产超过50万元的专业化尺盒厂62家，尺条厂17家，尺簧厂23家，尺钩厂5家，尺钉厂3家，它们之间存在紧密的经济联系。垂直一体化生产厂50%的中间产品和专业化尺条厂、尺簧厂、尺盒厂80%的产品销于集群内部,各组装户90%以上的零部件购于集群内部,大大降低了运输成本。各中间产品生产商在生产任务不足时也从事组装工作。南庄村的钢卷尺吸引了国内外众多客户。

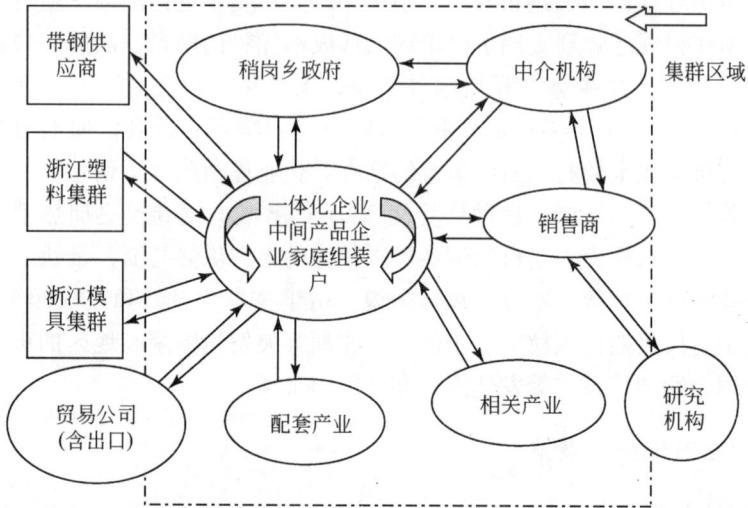

图3-10 南庄村集群中的企业网络组织结构示意图

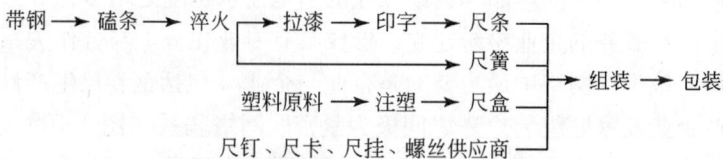

图3-11 钢卷尺生产工艺流程图

集群内的企业主大多来自本乡,地方"根植性"强化了他们的"关系网络"。相同的道德行为法则减少了许多机会主义行为,从而大大降低了企业的交易成本。例如:企业之间的生产交易几乎不需要用合同来约束,而是靠基于彼此信任的非正式方法来处理商业事务(如仅打一个白条)。生产厂急需配件半小时内即可在集群借到,过一时再还上。集群内较大的订单可以根据交货时间灵活地组织分包给若干个中间产品厂商(如江华量具有限公司在集群内就有7~8个下转包厂)。并且,这种生产网络是动态的、临时的。相互串门成为人们交流与沟通的主要渠道,市场、技术、管理、人才信息是主要交流内容。乡邻之间的浓浓人情使各企业心甘情愿地笑纳一切参观访问和技术请教,当然利润的驱使也使他们对自己的核心技术保密。生产上遇到的技术难题他们共同讨论、共同克服。纯朴厚道的老传统使他们互帮互助,大大提高了他们的合作效率。

2）集群外的网络联系

近年来，南庄村集群企业的合作网络逐渐延伸到集群外（图3-10）。如南庄村集群与浙江余姚的中小企业集群形成了长期稳定的网络联系，不仅其原材料带钢和机械设备来源于此，而且塑料、模具等皆购买于浙江余姚的塑料集群和模具集群。据调查，每天来往于南庄村和浙江余姚的车辆吨位达5000吨。大的企业（如江华、东方、华新等）与国内知名大学和科研院所合作开发新产品，它们已具备直接出口的能力，也经常与全球购买商或贸易公司合作出口，成为全球价值链中的一个环节。小的企业则主要通过贸易公司进行OEM生产（贴牌生产）或通过外贸公司间接出口，进而将自己嵌入全球价值链中。

由以上分析可以看出，南庄村产业集群中大型一体化企业与具有分工性质的小企业形成一种多中心的网络结构。集群企业之间既有同属于一个价值链不同环节上垂直的纵向网络，又有同属于一个环节水平的横向网络，还有混合式的合作网络。互补企业分工协作，构成投入－产出联系；同行企业相互竞争，优胜劣汰，形成集群内的待下岗机制。他们主动发展外部联系，延伸企业网络，积极与群外企业互动，吸取有用的知识和信息以提高自己的技术水平和创新能力。因此，笔者认为，南庄村集群属于进化的后马歇尔式产业集群。

三、许昌县发制品产业集群

1. 发展概况

许昌县发制品行业企业主要集中在许昌县的灵井镇、长村张乡、禹州市的褚河等乡镇，后又向外辐射五个县（区）的地域范围内。由于许昌县毗邻市区，现有许多企业搬迁至魏都区或经济技术开发区（图3-12）。因此，虽然许昌县发制品企业分布比较集中，但从行政区划来看比较分散。截至2004年年底，全市登记注册的发制品加工企业有116家，其中许昌县47家、禹州市34家、魏都区9家、市直13家、市经济技术开发区7家、长葛市4家、鄢陵县1家，襄城县1家。个体加工专业户1000多户，加上围绕发制品产业从事收购、运输、销售的农民，从业人员达10万余人。2004年共完成销售产值31.66亿元，实现税利4.47亿元，出口创汇2.52亿美元，占全市出口创汇总额的80%。目前，许昌发制品成品包括人发和化纤发两大系列，工艺发条、女装假发、化纤发、男装假发、教习头五大类，1500个品种。产品几乎全部出口（国内销售不到1%），畅销北美、西欧、亚洲、非洲的30多个国家和地区（在北美市场和非洲市场占有率均超过16%），已成为国内规模最大的档发集散地、假发产品的生产出口基地和世界发制品产供销集散地。值得注意的是，许昌县发制品产业集群是河南省乃至整个中部农区为数不多的出口型产业集群之一。

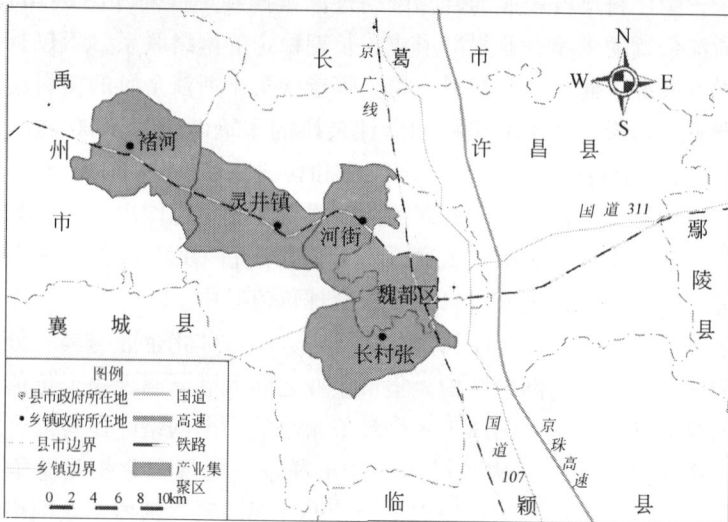

图 3-12　许昌发制品产业集群区位图

对许昌发制品产业集群的调查主要集中在许昌县的灵井镇和长村张乡及许昌市经济技术开发区的发制品企业，样本企业共 22 家，另外随机调查了 8 家个体加工专业户。被访企业概况如表 3-9 所示。

表 3-9　按企业年销售额分类的样本企业数量

年销售额/万美元	500 以下	500~1000	1000~2000	2000 以上	合计
样本企业数量/家	6	8	5	3	22

2. 发展过程

许昌发制品历史悠久，源远流长。清光绪二十六年（1900 年），许昌县泉店村有个叫白锡和的商人偶然邂逅了做人发买卖的德国人。随后，白锡和开始了"找头发换针"的买卖，并在泉店与那个德国人共同设立"德兴义发庄"，他们动员农村货郎走街串巷收购头发，经由"德兴义发庄"买来梳理、扎把后销到国外，获得了可观的收益。泉店及周边的农民见有利可图，也纷纷在那个德国商人的资助下建起了一个个收购头发、理顺混合扎把，然后打包外运的手工作坊（由于泉店人把人发按不同长度分档次扎把，故称档发），从此人发生意在许昌生根发芽，并迅速扩展到全国。民国初年，仅从山东到泉店经商的大规模商户就有 64 家。泉店成了享誉国内外的档发集散市场。新中国成立后至 1978 年，由于受政治经济环境所限，档发业的生产时断时续，发展缓慢。改革开放以后，当地农民又重操旧业，许多档发专业户和加工厂像雨后春笋应运而生，成千上万的农民进入了人发收购、加工和销售领域。至 80 年代末，许昌市已拥有档发加工企业 45 家，个体加工专业户 675 户，从业人员近万人，年出口交货值 400 多万美元。但此时许昌档发主要还是将人发加工成档发原材料，由外贸部门代理，经青岛、深圳廉价出口。而价值链的高端被制造假发的外国人垄断。

进入 20 世纪 90 年代，许昌发制品产业发生了质的飞跃，逐步实现了由原材料供应和粗加工产品向具有高附加值的深加工发制品的转变。在龙头企业"河南瑞贝卡发制品股份有限公司"的带领下，许多已完成原始积累的档发经营户或独资兴建发制品生产企业，或与国外发制品经销商合资建厂，企业数量迅速增加。产品也由单一产品向系列产品、由人发制品向化纤发制品、由中低档次向中高档次转变。同时，个体加工专业户和从事收购、加工、运输、销售的人员大幅增加。至此，全国最大的许昌发制品产业集群已初步形成。

3. 国际发制品市场、生产分布及销售特点

从全球发制品市场发展空间看，国际市场对发制品需求量逐年递增。特别是工艺假发市场需求量越来越大，呈供不应求趋势。据了解，2000 年全球发制品销售额约为 6.5 亿美元，2001 年为 7 亿美元，2002 年为 7.5 亿美元，呈现出"富人"主导消费的潮流，其消费增长与全球 GDP 及个人收入增长有密切相关关系。据分析，全球每年的发制品需求量增长一般在 7% 左右。2003 年全球人发、化纤发消费量分别为 10.08 亿美元和 2.52 亿美元。

全球发制品消费市场主要分布在北美、欧洲、非洲等的一些国家，其中最大的消费市场在美国。由于这些国家人们的性格特点是张扬个性、追求时尚，对假发更新较快，加上黑人头发发质不好、长得较慢，只有靠假发来装扮修饰，因此在这里假发就成了具有高附加值的"黑色黄金"，需求量随经济发展水平的提高而提高。2000 年，美国发制品进口额为 4.3 亿美元，同期欧洲、非洲发制品进口额分别为 2.2 亿美元和 8000 万美元。2003 年美国发制品进口额增长到 7.4 亿美元。随着非洲国家社会经济的发展，非洲发制品市场前景广阔。

我国虽然是全球人发原材料主要集散地和发制品生产大国，但由于国内发制品生产起步较晚，加上人们消费观念和消费水平的限制，假发制品的需求量较少，仅有一些出口尾货在义乌、西安、北京等地的批发市场或大商场销售。近年来，假发制品的需求在一些大中城市逐步升温。

从生产地域来看，全球发制品生产主要分布在中国、韩国和日本。其中中国为最大的生产制造中心，集中在许昌、青岛、深圳、天津等地。青岛、深圳、天

津等地的发制品企业多是韩国、日本投资兴办的，这些企业与日本、韩国国内的企业都具有较强的实力，技术力量雄厚，且多以特单、个性化、小批量、高附加值订单的深加工为主。日本在生产教习头、男装头套等产品上技术领先，韩国在高档女装假发、化纤发等产品生产上技术先进，且款式新颖、能引领世界潮流，但他们均是以规模较大的企业为主，尚未形成发制品产业集群。假发被称作"头上时装"，也具有流行性、更新性和时效性等特点，发型和颜色变化快，而许昌集群缺乏高技术的设计人才，因此，技术创新也是以模仿和模仿创新为主。但目前，许昌发制品产业集群在龙头企业的带领下，部分产品的加工深度和技术水平已经接近或达到国际先进水平，如男女装假发系列产品等。

从销售来看，韩国经销商（300多家组成协会）控制了全球发制品需求最大的美国市场，他们从中国购进半成品后进行精加工，或直接在中国进行 OEM 贴牌生产，占据了价值链的高端。而中国、日本的发制品企业很难与其抗衡。

4. 许昌县发制品产业集群的企业网络组织特点

1）本地生产网络

许昌发制品的生产包括原材料采购、档发粗加工、发制品制造、包装、运输、销售等价值链环节。发制品的制造过程主要是将经分档粗加工后的头发进行染色、过酸处理，进而加工成直条、曲发、亚克等各种形状的工艺发条，或做成不同发型的假发套。许昌发制品产业集群内企业之间的分工主要出现在原材料采购、档发粗加工和发制品制造这三个价值链环节上。下面针对这三个环节，分析其联系特点。

原材料购买是集群中从业人员最多，也很初级、很关键的环节。目前，发制品原材料主要有人发和化纤发两种。由于人发原材料再生时间长，又无法人为生产，故其供应量极其有限。属于世界人口大国的中国和印度自然就成了许昌发制品产业人发原材料的主要来源地。而印度人由于地处热带，其发质太细太软，酸处理后容易失去拉力，故无法单独使用制作假发（也正因为此，印度虽然是原材料供应大国，但并没有建立企业从事深加工）。但因其价格便宜，少数原材料需求量大且技术过硬的许昌发制品企业往往在中国人发里面掺 1/4 的印度人发混合使用。而大部分的许昌发制品企业主要原材料仍是中国人发。近年来，少数龙头企业（如"瑞贝卡"、"大地"等企业）开始引用极像人发的化纤丝做原材料，而我国目前还没有成套完整的化纤制品生产设备，也缺乏技术工艺人才，因此，化纤原材料基本上是从日本和韩国进口。

上百年"找头发换针"的地方传统，使许昌成为我国四大人发市场（河南、湖南、安徽和四川）中规模最大的地区。许昌县成千上万户的农民去全国各地收购头发，卖给许昌的档发加工户或发制品企业。调查中样本企业的人发原材料80%来自本地，仅大企业设有专门人员去四大人发市场收购。

从事档发粗加工的个体加工户也是集群中一个庞大的群体。档发粗加工企业是将收购的头发理顺混合，按不同长度分档次扎把，然后销售给当地的发制品企业进行深加工。

许昌集群的发制品主要包括工艺发条、假发套、教习头等五大类，各类发制品生产包含的制造环节有所不同。其最基本的产品——工艺发条的制造环节包括将档发过酸、染色、打发、扎链、曲卷、造型、定型、洗发、烘干等，一般是在一个企业内完成的。所用的核心化工原料（如柔软剂、光亮剂、染色剂等）一般来自集群外部，而普通化工原料（如过氧化氢、洗发剂、亮油等）可以在集群内部购买。集群中仅"瑞贝卡"等几个大企业产品比较齐全，其余大多数企业仅生产工艺发条。

2) 本地转包网络

在原材料购买商、档发粗加工企业和发制品制造企业之间包含一种层层下包的"金字塔"形的关系。调查中，几乎所有的发制品制造企业均有几个到几十个固定的原材料购买和档发加工转包客户。他们不但自己有粗加工车间，还将一些粗加工业务（如打发处理、辫小辫等）转包出去。但对技术含量稍高的环节转包的较少。一是由于大企业对转包企业技术上的不信任，对于技术含量稍高的环节（如发制品制造中的环节）往往一体化内部生产；二是因为大企业转包给小企业，就要对其工人进行技术指导，而几年后该小企业就会变成它的竞争对手。档发粗加工企业向上接受发制品企业的转包，同时将收购原材料业务也转包给当地的农民。处在塔底的是浩浩荡荡的原材料购买商和贸易商。他们共同组成"公司＋基地＋农户"的格局。

许昌产业集群中配套产业企业包括纸箱厂（5、6家）、印刷厂（4、5家）、包装袋厂（5、6家）、化工厂（4、5家）和一家运输公司，服务机构包括政府、行业协会、金融机构、教育和科研机构等。近年来，许昌市、许昌县两级政府对发制品产业予以重点扶持，大力改善本地软硬环境，吸引外商投资，定期举行技术比武，鼓励技术骨干。相对于别的农区集群，许昌集群中金融机构发挥了很大的作用。由于许昌发制品企业还没有涉及化纤丝的生产，目前发制品企业的固定资产（仅有三联机、合片机、离子罐等设备）资金占用较少，但流动资金占用大。调查中70%的样本企业均在当地银行有贷款。2003年成立的行业协会每月召开一次行业会议，通报国际市场行情、规范行业内部的价格竞争。大的龙头企业与大学、科研机构均有紧密的联系。

3）本地学习网络

发制品生产属于劳动密集型产业,其核心技术在于染色这一环节。目前集群在基本颜色的生产上已很成熟。然而色料的配方、过酸的时间长短、锅炉烘烤的火候等都需要经过长期的实践经验来总结,因此隐含性知识占工艺技术的主要部分。目前,仅瑞贝卡公司设有研发部门,研究染料配方、化学试剂和发型设计等。

技术工人跳槽是该集群技术扩散的主要来源,以 1～2 年为周期的工人跳槽是技术逐级循环推进的重要方面。瑞贝卡公司如同集群的一个培训基地,培养出了大批的技术工人。

4）全球销售网络

许昌发制品产品主要销售到北美、欧洲、非洲等地区的一些国家。韩国的经销商垄断了消费量最大的美国市场,因此,许昌发制品企业的销售严重依赖韩国经销商的订单,几乎所有企业的销售都来自经销商的订单,即深深嵌入购买商驱动的全球价值链中。几家大的企业除了接韩国经销商的订单外,还在欧洲、非洲设立销售部直接销往国外。近些年许昌发制品企业逐步打开了非洲市场,并使用了自己的品牌,共在非洲设立了 20～30 个销售部（仅瑞贝卡就有 6 个）,占领了非洲 70% 的市场份额。

世界发制品生产主要在中国,而人发生产 80% 在许昌。尽管 2004 年许昌发制品的产值比 2003 年有所提高,但利润却在不断下降。因为许昌集群内部企业之间恶性竞争,而将自己的价格降低了。规范集群内部的价格秩序迫在眉睫。总体来说,许昌集群的生产能力已开始过剩。一些有眼光的企业主（如大地公司）已经着手往价值链的高端环节升级。该企业主看到做市场这一块利润更丰厚,他准备将自己的企业由生产型向销售型转变:着重研究国际市场形势和国家之间的合作、区域一体化态势,决定在哪儿设立分公司或销售部,以开辟新的市场领域。然后组织许昌的发制品企业进行生产,做一个驱动集群商品链的购买商。自己的企业可以仅作为一个"试验田",进行成本预算。

由以上分析可以看出,许昌发制品产业集群属于融入全球化型产业集群。其企业网络结构属于层层下包的金字塔形结构。虽然外部购买商在网络中处于中心位置,但集群的内生能力也非常强。随着对美国和非洲市场的逐步占领,许昌发制品企业就可以一步步摆脱对国外企业的过度依赖,并在全球价值链中实现升级。但笔者认为,许昌发制品企业要实现升级还存在许多障碍。如缺乏发型设计、染料配方试验及涉外经营等方面的高级技术人员,韩国人的技术和市场垄断,环保因素等。由于头发的精加工需要大量的化学原料,污水排放是影响当地环境的一大因素。而许昌发制品工厂在地理上比较分散,许多农民即使有原始积累，也不愿将工厂建在自家院落，而上规模的企业才能进园区。这些问题是制约发制品产业集群进一步扩张的"瓶颈"。据许昌县工业办的一位同志讲，10年前若灵井镇能建一个污水处理厂，现在仅灵井镇的发制品企业就可以超过50家。因此，污水处理是影响当地环境和集群发展的一大问题，而这个问题也是目前当地政府唯一可以靠自己力量迅速解决的问题。

四、三个案例集群企业网络特点对比

对上述三个案例集群的企业网络进行比较，可以看出：

（1）三个集群中的企业网络分别代表了三种不同的网络组织类型。庞村集群网络中的企业涵盖了集群内钢制办公家具的所有产品类型，但企业之间不同产品的生产线雷同，多数情况下，企业之间地位平等、是潜在的竞争关系，构成竞争性水平网络。本地合作较少，仅被动地共享外部经济，所在集群属于经典的马歇尔式产业集群；南庄村集群网络中大小企业共存、等级结构明显、涵盖了集群内供求价值链的各个环节，上下游企业之间密切合作，其明显的特点是互补性垂直网络。企业之间能主动进行联合行动，追求集体效率，所在集群属于进化的后马歇尔式产业集群；许昌集群网络是以产品出口为主（98%的发制品出口）的外向型网络，本地生产性企业核心生产线雷同，主导企业地位突出。相对于其内部的水平网络和垂直网络来说，其显著的特点是贸易公司、发制品企业、粗加工企业以及原材料收购户之间具有的层层下包关系，属于混合性转包网络。所在集群属于融入全球化型产业集群。这三个网络不仅代表了三种典型的网络组织形式，还从时间序列上代表了相互重叠而又延续的企业网络动态的演化阶段，因此，可以将其对接起来作为一个网络的演化进行时空耦合分析。

（2）集群企业采取何种结网方式受集群所在产业的技术特点影响很大。虽然我们将庞村集群网络定为网络演化的第一阶段，这只是按网络的类型来定的，便于研究分析。事实上，庞村集群中没有出现产业分工，是由该产业的规模经济性决定的，但也不排除随着集群的发展、技术的提高出现纵向分工的可能性。

（3）三个案例集群的企业网络还存在共同的特点，如集群企业与本地企业因产业关联性联系相对较多，与区外和国外企业多是基于价值链的联系。也就是说，集群企业结网的方式在空间上以地方性网络为主，其区域性网络和全球性网络大多是地方性网络沿价值链而延伸的，已加入产业集群的中小企业可以通过加入全球价值链实现升级（如许昌产业集群中的大地发制品实业公司）。

第四章 农区集群企业网络的组织结构与演化过程分析

企业之间的网络联系是产业集群的本质特征，是产业集群获得竞争优势的不竭来源。一些文献表明，不同的产业集群对区域经济发展推动的作用程度不同（Saxenian and 1994；Porter，2003），其原因之一是由于产业集群内企业结网方式的不同而造成（Saxenian，1994）。不同的集群由于区位和产业特点不同、经历不同的发展道路，形成了不同的企业网络组织结构。而企业网络在产业集群的发展中起骨架作用，企业网络的组织和延伸方式导引了集群的发展方向。然而目前国内外文献对集群的研究大多集中在集群优势或形成机理、网络对成员企业竞争力的贡献上（Porter，2003；王仲智等，2008；Boschma ，Ter wal，2007；王淑英，2007；Li and Li，2007），而对集群网络组织结构的研究较少。虽然最近有向集群网络结构研究转变的趋势（Giuliani and Bell，2005；龚绍东，2005；池仁勇，2005），但对"到底什么样的节点和关系对企业和区域网络形成更重要、什么样的网络组织类型对区域发展更有利"等关键问题并没有涉及，也就是并没有打开企业的"网络关系"这个黑箱。

从动态来看，目前国内外文献对欠发达农区集群的企业网络形成过程研究也很少，如农区集群企业是如何结网的？不同的网络组织形式是如何形成的？企业是如何确定结网对象的？企业网络是如何随着集群的发展而动态演变的？对于企业网络形成——与谁结网、如何结网的影响因素，有学者认为，家庭关系在企业结网过程中起重要作用（李新春，2000），杨伟聪在对东南亚国家的香港跨国公司研究后认为，个人人际关系对香港公司在东南亚的网络延伸起关键作用（Yeung，1997）。李小建对我国大型国有企业在经济转型过程中的空间网络变化进行细致的研究后认为，政治和经济因素是影响这些变化的主要因素，而个人关系则处于从属地位，但随着市场经济体系的建立，"关系"的作用应逐渐增加（Li，2002）。而农区的乡镇企业是在乡村社区的基础上发展起来的，其结网的过程与演变机制是如何的？本章及下一章节基于对河南农区三个案例集群的实地调查，试图从企业之间关系结构的变化入手对这些问题作一探讨。

第一节 研究方法及其测度指标介绍

要分析企业结网的过程及其演变，必须对集群企业之间的关系进行更细微的分析。在企业网络中，行为主体间的关系构成了交易流，他们的交易过程在互惠的基础上是由正式（经济交易）和非正式因素（社会交易）共同协调的，如商品和服务的传送，信息和知识的扩散，信任和友谊的发展等。因此，要研究企业的结网过程及其演化，就要同时考虑正式和非正式网络的结构和结网过程，网络数据的收集既要考虑节点成员的属性，又要考虑他们之间的关系，网络分析要统计分析（属性数据）与关系格局分析（关系数据）综合互补使用。企业的结网过程受很多因素影响，如政治因素、经济因素、社会因素、技术因素及心理因素等，这些因素在企业的结网过程中所起的作用随着企业的发展而变化。从区域层面来看，集群的发展也往往离不开区域产业的繁衍扩大、企业的学习与创新、本地的信任与合作氛围等，这些分别对应于相应的区域网络的形成。可以逆向推理，从反映这些内容的网络中找出起关键作用的网络节点和网络关系。因此，笔者在设计调查问卷时，除了考察反映企业（或机构）之间的正式联系（如生产过程联系、转包联系、服务联系、技术联系、供销联系、财务联系等）所形成的"合作网络"外，还考察了反映企业创办根源的"衍生网络"、反映企业信息和知识流动及企业间学习的"咨询网络"及反映情谊联系的"情感网络"等。从静态来看，观察三个案例集群网络的共同点可以鉴别四种网络中的核心节点和重要网络关系，再通过比较三个集群的不同点可以对比其区域效应差异。从动态看，观察企业进入网络的时间差异、对同一企业的四个网络进行比较及对创办时间不同的企业的同一关系网络进行比较就可以看出企业在不同的阶段（初创阶段和现阶段）结网对象的变化。

本书应用社会网络分析方法（SNA）及其分析软件 UCINET 6.9（Borgatti et al.，2002），对案例集群企业的衍生网络、情感网络、咨询网络与合作网络的网络特性和网络结构进行分析。由于 SNA 只是表面化的"形态学"、"绘画"技术，并不是深层次的结构模型，所以相应的分析还要从现象洞察到其背后社会关系的深层含义。企业属性数据和关系数据均来自对案例集群事先设计的调查问卷结果。对于每一个案例集群，笔者在当地有经验的人的帮助下，将挑选出来的所有被访样本企业（如第三章所述）及其所联系的中介或服务机构（如行业协会、大学科研机构、法律咨询机构和金融机构等）编号并列出名单，然后，请被访的企业主或管理人员针对每一个关系问题，填上与其有该关系的企业的编号。并对每一份问卷再进行赋值处理，将有关系的企业赋值为 1，无关系的企业赋值为 0。这样对于有 n 个样本企业的集群来说，就得到 4 个 $n \times n$ 的关系矩阵，利用 UCINET 6.90 分析，再结合案例集群的具体特点就可以找出各自的结网规律。

为了更好地理解网络结构各指标的含义，现将基于社会网络分析方法的 UCINET 6.90 软件中主要指标的含义及计算公式作一介绍。要系统分析计算企业网络的结构特性，必须要区分分析的层次。是要分析单个节点的位置特性（如中心性）还是整个网络的特性（如网络密度）？测量单个节点在网络结构中所处地位的指标有中心性（centrality）指标和中介度（betweenness）指标，测量整体网络结构的指标有网络密度（density）和网络集中度（centralization）等。

一、中心性

中心性（centrality）是测量网络中单个节点结构位置、表示一个行为者的控制范围、非正式权力、影响力和社会声望大小的指标。在网络中，占据中心位置的行为主体能直接接近关键资源、得到较大的社会支持。中心性是指特定行动者身上凝聚的关系的数量。一般来说，特定行动者凝聚的关系数量越多，即其中心性越高，他在网络中就越重要。中心性有两种测量方法：程度中心性（degree centrality）和亲近中心性（closeness centrality），斯科特（Scott，2000）分别将其叫做本地中心性（local centrality）和全球中心性（global centrality）。

程度中心性是指在网络中特定行为者所拥有的关系总量。

对于无向网络，其公式为

$$C_D(i) = d(i) = \sum_j x_{ij} = \sum_i x_{ji}$$

由于不同的网络节点数量不一，为了便于不同网络之间的比较，可以计算其标准化值或相对值：

$$C_{Ds}(i) = C_D(i) / (n-1) = d(i)/(n-1)$$

对于有向网络，存在一个对称性问题，如 A 选择 B 做朋友，B 不一定选择 A。因此，有向图中一个节点的程度中心性包含两个不同的指标，即内向程度中心性（in-degree centrality）和外向程度中心性（out-degree centrality）。

内向程度中心性是其他节点承认对某一节点有关系的数量总和，即指向被考察节点的关系总数。其公式为

$$C_{Di}(i) = \sum x_{ji}$$

其中 $i \neq j$（它其实是有向图矩阵中列数据的总和）。

标准化公式为

$$C_{Dsi}(i) = \frac{\sum x_{ji}}{n-1}$$

外向程度中心性是被考察节点承认对外关系数量的总和，即它指向其他节点的关系总数。其公式为

$$C_{\mathrm{Do}}(i) = \sum x_{ij}$$

$i \neq j$（它其实是有向图矩阵中行数据的总和）。

标准化公式为

$$C_{\mathrm{Dso}}(i) = \frac{\sum x_{ij}}{n-1}$$

亲近中心性是以距离来计算一个节点的中心程度，节点 i 的亲近中心性是指 i 到所有其他行为主体 j 距离总和的倒数。其公式为

$$C_{\mathrm{C}}(i) = \left[\sum_{j=1}^{n} d(i,j) \right]^{-1}, \quad i \neq j$$

标准化公式为

$$C_{\mathrm{Cs}}(i) = \frac{n-1}{\displaystyle\sum_{j=1}^{n} d(i,j)}, \quad i \neq j$$

其值越小，就表示 i 与其他各点距离越大，则该节点地位越不重要。它对网络要求较高，必须是完全相连的节点网络才能计算亲近中心性，但它与程度中心性指标高度相关，故较少使用。

二、中介度

关系数量的多少并不是行动者重要性的唯一指标，有时候行动者在网络中所处的位置比中心性更为重要。特别是当行动者的位置处于网络边缘时，数量的多少就远不如桥梁性位置来得重要（如格兰诺维特"弱联系理论"和博特"结构洞理论"的阐述）。中介度指标就是描述这种桥梁性位置的指标，也有学者将其称为中介中心性（Coulon，2005）。它是衡量一个行为者作为中介者（broker）或守门人（gatekeeper）控制其他行为主体的潜在能力，还能测量一个行为主体的权力（Scott，2000）。在一个关系网络中，一个人若占据另外两个人最短路径上的位置，则该人就比另外两个人具有高的权力，他拒绝中介，这两个人就无法沟通。中介性高的人就掌握了信息流以及商业机会，进而可以操纵这两个人。在一个具有 n 个节点的网络中，当所有其他 $n-1$ 个节点都仅与某一个节点关联时（如星形网络），则这个人具有较高的中介性。下面来介绍中介度的计算方法。

设 g_{ik} 是行动者 i 和 k 之间的捷径（geodesic）数，且所有的捷径都可能被 i 和 k 均等地选择，则选择某个特定捷径的概率是 $\dfrac{1}{g_{ik}}$，设 $g_{ik}(j)$ 是 i 和 k 之间包含 j

的捷径数，i 和 k 选择一个包含 j 的捷径的概率 $b_{ik}(j) = \dfrac{g_{ik}(j)}{g_{ik}}$，则行动者 j 的中介度就等于网络中所有二维概率的总和，公式为

$$C_b(j) = \sum_{i}^{n} \sum_{k}^{n} b_{ik}(j), \quad j \neq i \neq k$$

标准化公式为

$$C_{bs}(j) = \frac{2C_b(j)}{n^2 - 3n + 2}, \quad j \neq i \neq k$$

一个点的相对中介性是指该点接近星形中介度（为1）的程度。

三、网络密度

密度是测量网络整体结构形态、表示网络连接度的指标。用网络中实际存在的关系数量与最大可能关系数量的比例来测度。

对于无向网络来说，网络密度（Δ）公式为

$$\Delta = \frac{2x}{n(n-1)}$$

x 为网络中关系的数量或图中线的数量，n 为节点或行为主体的数目。

对于有向网络来说，用的是最大可能关系对的数量，网络密度公式为

$$\Delta = \frac{\displaystyle\sum_{i=1}^{n} \sum_{j=1}^{n} x_{ij}}{n(n-1)}, \quad i = 1, \cdots, n; j = 1, \cdots, n$$

x_{ij} 为从节点 i 到 j 存在的关系。

密度值为 0～1，越接近 1，网络越密集；反之越稀疏。

四、集中度

集中度是衡量整体网络结构集中程度的指标。它是描述网络围绕某一中心节点来组织关系联结的程度。集中度与密度是两个不同而互补的指标。一般来说，衡量网络集中度的步骤是首先计算中心性最强节点的中心性得分与所有其他节点中心性得分的差距，集中度是它们实际差距总和与最大可能差距总和之间的比率（Scott，2000）。对应于三种中心性（程度中心性、亲近中心性和中介中心性）的测量，网络集中度的计算也相应有三种。

集中度的值处于 0 和 1 之间。当网络为星形（star network）时三种测量方法所得的集中度值都为 1，当网络中所有的节点与所有其他的节点均联结时网络的集中度为 0（中心性的差距为 0）。实际网络大多处于这两个极端之间。研究中究竟选择哪一种集中度，还要依赖你想要说明的特定结构特征。比如说，基于程度

中心性测量的网络集中度对节点的本地控制特别敏感，而基于中介中心性测量的网络集中度对节点的链更敏感一些。

由于三案例集群的规模不同，本书选择的样本企业数目也有所不同。对于庞村钢制办公家具产业集群，笔者调查了各类企业共 39 家，加上行业协会、地方政府、科研机构和金融机构等服务部门共 43 个网络节点；南庄村钢卷尺产业集群 64 个节点（43 家生产性企业、17 家家庭组装户）；许昌发制品产业集群共 35 个节点（22 家样本企业、8 家个体加工户，为了显示韩国经销商的突出位置，也将它作为一个节点）。

第二节　集群企业的网络组织结构及其区域效应

如前所述，不同的网络组织结构对产业集群及其区域的发展具有不同的绩效。对于什么样的网络组织具有更好的绩效，有研究认为，在网络中介的作用下，竞争性网络比互补性网络有更多的组织学习和组织间合作的机会（凯斯·G. 普罗文，谢里·E. 休曼，2005）。还有一些文献否定了网络中介的作用，认为中介并未便利集群成员之间的交流，反而限制了各成员间的交流（Lorenzoni and Ornati，1988）。中卫型集群网络内部比市场型网络具有更强的不断调整、协同、创新、升级的能力（曹丽莉，2008）。萨克森尼将硅谷与波士顿的 128 号公路的网络结构对比后认为，硅谷比 128 号公路拥有更弹性的网络结构，她将这种差异定义为硅谷的区域优势（Saxenian，1994）。这些研究为本书进一步研究集群企业的网络关系和组织结构奠定了很好的基础。

欠发达农区的中小企业是在乡村社区的基础上发展起来的，特殊的制度环境和发展条件导致这里的中小企业网络化过程不足，合作乏力，其网络组织结构的形成更具有内生性和特殊性。那么，影响其结网的核心节点和重要关系是什么？什么样的网络组织类型对农村经济发展的推动作用更持久？对于这些问题，笔者从剖析三个案例集群企业的结网特点入手，从网络节点、网络组织关系和网络组织类型三个层面来探讨集群企业的网络组织结构及其区域效果。

一、集群企业的结网特点

1. 衍生网络

本书的衍生网络是指由企业之间的衍生关系所构成的网络，它表示节点企业主在最初创办企业时的动机来源。对于企业的衍生网络，笔者设计了"您创办企业是受谁的影响？"和"谁创办企业是受您的影响？"两个问题，对收到的问卷进行个体交叉重叠对比，即企业 A "谁创办企业是受您的影响?" 与企业 B 的 "您创办企业是受谁的影响?" 的回答结果进行对比，以排除心理因素的影响，最终确定集群企业的衍生关系。分别将他们的衍生关系矩阵输入 UCINET 6.9 分析软件，运行结果如图 4-1~图 4-3 和表 4-1 所示（由于在三个案例集群的调查问卷中几乎没有企业的衍生是与中介服务机构有关的，因此，图中去掉了行业协会、地方政府、科研机构和金融机构四个节点），为了对企业保密，图中圆圈旁边写的字母是企业的代号。图中箭头指向衍生关系的发出者，从衍生网络图中看哪个节点周围的箭头多，就表示由该节点企业衍生的企业比较多。如图 4-1 所示的 tb 企业周围的箭头几乎连在了一起，表明它可以说是庞村家具集群的种子企业。

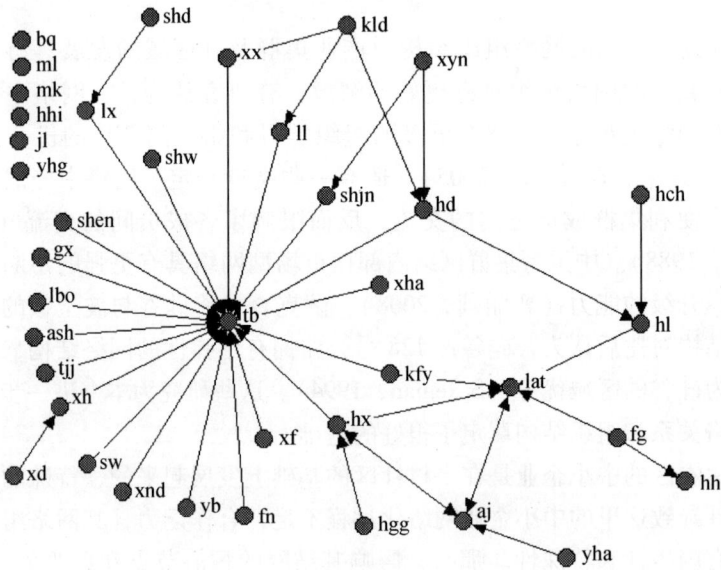

图 4-1　庞村家具集群衍生网络

表 4-1　三个集群网络特性的主要指标值

集　群	网络类型	密度	集中度（标准化程度）/%	节点程度中心性标准差	节点标准化程度中心性标准差
庞村钢制办公家具产业集群	衍生网络	0.0277	50.07	3.146	8.278
	咨询网络	0.0169	5.90	0.882	2.322
	情感网络	0.0391	9.74	1.337	3.519
	合作网络	0.0930	41.42	4.172	9.703

续表

集　群	网络类型	密度	集中度（标准化程度）/%	节点程度中心性标准差	节点标准化程度中心性标准差
南庄村钢卷尺产业集群	衍生网络	0.0288	32.67	4.313	7.310
	咨询网络	0.0360	33.64	5.145	8.166
	情感网络	0.0508	21.04	3.168	5.369
	合作网络	0.1533	54.63	7.571	12.017
许昌发制品产业集群	衍生网络	0.0591	51.49	3.120	10.398
	咨询网络	0.0471	24.51	2.587	7.610
	情感网络	0.0857	18.98	2.170	6.381
	合作网络	0.1748	43.85	4.236	12.457

资料来源：根据调查数据用 UCINET 6.9 网络软件计算。

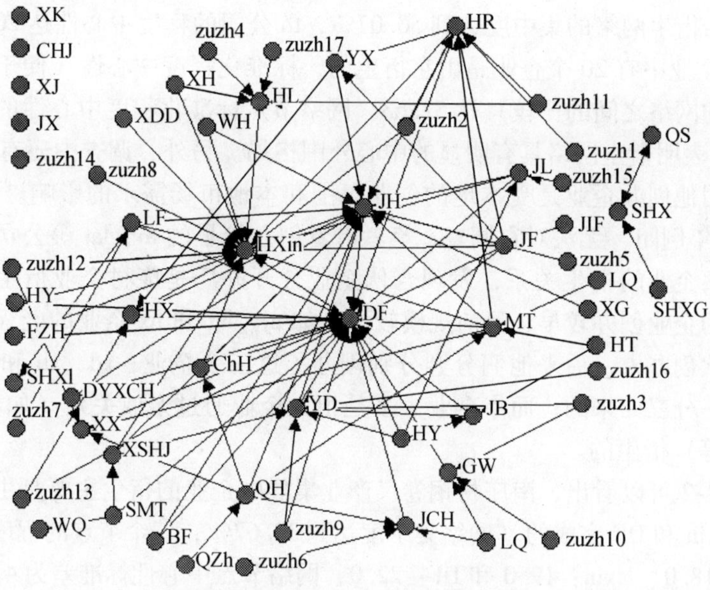

图 4-2　南庄村钢卷尺集群衍生网络

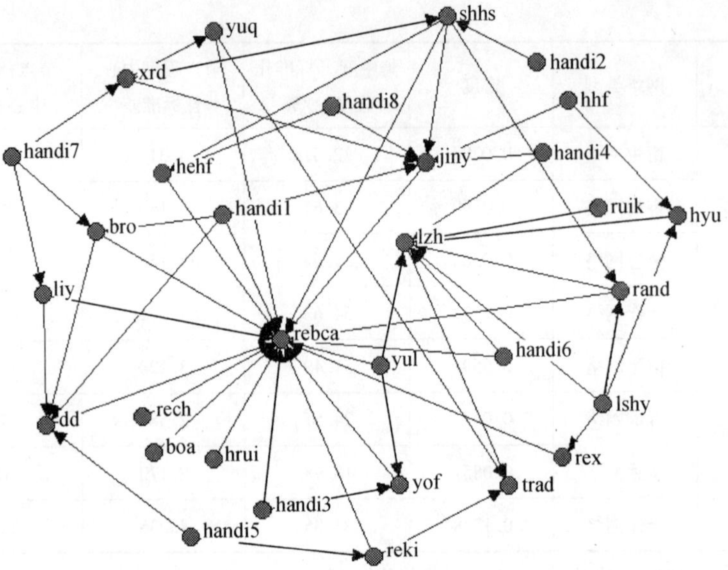

图 4-3　许昌发制品集群衍生网络

由图 4-1 可以看出，在庞村钢制办公家具产业集群中，企业大部分是由 tb 公司衍生的，衍生网络的集中度达到 50.07%，tb 公司的程度中心性达 20，这表明 39 个网络企业中有 20 个企业是由它衍生的，标准化程度中心性（便于具有不同节点数目的网络之间的比较）达 52.63。网络节点标准化程度中心性的标准差达到 8.278，表明衍生网络具有明显的中心外围格局。另外，调查中还有 20.5% 的企业主表明他创办企业是受本地的创业氛围和本地市场需求的影响。由于 tb 公司于 2001 年倒闭，无法对它调查，笔者沿着创办较早的 aj、lat 等公司的衍生渠道仔细观察企业的衍生关系，发现合伙企业分开办厂是庞村企业衍生的一大渠道。这样的企业创办较早、目前规模较大，如 aj、lat 和 hx 企业的老板原是一个企业的合伙创办人，后来他们分开分别创办了这三个企业；xd、xh 和 fg 三个家具厂也是一分三而来的；而小企业大多是由大企业通过亲戚关系（如叔侄关系、姐弟关系等）衍生的。

由图 4-2 可以看出，南庄村钢卷尺产业集群中企业的衍生主要是由三个大企业 JH、HXin 和 DF 完成的（网络集中度达到 32.67%，三个节点的程度中心性分别为 JH：18.0、Hxin：19.0 和 DF：22.0，网络节点中心性标准差为 4.313）。这三个企业是由最初的合伙企业一分三而来的，现均已发展成为龙头企业及引起本地企业衍生的种子企业。问起他们的办厂动机，回答是受国家政策对乡镇企业的放开和当时市场经济商品的短缺联合推动的。次一级种子企业有 HR、YD、MT 等，它们的程度中心性分别为 HR：9.0、YD：9.0、MT：8.0。沿着这些种子企业的衍生渠道，仔细观察南庄村集群企业的社会关系，可以发现，企业的衍生是沿着家族或泛家族关系延伸的。属于贫困县的南庄村农户最先缺乏启动资金，他们一般是先从从事钢卷尺生产的亲戚那里赊账购买零部件在家里组装钢卷尺，然后去外地销售，待有了一定的资金积累再购买某一环节的机械设备从事加工业务。由于最初只有这三个大企业生产尺条，而尺条又是钢卷尺生产中较贵的零件，加上成功企业的示范引起的模仿效应，因此受三个大企业扶持或影响的小企业较多。

由图 4-3 可以看出，许昌发制品企业主要是由种子企业 rebca 沿亲缘、地缘及业缘衍生的，网络集中度达 51.49%，rebca 公司的程度中心性达 18，标准化程度中心性达 60，节点中心性程度标准差达 10.4，说明 rebca 公司在许昌集群的企业衍生上起主要作用。rebca 公司的快速扩张不仅对周围农民起到极大的示范作用，而且也大大增加了对原材料和粗加工生产的需求。据调查，许多企业先是从事原材料生意，收购头发或手工"打发"加工卖给 rebca，待有一定积蓄后办厂。该产业固定资产虽要求不高，进入门槛低，但拥有经验性知识的技术工人十分紧缺，加上该产业对环境的破坏，这些是制约发制品企业快速衍生的瓶颈。

2. 咨询网络

本书的咨询网络是指由企业之间的咨询关系所构成的网络，它表示企业之间的信息和知识流动的方向及企业之间相互学习的程度，传递着技术指导、信息交换等属于专业知识的资源。针对集群企业之间的技术咨询关系，本书设计了"您遇到技术难题会向谁请教"和"您在谁那里可以得到技术或市场信息"两个问题，对每一份问卷，笔者对这两个问题的答案合并，确定企业之间有没有咨询关系。软件分析结果如图 4-4 所示（图中箭头指向传递技术和信息的发出者）。

由图 4-4 可以看出，庞村钢制办公家具产业集群中的咨询网络不太发达，网络密度仅为 0.0169，这主要是因为集群中缺乏大企业。由于集群中的龙头企业于 2001 年倒闭，其余企业创办年限相差不大，因此企业规模等级不明显，大多数企业之间具有相同的生产线，能力势均力敌（节点的中心性标准差仅为 2.32，大部分节点的中介度指数为 0），成为完全的竞争者，企业之间更多的是相互保密。据调查，庞村钢制办公家具产业集群企业之间的技术渗透大多是通过技术工人的跳槽或本地市场上新产品的模仿来实现的。当问到"您遇到技术难题会向谁请教"时，有 25.6% 的企业回答是"自己解决"。

由图 4-5 可以看出，南庄村钢卷尺集群中三个种子企业还起着技术咨询和信息中心的作用。JH、HXin 和 DF 的程度中心性分别达到 19.0，21.0，25.0。仔细观察咨询网络发现，技术咨询主要发生在企业上、下游的生产网络中，一般来说，企业购买谁的产品，有了技术上的难题也就问谁。同行企业之间由于发达的

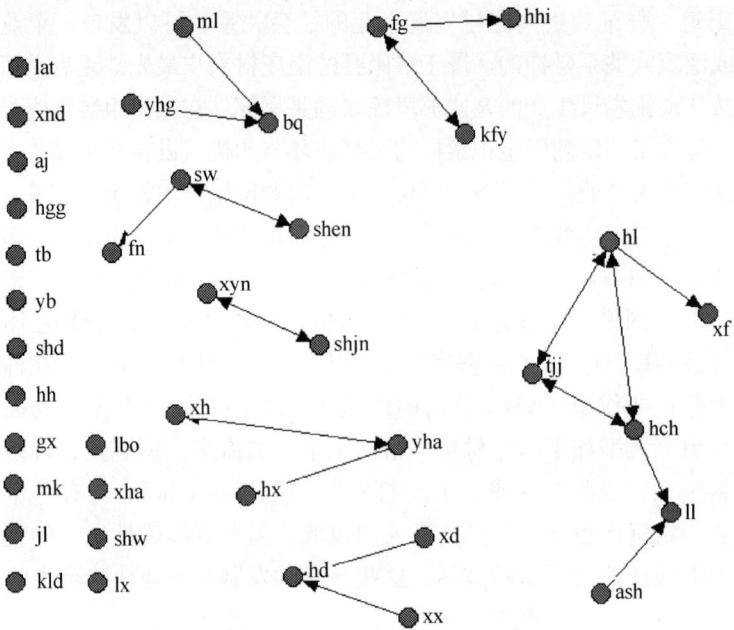

图 4-4　庞村家具集群咨询网络

情谊联系也在一起探讨技术问题，配套企业（尺钩厂、运输队）的技术难题自己解决，成为孤立点。

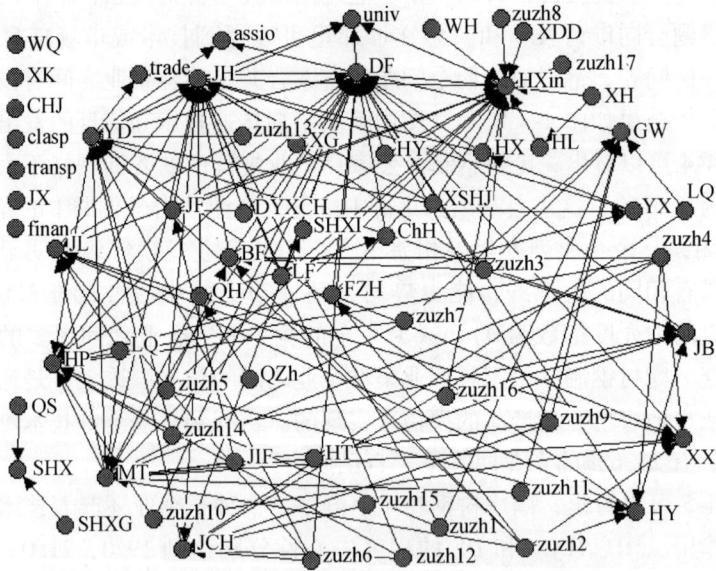

图 4-5　南庄村钢卷尺集群咨询网络

由图 4-6 可以看出，许昌发制品集群的咨询网络最为发达，网络密度达到 0.047。种子企业 rebca 公司引领技术潮流并成为集群中技术扩散的主要来源，其程度中心性 11.0 是集群中的最大值。韩国经销商是集群中的主要下单者，也是技术和市场信息的主要扩散者，其程度中心性达 9.0。发制品生产技术需要长期在实践中总结经验，隐含知识丰富，技术不易被模仿，"干中学"在此集群中体现最为明显，因此，技术工人在集群中最受欢迎。企业之间在关键技术方面互相保密，但一般可以通过咨询大企业的相关技术人员解决，技术工人跳槽是企业间技术扩散的主要渠道。发制品生产的高端核心技术在于染色配方，rebca 的研发部门已往该领域进军，他们也制定相关政策阻止技术工人的流失。

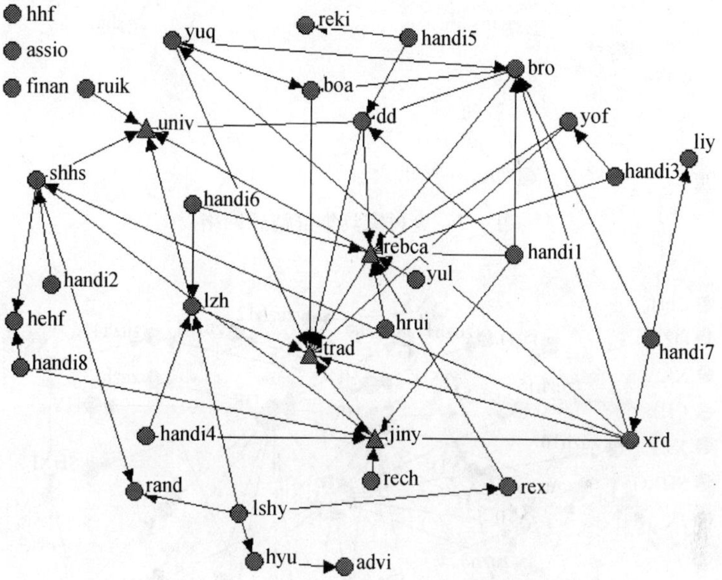

图 4-6　许昌发制品集群咨询网络

3. 情感网络

本书的情感网络是指由企业之间的亲密性、情谊关系所构成的网络，它反映了企业之间信任和非正式交流的程度。格兰诺维特（Granovetter，1973）将亲密性分为话题亲密性和行为亲密性，其行为亲密性以一起吃午饭的情感行动来测度。因此，针对集群企业之间的情谊联系，本书设计的问题是"您与谁经常在一起吃饭聊天？"软件分析结果如下（由于情谊联系对企业双方来说是对称的，网络图中的箭头大都是双向的，如图 4-8 所示，故在图 4-7 和图 4-9 中将箭头省略）：

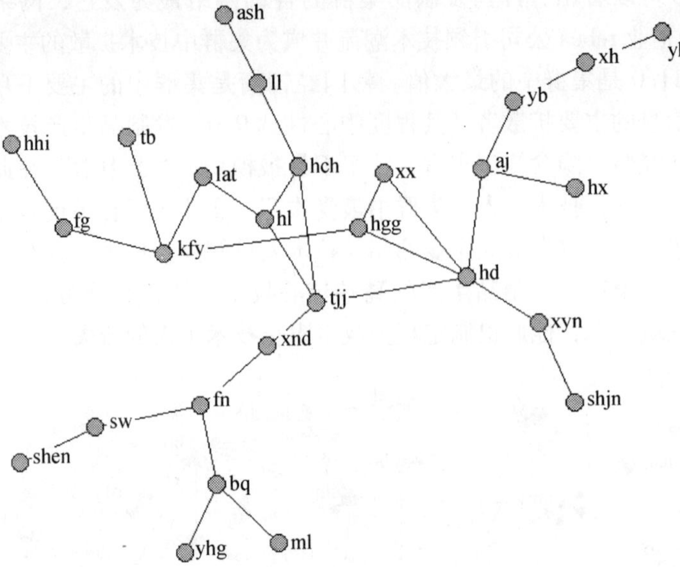

图 4-7　庞村家具集群情感网络

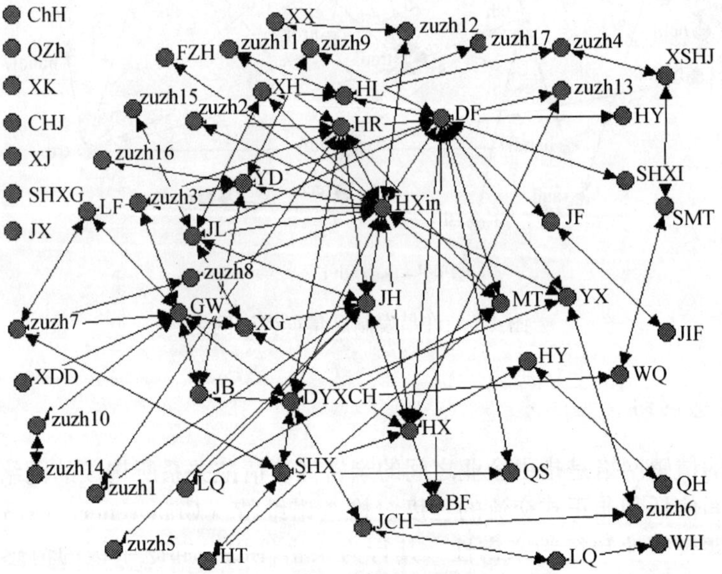

图 4-8　南庄村钢卷尺集群情感网络

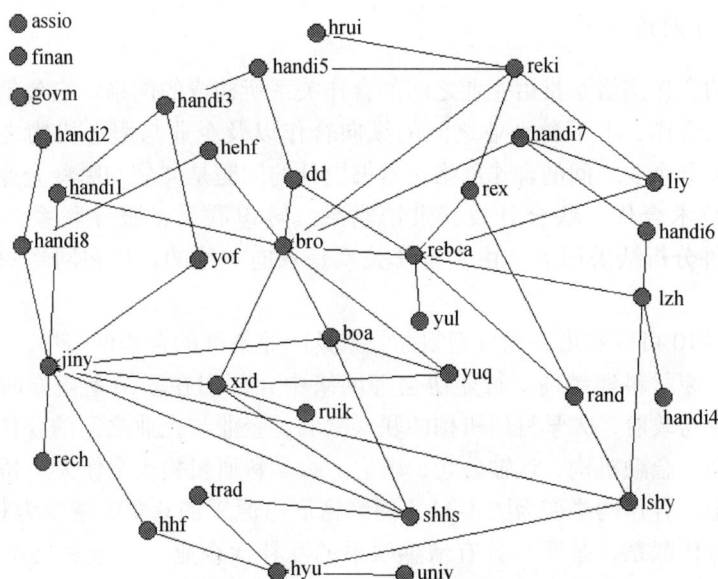

图 4-9　许昌发制品集群情感网络

　　由图 4-7 可以看出，庞村钢制办公家具产业集群中的情感网络呈树枝状，在三个集群中最不发达，网络密度仅为 0.0508。由于企业之间多是竞争关系，情感联系较少。调查中笔者发现，具有亲戚关系的两个企业之间也不来往，甚至矛盾很大，这往往是由相互之间心理契约的违背造成的。而情感网络与咨询网络、合作网络比较一致，说明虽然整体网络的密度不高，但经过长期交往在集群内心理契约达成一致的人们中间已经结成相对稳定的网络关系。

　　由图 4-8 可以看出，南庄村集群中，除种子企业外，中型企业如 HR 量具有限公司也相对活跃，其标准化程度中心性指数（15.25）位居 DF（25.4）、HXin（25.4）之后的第三位，成为次一级核心企业。集群的情感网络与衍生网络、咨询网络和合作网络较为一致，说明在南庄村集群中，以亲戚和经济关系为纽带形成的网络相对稳定。

　　由图 4-9 可以看出，发制品集群中的情感网络比较发达，网络密度（0.0857）是三集群中的最大值。许昌集群中中型企业 jiny 的程度中心性最高（9.0），经销商（7.0）次之。生产性企业之间的情谊联系较多，这与集群中隐含知识必须通过非正式交往才能获得有关。据调查，个体加工户与生产性企业之间的情谊联系是以转包关系为基础的。

· 103 ·

4. 合作网络

本书的合作网络是指由企业之间的合作关系所构成的网络。它包括同行企业之间的横向合作、上下游企业之间的纵向合作以及企业与服务机构之间的合作等。对于集群企业之间的合作网络，本书设计的问题是"您与哪些企业有过合作关系（如技术合作、联合开发、供销联系、转包联系、服务联系、财务联系等）"。软件分析结果如下（由于合作关系是双向对称的，故在网络图中将箭头省略）：

由图 4-10 可以看出，庞村钢制办公家具产业集群的合作网络中，运输公司、金融机构、原材料经销商、行业协会等网络中介部门在联结企业方面起关键作用，而企业与政府、大学科研机构的联系微弱，企业与企业之间的合作较少，若将行业协会、金融机构、运输公司、政府、大学科研机构 5 个作为"桥"的节点从图中移走，合作网络变为图 4-11，网络密度由原来的 0.093 减少为 0.051。观察剩余的合作联系，是源于具有情感联系的互补性企业（产业种类不同）互相代销对方的产品，有时共同采购原材料。由于缺乏生产过程的分工与协作，企业之间的关系大多表现为竞争关系。

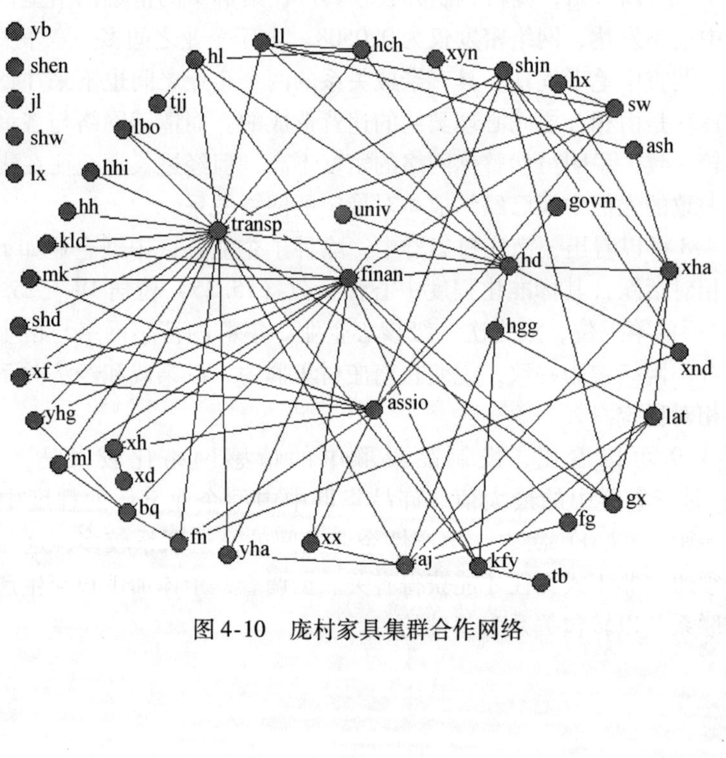

图 4-10 庞村家具集群合作网络

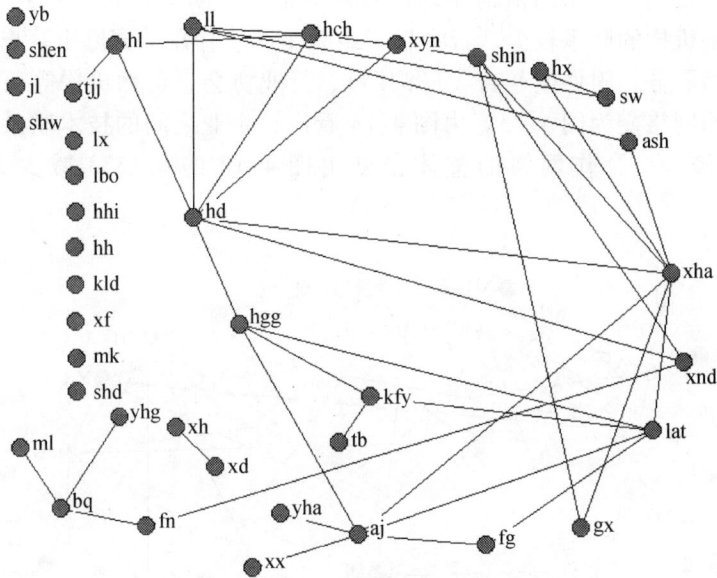

图 4-11 去掉中介服务机构的庞村家具集群合作网络

由图 4-12 可以看出，具有分工协作特征的南庄村产业集群企业之间具有较强的合作联系，网络密度达到 0.153，是三集群中的最大值。但这种联系大多来

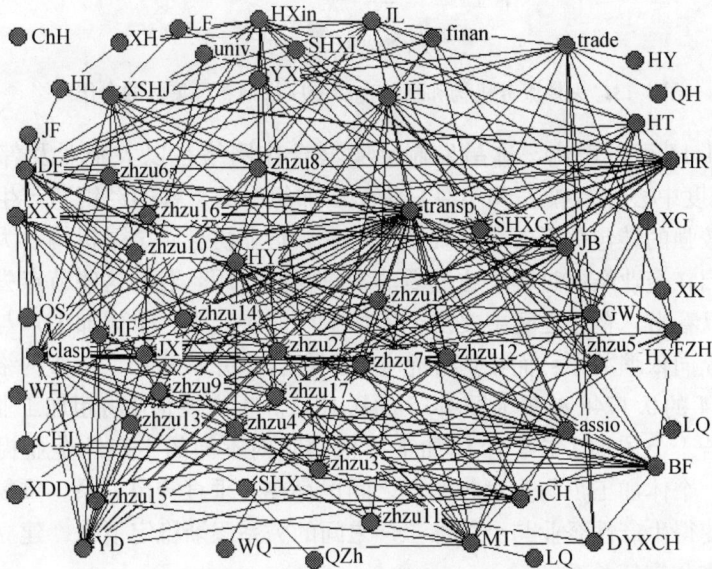

图 4-12 南庄村钢卷尺集群合作网络

自企业之间投入－产出的供销联系，而其他企业之间、企业与大学科研机构、企业与金融机构的联系较少。若将起"组织生产"作用的家庭组装户、起中介作用的运输服务、附件生产商（尺钩厂）、行业协会、金融机构等节点从图中移走，合作网络变为图4-13。由图4-13看出，企业之间的技术联系、联合开发等联系较少，合作网络的整体密度由图4-12的0.1533减少为图4-13的0.0927。

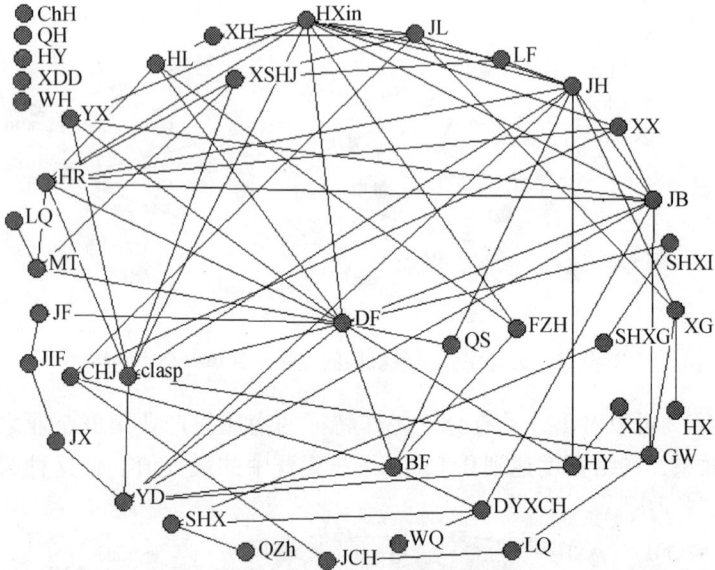

图4-13　去掉服务机构和组装户后南庄村钢卷尺集群的合作网络

由图4-14可以看出，许昌发制品集群合作网络是以大企业及韩国经销商（标准化程度中心性指数达58.824）为核心而组织的，韩国经销商与生产性企业之间存在较强的转包关系，是主要的下单者。行业协会、金融机构、大学及政府等服务部门在企业结网过程中也起着非常重要的作用。若将这些节点去掉变成图4-15，可以看出，企业之间主要由个体加工户连接起来，个体加工户与生产性企业之间是纵向依赖关系，而生产性企业之间的合作并不紧密，合作网络的整体密度由图4-14的0.1748减少为图4-15的0.1011。生产性企业将粗加工业务有计划地分包给若干个体加工户，个体加工户也同时向不同的生产性企业提供加工业务。另外，个体加工户与头发收购户之间也存在着垂直转包关系。重复性的业务分包活动使得生产性企业与个体加工户之间的关系逐渐稳定下来，建立一种彼此依赖的合作和信任关系。

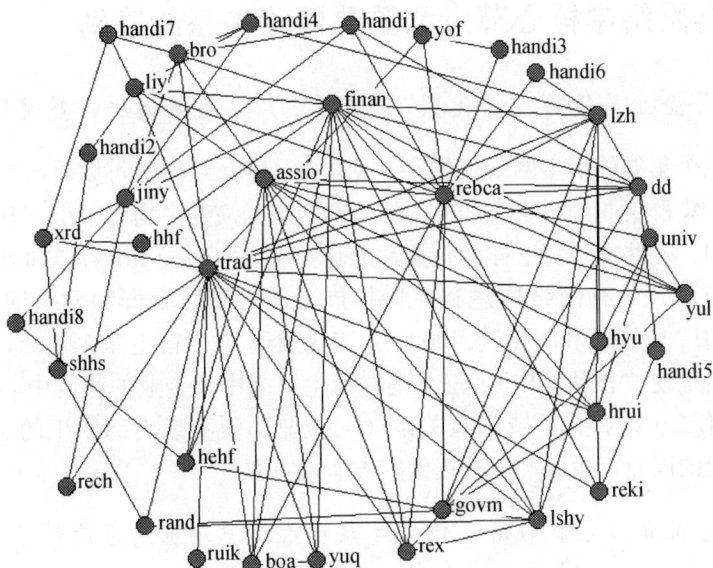

图 4-14　许昌发制品集群合作网络

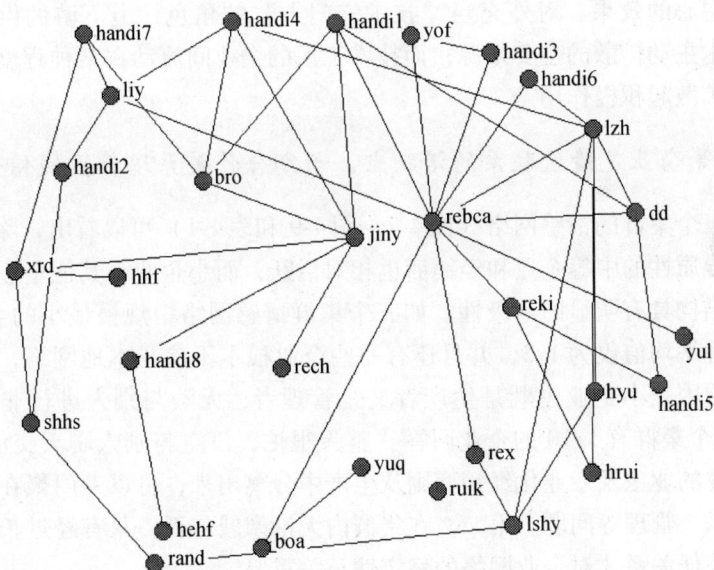

图 4-15　去掉服务机构节点的许昌集群合作网络

二、集群网络中核心节点和重要网络关系的鉴别

1. 先导企业是集群"孵化器",亲属或厂属关系促进产业繁衍

比较三个集群的衍生网络(图4-1~图4-3和表4-1),可以看出它们的共同点:第一,集群企业的衍生、产业的形成和网络的演变中均有一个或几个大企业起关键作用,一些文献将这样的企业称为焦点企业(focal firms),即处于集群网络的关键节点,具有网络构建和网络扩展功能,导引集群和网络演进的方向(Boari,2001;朱嘉红和邬爱其,2004)。焦点企业作为衍生新企业的"孵化器"使衍生网络呈现"核状结构"。三个集群衍生网络中大企业的程度中心性平均值达19.4。第二,亲属关系或厂属关系(大企业的裂变或内部职工的独立办厂)对集群企业的同业衍生和产业规模的扩大非常重要。

2. 大企业是技术扩散源,供需关系和人员流动加速区域学习

从三个集群的咨询网络(图4-4~图4-6和表4-1)可以看出区域网络学习方面的共同点:大企业的存在对集群内的技术创新和网络学习具有关键作用,对内起着培训中心的效果,对外充当"技术守门人"的角色;上下游的供需关系是集群内技术主动扩散的主要来源;而技术工人的企业间流动在某种程度上对集群内技术的扩散起积极作用。

3. 中等企业是情谊联系的活跃点,长期合作关系培养区域信任

比较三个集群的情感网络(图4-7~图4-9和表4-1)可以看出,除种子企业外,具有异质性的中等企业和经销商也相对活跃,而小企业与其他企业的联系较少,网络结构具有明显的等级性。如三个集群情感网络中规模最小的10个企业程度中心性平均值仅为1.3,并且还有一些企业根本不参与本地网络,成为孤立点。部分原因是小企业主既是生产者又是管理者,无暇与别人进行非正式交流(调查中三个集群有1/10的企业回答"整天很忙,没空与别人聊天交流"),而大中型企业的业主及专业化经销商则从生产中分离出来,可以专门聚在一起探讨市场、技术、管理等问题。第二,在集群内无论亲戚与否,只有经过长期合作培养出来的信任关系才对企业网络的稳定性至关重要。

4. 中介机构是企业间合作的"桥梁",纵向经济联系能稳定区域合作

比较三个集群的合作网络(图4-10~图4-15和表4-1)可以看出,第一,起桥梁作用的中介组织与服务机构对企业之间合作网络的形成起关键作用。在三个

集群的合作网络中，行业协会、金融、大学和贸易公司的程度中心性平均值达14.0。第二，上下游的经济联系对企业间合作程度的影响巨大。合作网络呈现垂直式联系还是水平式联系虽与产业的技术特征有很大关系，但沿着价值链所形成的经济联系可以加强企业网络的稳定性。

三、三个案例集群的网络组织类型

比较同一集群的四个网络及其网络结构指标值（表 4-1）、同一企业的四个网络及创办时间不同企业的同一关系网络，可以看出企业在不同的阶段（初创阶段和现阶段）结网对象的变化。

（1）比较庞村家具产业集群的四个网络可以看出，其咨询网络、情感网络、合作网络与衍生网络很不一致，而咨询网络、情感网络与合作网络相对一致，说明企业现在的结网对象相对稳定且与创办时相比已经变化。集群企业主要由第一家铁箱企业——tb 公司衍生，新企业主一般来自老企业的技术人员、销售人员或担任要职的管理人员，这样的衍生网络企业之间的心理契约很容易违背，因此，企业的结网对象较不稳定。集群的咨询网络几乎是情感网络的子集，说明企业之间的学习、知识信息的流动是在聊天、吃饭等非正式交流中完成的。

庞村集群企业之间的关系属于水平式的竞争关系，企业之间的等级不太明显，大企业与小企业之间也只是企业规模或产品种类的不同。种子企业的倒闭也是集群网络演化为无核网络的原因之一。

（2）对于南庄村集群，咨询网络、情感网络、合作网络与衍生网络比较一致，情感网络几乎包含了衍生网络，这说明对于企业的衍生来自家庭网络、现在的关系以经济合作为基础的网络，企业之间的心理契约比较容易达成一致，因此比较稳定。

南庄村集群内大企业与小企业共存，网络结构具有一定的等级层次。小企业对大企业的技术与合作依赖比较明显，咨询网络与合作网络均是沿价值链两边延伸的。

（3）对于许昌发制品产业集群，由于发制品行业内隐知识非常重要，因此新企业多是由在大企业工作多年的技术人员出来自己创办，集群企业的衍生归因于 rebca 公司所起的培训作用，咨询网络、合作网络与衍生网络具有一定的重叠。

许昌发制品集群内的网络具有明显的等级结构，在衍生网络、咨询网络与合作网络中，rebca 公司均居绝对的核心地位。企业之间的联系以经济联系为主，韩国经销商居价值链的高端，联结生产与市场，在集群中几乎起领导作用，而大企业在集群中相当于一个大的培训中心。

比较三个案例集群的网络结构和网络特性指标，笔者验证了第三章的分析结果，三个案例集群确实分别代表了三种不同的网络类型。庞村钢制办公家具集群网络属于竞争性的水平网络，南庄村集群网络属于兼有互补合作和垂直关系的互补性垂直网络，而许昌发制品集群中除了水平和垂直网络外，转包网络更多一些，属于混合性的转包网络。

四、不同网络组织类型的区域效应

比较三个案例集群中咨询网络、情感网络和合作网络的网络结构和网络特性不同点，结合笔者的定性访谈发现，庞村钢制办公家具集群、南庄村集群和许昌发制品集群内成员间的联系程度依次加强、网络密度依次增大、等级关系也逐渐明显。这表明三个集群网络所代表的三种网络组织类型对区域内企业的网络学习、信任培养、合作行动以及区域发展带来了不同的效果。

第一，混合性转包网络的技术创新和扩散最为活跃，而竞争性水平网络相对缓慢。在竞争性水平网络中，企业不愿意使体现企业核心能力的知识向外溢出，从而倾向于网络交流的最小化，因而会比其他网络中的学习更少，庞村集群咨询网络的密度（0.0169）是三集群中的最小值。而垂直网络或转包网络中的企业在正式交易和非正式交流过程中就实现了网络学习和技术的外溢，尤其是隐性知识的外溢，使产业的关键技术更容易在区域内得到创新和扩散，许昌集群中咨询网络的密度（0.0471）是三集群中的最大值。

第二，竞争性水平网络容易降低本地的信任水平，而垂直网络或转包网络可以避免。水平网络中的竞争关系限制了企业间的非正式交流，影响了信任的培养，某些成员的机会主义行为造成的心理契约违背及其负的外部性又造成了衍生网络中原有的信任水平下降。庞村集群中情感网络的密度（0.0391）也是三集群中的最小值。而在垂直网络尤其是转包网络中密切的经济联系及进一步联系的心理预期限制了机会主义行为的发生，有效阻止了信任水平的下降，使网络较为稳定，从而更进一步建立了本地的诚信体系、积累了区域社会资本。比如许昌集群中韩国经销商居于价值链的高端，联结生产与市场，在集群中几乎起领导作用，而大企业在集群中相当于一个大的培训中心。重复性的业务分包活动使得韩国经销商与生产性企业之间、生产性企业与个体加工户之间、个体加工户与头发收购户之间的关系逐渐稳定下来，建立一种彼此依赖的合作和信任关系。许昌集群情感网络的密度（0.0857）也是三集群中的最大值。

第三，转包网络对区域合作更具空间延展、内容拓宽、程度加深的作用。水平网络中企业之间有效率的本地合作较少，仅被动地共享外部经济，竞争性企业之间相互隐藏自己的外地客户，这对区域向外延伸产业网络很是不利。互补性垂直网络中大小企业合作较多，能主动进行联合行动，追求集体效率。贸易公司的垂直组织作用对增加区域内外联系和产品出口起到关键作用；转包网络中企业与企业之间分工协作、具有较强的合作联系，企业与中介机构之间的联系相对来说属于弱联系。家庭组装户和个体加工户对区内的生产性企业起到联结作用。国外经销商在帮助企业融入全球价值链方面起重要作用，但有时他们也故意阻碍集群企业的市场扩展和功能升级。

第四，从区域发展的角度来看，能使广大的农户（如家庭组装户或家庭式加工厂）融入或参与当地产业的网络对区域发展更有利（如南庄村集群和许昌集群）。农户参与网络可以缩小企业与农户在经济、技术等方面的差距，增加网络的层次和弹性，扩大集群的规模，使集群发展更有潜力。总体来说，三个集群中的合作联系属于低水平联系，真正意义上的联合行动如联合开发市场、联合研发、联合采购、联合生产、共同解决问题等网络活动较少。区域内若存在一个强有力的网络中介来促进网络联系和交流，学习和合作对于具有水平网络的区域将更为有效。

由以上分析可以看出，欠发达农区集群的网络关系结构及其区域效应具有与西方一些文献（凯斯·G. 普罗文和谢里·E. 休曼，2005；Lorenzoni and Ornati，1988）不尽相同的特点。在河南农区集群中，亲属关系或厂属关系很大程度上决定了企业的同业衍生；集群大企业的存在能加速集群内的技术创新和网络学习，而网络中介能促进企业间的合作；企业间的供需联系及技术工人的流动对集群内的技术扩散起重要作用，只有经过长期合作培养出来的信任关系才能增强企业间的合作及其稳定性。通过对三个案例集群的网络特性进行比较，可以总结出对区域有利的网络结构具有如下特征：①具有不同等级关系、大小企业兼备的网络结构。领头性大企业能引领行业的技术潮流，并带动其他企业一起创新。②具有垂直分工关系的网络结构。完善的分工网络不仅使企业之间的依赖程度加深，还营建了本地良好的产业生态环境，增加企业的本地根植性。纯竞争性的水平网络容易形成"松脚型"企业。如庞村集群内现已有 50 多家企业或全部或部分地迁往市场地，这对农区产业发展来说是一个危险信号。③包含全球网络中关键节点的网络结构，能扩大集群的市场规模，并引导集群不断沿全球价值链升级。④能将广大农户融入的网络结构对区域发展更有利。

事实上，集群企业采取何种结网方式受集群所在产业的技术特点影响很大。庞村集群中没有出现产业分工，是由该产业的规模经济性决定的，但也不排除随着集群的发展、技术的提高出现纵向分工的可能性。南庄村集群最近也出现了"转包"联系和"间接全球化"。虽然本书将三个集群定义为三种不同的网络类型，但事实上他们还从时间序列上代表了相互重叠而又延续的网络动态演化阶段，一个集群从拥有水平网络到垂直分工、再到出现转包网络、与全球网络对接，其网络的发育程度不断提高，联系的空间范围不断扩展，这也代表了集群网络演化和升级的方向。

下面将三个案例集群进行纵向对接，从集群网络中核心关系的变化来分析集群网络的动态演替。

第三节　产业集群中的网络演替

最近关于集群的网络演化研究，一些学者进行了有益尝试（Lee and Koen，2006；Boschma and Ter wal，2007；Johannes，2007；顾慧君和王文平，2007；王建等，2007；李二玲和李小建，2009a）。如 Johannes（2007）从演化经济地理视角探讨了网络演化理论在地理学中的应用。但他仅从理论上提出了一个基于路径依赖或路径破坏的"地理网络轨迹（geographical network trajectories）"的概念框架，而缺乏实证研究；顾慧君和王文平（2007）以温州传统产业集群为例，分析了该集群社会网络由族群、企业家社会网络向非人格化社会网络变迁的集群与社会网络的协同演化过程；王建等（2007）研究了企业家经历中的路径依赖和异化特征对其社会网络差异性演化的影响。这些研究也多是推理（少实证）性的研究，没有考虑集群企业在规模、地位和能力等方面的异质性对网络演化的影响，也就是没有打开集群内企业这个"黑箱"。Lee 和 Koen（2006）运用美国 1975～2002 年的专利数据、结合企业访谈和社会网络分析对硅谷和波士顿区域发明者网络的演化作了探讨，强调了企业间的技术联系和扩散对网络演化的作用，但他没有考虑区域环境及其变化对网络演化的影响。事实上，集群网络的形成和演化与当地的历史根源、文化背景密切相关。欠发达农区传统制造业集群多是在农村工业化的基础上发展起来的，其网络的形成和演化不像发达地区高技术集群那样受技术联系的影响较大，而应是受家庭、乡村社区文化联系的影响较深。并且，欠发达农区一般来说经济发展水平较低，开放程度和市场化程度不高，传统地域文化对经济活动影响较深，对外联系不便，社会环境较为封闭，因而其集群网络的形成和演化更具内生性和自组织规律。在产业集群的形成过程中，农村地区的基本经济组织单元由农户逐步转变为工业企业，随着企业家联系范围的变化，企业结网的目的不同，其选择的联系对象应是不同的，并且不同类型的网络在集群发展的不同阶段应起不同的作用。那么，在产业集群的演变过程中，起骨架作用的集群网络中的核心关系是如何演变的？起关键作用的组织是如何转变的？这些转变如何与农区环境相互影响？为了探讨这些问题，弥补集群网络静态研究较多、动态研究较少，理论研究较多、实证研究较少的不足，本节在对案例集群企业深度访谈和问卷调查的基础上，运用时空耦合法，通过观察企业发展的历史、对比企业在初创阶段和现阶段结网对象的变化，来分析中部农区传统制造业集群网络的形成过程、结构特征和空间演化的轨迹。

由于中部农区的产业集群发展时间较短，集群大多还没有进入或刚刚进入成熟阶段，又由于集群历史数据比较难以获得，因此，很难找到一个集群来完整地考察它的网络演替。基于对产业集群按网络演化阶段进行的分类及第二节的分形，这三个案例正符合本书对网络演替的阶段划分，三个案例的横向比较和纵向对接为本书按一个集群发展的时间序列来考察内地农区集群网络的演化提供了条件。需要说明的是，这种时空的耦合分析虽不能完全定论哪个集群发展的好坏（因为具体的网络组织形式还与所在产业的特点有很大关系，如钢制办公家具属于规模经济显著的行业，分工并不明显，而发制品集群几乎后三个阶段同时进行），但可以从一个侧面看出处在这个阶段或这一类型的集群企业结网的特点、网络升级的方向和运作的机制。

本部分的研究侧重于分析集群网络中的核心关系如何演变，这就要分析集群企业联系的选择及结网对象的变化，即与谁结网、如何结网。通过①观察各个节点进入网络的时间差异；②对同一企业的四个网络及创办时间不同企业的同一关系网络进行比较，观察其背后的社会关系和企业对结网对象的选择；③结合企业发展的历史，就可以看出企业在初创阶段（衍生网络）和现阶段（咨询、情感、合作网络）结网对象的变化。参考单个集群发展的过程和三个集群的横向比较与纵向对接，就可以总结出网络演化的规律。以南庄村产业集群为例，其不同发展阶段中企业的核心网络关系变化情况如表4-2所示，另外两个集群网络的演化也有类似的情况，只是阶段划分的时间段不太一样。由此，本节按照集群中起骨架作用的网络核心关系来命名，可以将产业集群企业网络的演化过程归纳、划分为四个阶段，即家族或泛家族网络阶段、内部分工生产网络阶段、本地创新网络阶段和全球供应链网络阶段，集群网络沿着这四个阶段演替，反映了企业网络组织的社会化程度的变化及由本地向区外空间延伸的趋势。各类型网络在集群发展的不同阶段起着不同的作用。

表4-2　在南庄村集群发展的不同阶段企业的核心网络关系变化

| 阶段 | 大致时间 | 衍生网络 | | 咨询网络 | 合作网络 | 情感网络 | 核心关系 |
		关系	进入环节				
第一阶段	1978 ~ 1995年	家族或泛家族	组装	家族关系为主	家族关系（共购、共销，无分工）	家族关系为主	家族或泛家族网络

阶段	大致时间	衍生网络		咨询网络	合作网络	情感网络	核心关系
		关系	进入环节				
第二阶段	1995 ~ 2000 年	家族、厂属	中间产品生产	上下游关系	上下游关系、家族关系	上下游关系	内部分工生产网络
第三阶段	2001 ~ 2005 年	厂属	一体化升级、服务性行业	上下游关系、大学科研机构	中介服务机构、科研机构、上下游关系	上下游关系	本地创新网络
第四阶段	2005 年至今	厂属、衍生趋缓	企业升级、中间产品生产、贸易经销商	贸易商、科研机构、上下游关系	上下游转包、贸易公司、OEM	上下游关系为主	全球供应链网络资料来源：调查问卷分析

资料来源：调查问卷分析。

一、家族或泛家族网络促进了集群的产生

偶然事件的发生、地方传统技能的存在等初始因素虽然使某个地方有了发展某个产业的机遇，但该机遇能否发展成为一个地方产业，关键在于本地是否具有能开拓这种商机、具有企业家素质的先驱者。南庄村的王胜喜、吴海运、许秀章，庞村镇的张丙郊，许昌县的郑有全可谓是开拓商机的先驱者。他们最先有了创新的思想，又率先办起了工厂，并把这种先进的经营理念沿家族或泛家族网络向外传播。

一般意义讲，这种网络是按血缘、亲缘联系来组织、延伸的，而地缘关系位居其次。以南庄村钢卷尺产业集群为例，在距南庄村较远的乡镇，从事钢卷尺行业的企业和家庭组装户大部分是由此渠道被传播的。据调查，在 1995 年以前，南庄集群仅有 3 家大企业，在他们的带动下有 70 家农户进入家庭组装行业，其中由家庭或家族关系衍生的组装户就占三分之二。调查的 60 个样本企业中，有 38 个企业（或组装户）是由家庭或家族关系衍生的。而近三年才被衍生的 6 家样本企业中，其咨询、合作、情感网络的对象仍是家族成员。原因是，属于贫困县的南庄村农户起初缺乏启动资金，他们一般是先从从事钢卷尺生产的亲戚那里赊账购买零部件在家里组装钢卷尺，然后去外地销售，待有了一定的资金积累再购买某一环节的机械设备从事加工业务。由于最初只有这三个大企业生产尺条，而尺条又是生产中较贵的零件，因此受三个大企业扶持或影响的小企业较多。网络的先驱者（种子企业）当时只是按家族关系联户经营或把创业的理念和相关

技术传播，企业之间并没有分工、转包及实质上的合作。

为了证实衍生网络的家庭关系，笔者又对南庄村吴姓家族的网络传播过程进行了追踪。

南庄村是由吴、南、林、陈四大户组成的。据调查，由吴姓家族影响、传播而从事钢卷尺行业的企业和家庭组装户就有 112 家（图 4-16）。吴姓 1 所建立的 Hxin 量具有限公司是南庄村创办的第一家企业，受他的影响，其堂妹吴姓 2、哥哥吴姓 3 分别建立了 MY 量具有限公司和 HR 量具有限公司，现均已发展成为南庄村集群中的骨干企业。据他们估计，目前由他们三人衍生的吴姓企业就达 16 家，组装户 16 家，而受吴姓家族影响从事钢卷尺产业的非吴姓亲邻已达 80 家左右。由图 4-16 可以看出，在南庄村吴姓并不是人口最多的姓氏，他们衍生了数量最多的企业。而林姓人口最多，由于没有林姓种子企业，从事钢卷尺生产的企业较少。这说明了南庄村企业的衍生是以家族、泛家族网络为主的。由此可见，正是这种家族和泛家族式的网络传播才使南庄村钢卷尺产业由星星之火发展成为燎原之势，集群规模迅速扩大。庞村钢制办公家具产业集群和许昌发制品产业集群也有类似的经历。

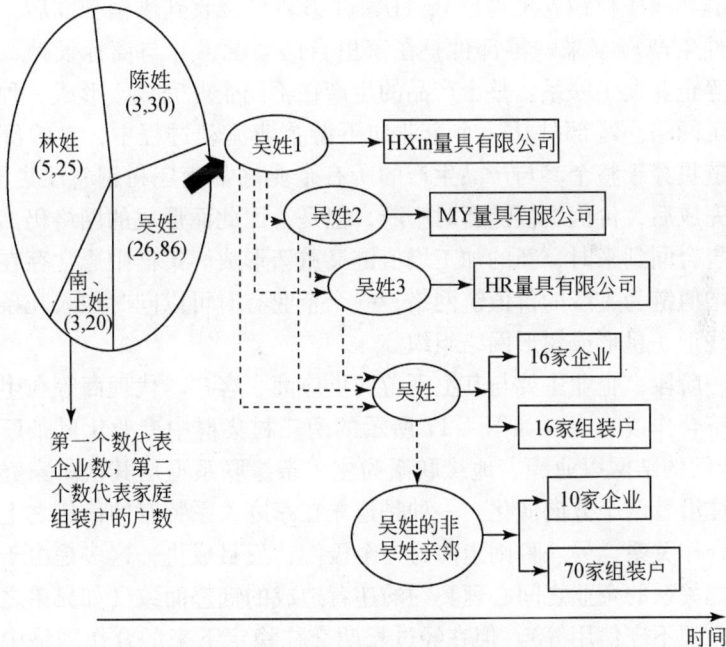

图 4-16　南庄村钢卷尺产业的家族网络传播过程

资料来源：作者调查。下图同

注：图中每个姓氏所占的扇形面积表示该姓氏人口所占南庄村总人口的比例，

为了突出显示这四大姓的衍生情况，图中将其他姓氏忽略

二、内部分工生产网络加速了集群的成长

随着集群规模的扩大，许多中间产品和服务的生产因需求增加达到规模经济门槛，而从生产工艺中分离出来，钢卷尺生产按价值链环节出现了专业化分工。如 1998 年已有 16 家尺盒厂、3 家尺条厂、8 家尺簧厂和 2 家尺钩厂等。专业化生产企业一般来自两个渠道，一是家庭组装户的升级，二是大企业中的技术工人单独办厂。

专业化企业之间因共同构成同一产品的生产链而互补合作，还因同属于某一环节而同行竞争，经济上的网络联系更加密切和直接。这样，集群内互补企业分工合作，构成投入－产出联系；同行企业相互竞争，优胜劣汰，形成待下岗机制。集群中企业之间的结网方式通常有以下几种：①企业生产同类产品，横向合作（如联合购销）较多，仅将辅助业务外部化享受马歇尔式的外部经济（如庞村家具产业集群）；②集群中的核心企业通过外包方式，把各个非核心环节发包给周围的企业或农户加工（如许昌发制品集群）；③驻本地的经销商给某个企业下单或令其贴牌生产，该企业依据生产链为线索将众多企业串联在一起（如许昌发制品集群和南庄村钢卷尺集群）；④家庭组装户接收到供销合同后，从各个专业性零部件生产厂家采购零部件，在家里自己装配，并与商标设计、印刷、包装、运输等企业发生联系。整个产品的生产在不同企业完成，形成一种外部的流水线或加工网络。零部件从一个企业向下游企业流动过程中，它的价值实现增值，增值链贯穿于整个参与产品生产的所有企业（如南庄村钢卷尺集群）。一批销售业务完成后，价值增值链暂时中断，但是，因此而形成的网络仍然存在，等下一批销售合同到来时，新的加工增值链又重新形成。集群中通常存在着多条以产品生产增值链为主线的价值链网络，一个企业有时可以同时加入几条价值链网络，形成线形、星形或树形网络组织。

在这一阶段，企业主要与其上下游的供应商、客户、代理商等在生产销售上进行纯经济合作或交流（如图 4-17 所示的南庄村集群中专业化尺条厂的联系网络）。企业间的结网以业缘、地缘联系为主，亲缘联系退居其次。家庭网络经长时间的交往沿着两个方向演化，一种是建立在家庭关系特有的信任之上的更为稳定的经济合作关系，另一种则走向另一个极端，反目成仇，这多是由于交往过程中具有家庭关系的企业之间心理契约的违背造成的恼怒而致（如兄弟之间欠账不还、叔侄之间不守信用等）。但在经过长期交往稳定下来的合作网络中，仍带着浓厚的家族或准家族色彩。由家庭关系衍生的企业更快更准确地把握要进入的分工环节，尤其是由种子企业衍生的网络能促进分工网络的形成。

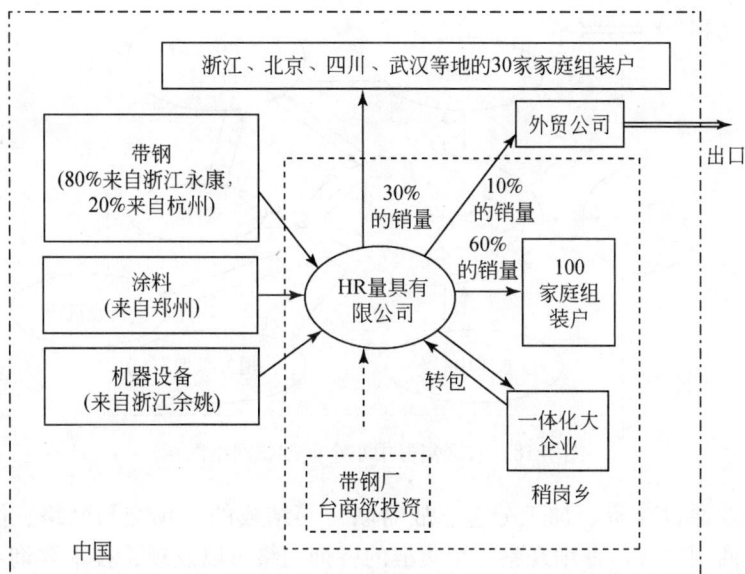

图 4-17 南庄村中间产品生产者（尺条厂）的网络联系图示

三、本地创新网络增强了集群的竞争力

随着集群规模的扩大和分工的细化，产品出现了差异化和层次化。尽管不同种类、不同档次的产品对应各自的消费群体，但利润空间随产品档次的提高大幅攀升。低档产品市场因易于模仿而最容易饱和，进而出现恶性竞争，利润空间进一步缩小。集群内的企业强烈地意识到只有创新才有出路，他们不仅注重企业之间的合作，还注重与地方网络中的各个行为主体发生联系。与上、下游企业、与客户和贸易公司、与技术服务中心、与大学和科研机构、与金融服务机构甚至与竞争对手密切互动，广泛拓展创新渠道。政府也以创新和提高竞争力为核心组织网络，积极改善集群生产的软硬环境。如在南庄村集群中，1997 年，稍岗乡政府自筹资金铺修了环村公路、架设了网络光缆线路并建立了大型批发市场，1998 年成立了行业协会和中小企业服务中心、质检中心等，集群产品的品种在此阶段增加最快（由 1998 年的 60 种增加到 2004 年的 195 种）。至此，企业、客户、服务支撑机构、政府等分别成为网络中的一员，本地创新网络初步形成（图 4-18）。

这一阶段企业的结网是以价值创造为导向、以提高技术创新能力为目的而进行的正式或非正式联系。这种联系是按业缘关系，按生产的协调、知识的流动、创新的产生和交易效率的提高来组织的。正式的联系主要包括每一个中小企业在其设计、开发、生产、市场营销等价值创造的活动中，选择性地与其他企业或行为主体所结成的长期稳固关系（主要是价值链网络往两边的延伸），如两个以上

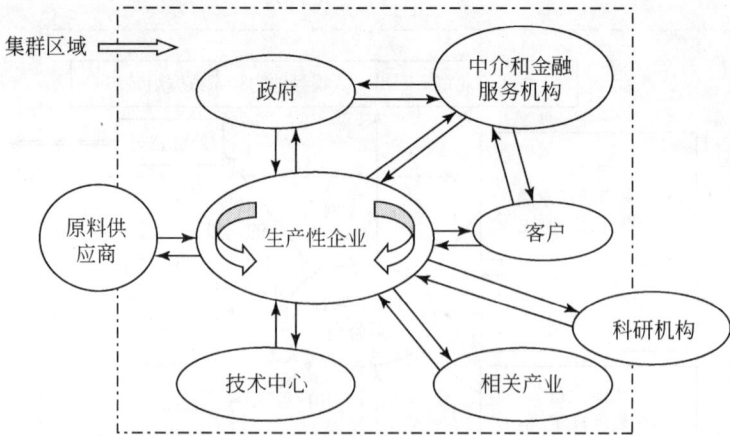

图4-18 农区集群中小企业创新网络图示

的中小企业通过合资、加工分包、战略联盟等结成的市场交易网络、供应商网络、分包商网络等。仔细观察三个集群的咨询网络可以发现，技术咨询主要发生在企业上、下游的生产网络中，一般来说，企业购买谁的产品，有了技术上的难题也就问谁。同行企业之间由于发达的情谊联系也在一起探讨技术问题，导致集群中创新的扩散非常迅速。还有中小企业与研究机构或大学在共同参与技术合作、知识技术扩散等活动中结成的 R&D 合作网络或技术交易网络等。以及中小企业与公共机构或中介服务机构结成的交易、培训、公共政策扶持等服务网络。非正式的联系主要包括基于共同的社会文化背景下建立的生产工人、科技人员、技术中介人、企业家、政府官员等之间的社会网络关系。他们之间的交流是在一定文化背景下，基于信任基础通过生活的接触、非正式场合的见面等建立的公共关系网络或人脉关系网络，具有相对稳定性（池仁勇，2005）。

在这一阶段，企业的衍生多来自大企业的裂变，掌握关键技术的工人单独办厂，或进入服务性行业。基于家族、泛家族关系的社会网络和基于价值链的生产网络构成了企业之间的强联系，而企业与政府、中介机构、科研机构的联系构成了他们之间的弱联系，这些强弱联系使中小企业通过互惠的正式或非正式契约安排，成功地超越了自身资源与能力的局限，把原本属于其他企业的互补资产、互补技术以及共享的产业能力等大量外部资源纳入到本企业的发展轨道。企业这时的结网也突破了本地域的界限，网络沿着价值链向区域外延伸。但基于自然人间"五缘"（血缘、亲缘、地缘、行缘、学缘）和"五同"（同宗、同姓、同乡、同学、同好）关系的交往仍对合作的稳定性起到一定的作用。

四、全球供应链网络驱动了集群的升级

农区中小企业在营建其创新网络并将其向区外延伸的同时，已将眼光瞄向了

全球市场。新技术革命的到来和经济全球化进程的加快，使产业的空间组织可以在全球范围内展开。格瑞弗认为，全球化阶段发展中国家与发达国家之间的贸易越来越由全球购买商来协调，能融入全球购买商驱动的商品供应链中的发展中国家生产者能获得快速的升级（Gereffi，1999b）。因此，集群企业能否将其地方网络向全球延展是决定其能否顺利升级的关键。中部农区的产业集群凭借其充分发挥的低成本优势，经过前三个阶段的发展往往能够占据国内市场的相当份额，然而集群的内生成长因素已接近挖掘殆尽，集群企业自己与自己的恶性竞争，导致低端产品市场几乎没有了利润空间，有能力的大企业纷纷依靠创新走中、高端道路，并逐渐与国际市场接轨。如南庄村集群中的江华量具有限公司老板王胜喜说，有的钢卷尺在国内每只卖 1 元人民币，而在美国至少能卖到 1 美元，销到国外市场去，利润空间就是大。目前，庞村家具集群几乎还没有出口；南庄村集群中，2000 年第一家企业实现出口，2003 年三家大企业具有进出口权，2005 年达到 7 家。但 2003 年开始，大多数企业走的是"间接全球化"的道路，通过温州的经销商或外贸公司出口，或通过贸易公司进行 OEM 贴牌生产，进而将自己嵌入全球商品供应链中（以 HR、JH 量具为例，如图 4-17 和图 4-19 所示）；许昌发制品集群企业则是全面融入购买商驱动的全球供应链中，几乎垄断了全球中低档发制品的生产。韩国经销商驻许昌专门对各个中小企业发单，并组织生产。几个大的企业（如瑞贝卡、龙正）具有直接进出口权并已打开美、欧及非洲市场，扩张为实力较强的跨国性企业（图 4-20），有的企业（如大地实业有限公司）已有向经销商行业进行功能升级的想法。

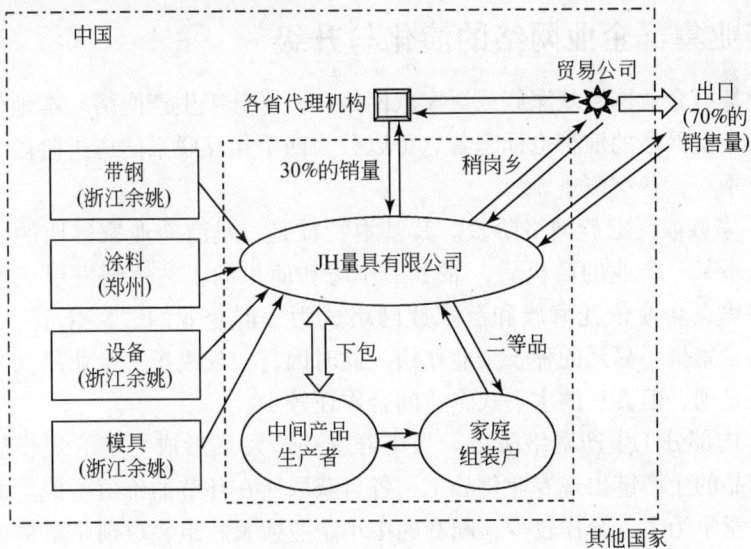

图 4-19　南庄村钢卷尺—体化企业的生产销售网络图示

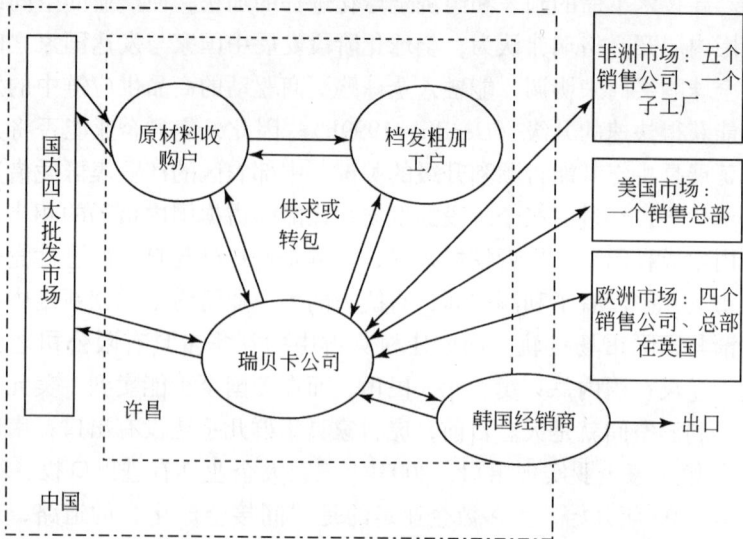

图 4-20　许昌发制品企业（瑞贝卡公司）的全球生产网络图示

在这一阶段，企业的衍生趋缓，垂直分工程度已基本稳定。企业的结网是以拓展全球市场、实现升级为目的、按全力融入全球商品链并尽可能多地捕捉价值来组织的。由于内地农区不像沿海地区的企业海外关系较多，此时正式的经济联系是企业间主要的结网方式，企业间等级控制程度较高，而基于社区的社会网络已不起太大作用，但经过长期交往，与国外客户也可以达成稳固的合作关系。

五、产业集群企业网络的演化与升级

产业集群企业网络从家族或泛家族网络、内部分工生产网络、本地创新网络到全球供应链网络的演替也标志着它可以分为四个相互联系的递进阶段，各阶段发展重心不一，各有侧重。

（1）家族或泛家族网络阶段。其基本特征是：具有企业家素质的先驱者最先发现从事某一产业的商机后，靠手工作坊和简单的工艺逐渐发展成为焦点企业，这些焦点企业依托家族和泛家族网络成为集群企业的"孵化器"，起到裂变、衔接、集聚、蔓延的种子企业作用。此时因行业规模扩大企业所共享的集聚经济已经显现，但真正的水平式企业间合作还较少。

（2）内部分工生产网络阶段。当集群进一步发展形成一定的规模后，企业间沿着产品的生产链出现专业化分工，各自获取所在环节的价值增值。此时同行企业间以竞争为主，合作较少，配套的中小企业或家庭组装户则是集群内敛成型的黏合剂，将一个个孤立的互补企业黏合成分工协作的价值链网络。

（3）本地创新网络阶段。在市场行为的主导作用下，企业之间的恶性竞争与创新的乏力使他们试图将企业联系拓展到区域之外，这为政府和中介机构的介入提供了可能，他们便成了中小企业创新网络的黏结剂和润滑剂。

（4）全球供应链网络阶段。集群创新网络成型后，焦点企业的作用再次凸显。在其带动下，区域集聚由内敛转化为发散，直至焦点企业融入全球价值链，并占据一定的商品供应功能。此时的焦点企业已具备协调组织整个集群的能力，将其核心业务集中在研发、营销等价值链的高端进行功能升级，而将非核心业务层层下包，将大量中小企业串联在一起。同时，次一级焦点企业替代原有焦点企业快速成为新的焦点企业，并营建自己的关系网络，从而形成多中心的网络结构。

企业网络的演化和升级是产业集群演进和升级的基础，是集群企业升级的有效途径（图4-21）。调查发现，中部农区产业集群通过企业网络的升级成功实现了过程升级和产品升级，正向功能升级过渡，但链的升级还较少见。

图4-21　农区集群企业网络的演变与升级图示

总之，从国际集群与网络演化研究成果来看，相对于偏重技术联系的发达地区高技术集群或相对于能直接进入全球价值链的沿海发达地区传统制造业集群来说，发展条件比较落后、发展环境相对封闭的中部农区传统制造业集群网络的形成和演化更具有内生性和自组织规律。其特征表现为如下几点：

（1）集群网络中的核心关系受农村社区聚落环境的影响，并随农区企业规模、地位和能力的改变而演变。在集群成长和网络演进的过程中，几个具有企业家素质的农民率先打破原有的生活路径，实现由农户向工业企业的转变，并将先进理念沿家族或泛家族联系渠道扩散，进而成为种子企业，还充当着集群技术守门人的角色。随着集群的进一步发展，农区集群内因心理契约的违背和恶性竞争而造成信任水平下降，集群网络开始向区外延伸，此时，中介组织对集群内外网络的形成起重要作用，而沿着价值链所形成的分工合作联系能增加网络的稳定性。欠发达农区集群企业由于仅有少数具有自营进出口权，因此大多数实行"间接全球化"的道路，沿海地区的贸易公司对农区企业融入全球网络起关键作用。

（2）从集群网络中起骨架作用的核心关系来看，中部农区集群网络的演进经历了四个阶段，即家族或泛家族网络阶段、内部分工生产网络阶段、本地（或区域）创新网络阶段和全球供应链网络阶段，各类型网络在集群发展的不同阶段起着不同的作用。在这个演进的过程中，网络的节点数目不断增多，参与的主体类型不断多元化和差异化，相互之间的联系更加有效、密切程度不断加深，焦点企业顺利更替，网络在更高层次上进入下一轮循环，实现企业网络的升级。

（3）伴随着集群网络的演进，集群内企业家的内生能力和外部契约类型也不断变化，并呈现出阶段化特征。研究发现，并不是每一个地方参与者都参与了地方网络，一些本地小企业尽管地理接近，也由于能力、信任等危机根本就不参与本地的网络活动。这就提示了企业的结网行为与其内生能力和外部契约关系是相匹配的。下一步的研究可以从企业内生能力和外部契约关系两个方面探讨农区集群企业网络的演化机理，这样可以形成互补对照，更能从微观视角清晰的探究集群网络的运行机制。

第五章 | 农区集群企业网络的演化机理分析

自从20世纪70年代以来西方发达国家生产组织方式由福特制向后福特制转变，企业网络作为新形势下企业组织的一大创新就引起了学术界的广泛研究，尤其是90年代以后。但以往研究大多是从静态与宏观的角度将企业网络看成是既成的对象，研究其形成的背景、原因与优势，而从微观与动态的角度，对企业网络形成与演化机理的研究较少。由于企业网络性质的二重性，即企业网络同时嵌入于社会结构和经济结构中，又是企业之间交易的动态过程，因此这一问题研究的难度较大（Todeva，2000）。就目前对企业网络形成原因的研究来看，出现了两个学派，一个学派将注意的焦点放在企业战略或资源需求上，认为企业形成网络的目的主要是为了获取所需的资产、学习新技能；另一个学派强调企业形成网络的社会结构观，这种观点强调企业间现在的网络关系会影响其未来的机会集，企业形成新关系的能力受其在以前的网络结构中所处地位的制约。现在的研究将注意力转向不同企业网络形成和结构演化的原因（慕继丰等，2001b）。然而企业网络的演化应仍然是指向企业结网目的，即获取资源、学习技能及改变其网络地位这一方向的。网络结构影响产业演化，通过限制或提高特定企业取得资源的能力，网络结构又会影响产业发展。网络结构形成和演化的原因可能在于：环境的变化、关系的变化、技术的变化、行业规则的变化以及技术资本、商业资本、社会资本和重要发明的作用等（慕继丰等，2001b）。但这些原因均可看成是对引起企业网络演化的外部条件的探讨。企业网络的形成不但要求企业具有形成网络的愿望，而且对其潜在合作伙伴必须具有吸引力，因此企业网络的形成和演化必定有其内在原因。尤其是中国中部农区的产业集群是在工业基础非常薄弱的条件下农村工业化的产物，其企业网络的演变有着内生性和特殊性。本书试图基于企业内生能力和企业间契约关系的演进来探讨集群企业结网对象的变化机制。

第一节 分析思路

对于产业集群及其企业网络形成的机制，一般认为，偶然的历史事件、资源禀赋、良好的交通区位、外商的介入、非经常性需求、高技术转移或溢出及支撑性相关产业的存在等是其关键驱动要素（Porter，1990；Krugman，1991；UNIDO，2001），这些研究大多是以下列假设为前提的，即集群内所有企业的角色和任务是同质的，企业间的相互作用力是均等的，协会等公共机构在集群网络形成与发展过程中比单个企业起着更重要的作用（Boari，2001）。有些学者在认同公共机构对集群形成与网络发展的积极作用的同时，认为集群是大企业技术和知识经网络扩散传播的产物，焦点企业在集群网络形成和演化过程中起关键作用（Boari，2001；朱嘉红和邹爱其，2004）。前文对内地农区产业集群和企业网络的分析也显示出焦点企业对集群网络的构建和扩展中的特殊地位。但内地农区是以传统农业为主、经济发展水平落后并不具有地理区位优势和产业依赖的资源优势，其产业集群是在工业基础非常薄弱的条件下自发形成的。笔者认为，仅有焦点企业的成长难以形成快速成长的产业集群和地方网络，另一个重要的因素是周围企业的模仿跟进与能力差距的弥合。再者，从动态视角看，大企业、小企业及公共机构在集群和网络发展的不同阶段应起着不同的作用。

第二章分析了企业网络是一种能力整合的组织，企业网络的能力体现在它能提升其成员企业的核心能力及外部整合能力、降低交易成本，同时企业网络的演化也是沿着企业能力的提升这个目标方向的，也就是说，企业内生能力的提升是企业网络演化的充要条件。在企业能力提升的前提下、在企业选择合作伙伴的决策过程中，企业之间的经济契约是外在约束，心理契约是内在机制，信任是基础推动力。因此，笔者认为，企业网络的演进是由成员企业的内生能力变化和外部契约关系变化共同作用的，其中成员企业的内生能力包括焦点企业的核心能力和一般企业的模仿能力，成员企业的外部契约关系包括正式的经济契约关系和非正式的心理契约关系。基于这种思路，本章来分析在企业网络演化的过程中这些因素是如何发生作用并随企业网络演化的不同阶段而变化的。

沿用滕光进和叶焕庭的企业能力体系划分方法。他们依据知识的内在特性即"专用性和不可转移性"的强弱程度将企业能力划分为能力、补充能力和一般技能（滕光进和叶焕庭，2000），其实它所划分的第一项能力指的是企业的核心能力。核心能力的专用性和不可转移性最强，是企业获得竞争优势的源泉，是一个企业区别于其他企业的本质所在。这里的专用性是指能力的获得所需投资具有高度不可还原性，主要通过企业内部学习和经验积累来获得；补充能力的专用性适中且具有一定的可转移性，是难以从市场上直接购得的知识，要经过一定时期的学习和积累或者模仿创新来获得，它是企业核心能力扩展所需的补充性能力。补充能力既可由企业内部研究开发或学习积累来获得，也可以通过企业网络从外部获得，但可能限于使用权而没有所有权。一般认为补充能力可以在一个行业内流动，某种意义上也可认为补充能力是企业所在行业的专用性能力；一般技能与能力相对应，它是企业所需的公共类知识，具信息的公共品特征，专用性和不可转移性最弱，易于被模仿。一般技能主要通过市场购买或公共媒介途径来获得，一般认为它可以在行业间流动。

第二节 企业内生能力的动态演进决定网络演化方向

企业的内生能力是建立在以资源为基础的各种形式的资本结构上，如金融资本（现金、银行储蓄或贷款）、人力资本（能力、经历、正规教育或培训）、社会资本（关系和联系）等，并且在一定程度上表现为企业独有的特征。正是这种独一无二的能力成为企业获得利润的基础。因此，对于企业来说，并不需要他们在产品和生产过程中的所有领域都拥有竞争力，可以充分利用供货商的专业能力，尽可能把注意力集中在核心能力上（诺特鲍姆，2005），才能维持可持续发展。而企业生产产品和提供服务不仅需要核心能力，还需要补充能力和一般技能（滕光进和叶焕庭，2000），这就产生了企业之间在形式上相互独立但实质上却相互依赖的企业网络组织。对于农区集群企业来说，他们缺乏金融资本，缺乏人力资本，而仅有从长期传统文化继承下来的基于本地社区的社会资本。一个或几个具有企业家素质和创新精神的先驱者因某种特殊原因发现了从事某种产业的商机，提高了自身的能力，逐渐积累了一些金融资本，进入其力所能及的价值链环节，并对周围农民产生强大的示范效应。周围农民对先驱者成长道路的模仿，也提高了他们的内生能力，逐渐积累一些金融资本后，也进入他们力所能及的价值链环节，成为先驱者核心能力的补充。随着集群企业数目的增多，本地人际间频繁的网络联系和技术溢出，增加了企业间经营的透明度，营造了本地的产业氛围，使通用知识累积，从而又提高了企业的一般技能。此时，起步较早的企业随着滚雪球似的资本和能力积累，一般发展成为焦点企业。他们有能力学习外地的技术、吸取外地的经验进一步做出导引本地产业发展的创新举动，并对周围企业产生影响。这样农区产业集群就形成一种"焦点企业成长、一般企业跟随"的路径依赖。

一、焦点企业能力的动态演进

集群企业的内生能力在很大程度上体现在焦点企业的能力水平上。焦点企业大多采用一种企业家能力主导型成长模式。哈耶克等认为企业家是"经济时机的发现者"；熊彼特对企业家的定义："企业家的职能就是识别企业的生产性因素，并整合它们"；奈特认为企业家是在高度不确定的环境中进行决策并承担决策后果的人；新制度经济学家认为"合作"应是企业家能力的重要内容。企业家能力包括网络的建立、扩展及创新，关系营销和交易营销、探索性学习和开发性学习能力及其组合（李怡靖，2003）。企业家能力的特质和水平直接影响着企业关系网络的广度和深度，是一种不可模仿的独特能力，决定着企业持续竞争优势的获取与增强，进而主导集群的发展。企业的企业家能力随着企业成长和网络演进也不断变化。在农区集群发展和企业网络演进的四个阶段中，焦点企业的企业家能力逐步成长并表现出阶段性特征，即由第一阶段的社会网络能力逐步向业务集聚能力、纵向一体化能力和战略网络能力演进。

二、一般企业的模仿跟随

集群内除焦点企业之外的其他小企业往往竞相模仿焦点企业的成功成长模式，来建立和发展起自己的关系网络，形成自己的商业组织模式，逐渐成长为大企业。在焦点企业的带动下，近距离内可观察、可效仿的企业家也成就了许多跟进型的小企业。这种跟进型小企业的存在增加了大企业的补充能力和一般技能、弥合了集群内企业间的能力差距、使集群更有发展潜力，因此是必需的也是普遍的。在对河南省农区三案例集群的调查中，当问及企业创办的动机时，68% 企业的回答内容包含"模仿他人经验"。当问及技术来源时，63% 的调查企业回答是"模仿"；当问及企业的创新来源时，71% 企业的回答内容中包含"模仿创新"。农区集群内焦点企业的模仿多来自集群外部，而小企业的模仿多来自集群内部，并且小企业比焦点企业更加依赖模仿。因此，一般企业能力的演化也与焦点企业有类似的特征，并且一般企业的模仿能力也随着企业的成长而提升，在某些条件下，一般企业也能快速赶超焦点企业，成为新的焦点企业。

三、基于焦点企业成长与一般企业跟随的企业网络演化机理

1. 家族或泛家族网络阶段

对于以传统农业为主、经济发展水平较低且缺乏许多产业发展先决条件的内地农区来说，其产业集群的形成一般缘于偶然事件的发生、地方传统工艺的存在、资源禀赋条件、个人特殊的人际关系、外出打工人员的智力回流等初始因素。在产业集群形成的初始阶段，农区的农民因贫穷缺乏金融资本，因家庭背景或"文化大革命"引起的升学断层而缺乏正规教育，唯有中国乡土社会按差序结构由一根根私人联系所构成的网络资本。一个或几个具有企业家素质的先驱者往往能以超前的眼光看到产业的发展趋势，创造和识别出生产某种产品的商业机会，按其家族或泛家族关系所联系成的社会关系网络组成家庭企业组织生产，同时也把这种先进的商业理念和关键技术沿该渠道扩散出去。在内地农区企业一般

从事的是生产工艺简单或手工作坊式的劳动密集型产业，基本上没有专用性资产投资，因此，企业的进入门槛非常低。当网络内的这些人员掌握了一些技能后，也"人家咋干咱咋干"地创办家庭企业进行快速模仿。此时先驱者发挥着一定的焦点企业功能，像老农传授种地经验一样并无竞争意识地将相关技术教给自己的圈内人。随着生产单元数目的增多，集群内开始出现竞争，此时焦点企业则积累了一定的金融资本，进一步将精力集中在建立和扩大社会关系网络以发现能够提高业务能力的"经济时机"。同时，后起的企业也模仿焦点企业建立和发展起自己的关系网络，形成自己的商业组织模式。因此，这一阶段集群内的企业网络关系是以焦点企业为中心、以其亲属或准亲属关系所联系成的社会关系网络为主导的同业水平联系。

2. 内部分工生产网络阶段

随着家庭企业金融资本的积累，焦点企业作为市场需求的发现者，开始集聚其业务能力，投入专用性资产进入其力所能及的价值链环节从事专业化生产（如购买生产一种或多种中间产品的设备进行专门生产或一体化生产）。由于各生产链环节或配套服务环节所需的专用性资产投资有多有少（如钢卷尺生产中尺条加工比尺盒加工需要的固定资产要多），企业家能力和资金的差异性使各企业参照市场需求分别进入其能力所达的价值链环节。因此，农区集群中的专业化分工是在企业能力许可的情况下自发产生的。焦点企业在成长过程中培育了一大批具有较高技能和管理能力的个人，激发了他们的创业热情，为他们编织个人关系网络提供了便利，因而支持了企业的创立和成长，成为集群的企业孵化器；其他企业通过模仿焦点企业的成功成长模式，也逐渐成长为大企业。在这一阶段，集群内的企业网络关系是沿价值链的纵向依赖关系。大的企业会在自己无法完成生产任务时，将一些操作简单的业务转包给其他中小企业，但绝对控制着关键部件的生产，转包被当作针对市场短期繁荣制定的短期策略（Boari，2001；朱嘉红和邬爱其，2004），因此中小供应商（转包商）被当作弥补大企业生产能力不足的被动行为者或作为大企业核心能力的补充能力（如南庄村集群与许昌集群中的焦点企业在集群内均有七八个转包供应商）。但偶尔的业务转包完全是基于市场变化即时进行的，而不是基于市场预测的有计划分配，事实上企业之间的联合行动并不多。集群内通用知识的积累和经营的透明度提高了本地农民从事该产业的一般技能，他们通过给焦点企业打工挣得创办企业的金融资本，或者通过亲缘或地缘赊账购进各种零部件从事最基本的组装活动（如南庄村集群），从而将集群内的核心能力、补充能力与一般技能完美地结合在一起。在这一阶段，企业衍生的较快，从事组装活动的小企业在集群网络的构建上有着举足轻重的地位。

3. 本地创新网络阶段

随着集群配套功能的不断完善,集群内部多纵(合作)多横(竞争)的分工格局已基本形成。虽然企业进入的速度减慢,但集群企业的一般技能、补充能力和核心能力不断提升,逐渐由单纯模仿市场产品向模仿创新和自主创新过渡,并更注重自己品牌的创立。焦点企业引进大型先进设备,聘请高技术人才,组建自己的研发队伍,并积极拓展自己的联系网络,与区内的供应商、金融机构、政府、中介机构及区外的大学、科研机构、代理商等密切互动。由于焦点企业拥有丰富的开放性网络关系,可以借此不断找到市场机会,因此它们一般是集群内技术扩散的初始源,引领着战略、技术和行业行为的潮流,为其他中小企业的模仿创新提供了接近市场和时代要求的技术平台。这样集群内企业(包括机构)之间就形成一种纵横双向依赖关系。具有异质性的焦点企业嵌入于由企业、公共机构组成的关系网络中,与相关组织形成众多变化的关系,涉及产品价值链不同环节的大量交易活动。焦点企业与集群外和国外的其他企业、机构同样保持着良好的关系,从而形成集群外组织的弱联系和集群内组织的强联系。它们对创造和维持焦点企业的竞争优势同样具有十分关键的作用,有助于企业创造和识别商业机会,摆脱行为惯性以及开展变革(Boari,2001)。

在这一阶段,焦点企业由于还不具备走高端道路所必需的核心能力和战略调整能力,因此在内生能力的约束范围内,他们追求的是纵向一体化的运营模式。调查中,90%的样本企业表明他们想方设法要把企业做大,98%的企业将利润主要用于扩大再生产。由于技术"瓶颈",农区集群企业在某一环节上做强不太容易,所以企业做大的方向首选向纵向一体化发展或扩大经营范围,走多元化发展道路。如南庄村集群中的东方量具有限公司是三个焦点企业之一,纵向一体化生产每一个中间投入品。当尺盒市场竞争激烈时,他可以将其尺盒降价让利销售,即使尺盒不赚钱,但他的尺条、尺簧等别的中间投入品有利润,这样整个企业也能盈利。很明显,焦点企业可以利用内部补贴利润的策略取得竞争优势。近些年,南庄村集群中的许多企业也开始进入生产螺丝刀等相关产品领域。

4. 全球供应链网络阶段

随着集群企业内生能力和外部整合能力的不断提升,大多数焦点企业改变原来的发展战略,将自身的核心能力定位在开拓国外市场、研发设计、装配等方面,或为全球市场供应某种商品,或融入全球价值链中的某个环节。例如,许昌集群中焦点企业瑞贝卡公司已在研发设计环节培养自己的核心能力,他们引进化学专业博士研究染色配方,并设有博士后流动站。大地实业有限公司准备实行战略性能力调整，将自己的核心能力聚集在市场营销上，专门研究国际合作及区域一体化态势，为公司的海外扩张和子公司的区位选择提供决策依据，然后外购绝大多数的产品零部件，并与有经验的供应商合作开发整个产品或破译市场上的新产品。随着企业家对市场机会的不断发现，焦点企业也对其他企业的战略性核心能力的培养有所帮助，他们将比较复杂的业务有计划地分包给其他供应商。这样，大量小企业由原来的简单业务生产演变成复杂业务的专业生产者，并同时向不同客户提供产品。焦点企业也倾向于与多家供应商发生业务关系，以从他们的竞争中得利。重复性的业务分包活动使得焦点企业与供应商之间的关系变得较为稳定，合作和信任关系逐渐建立起来，彼此的依赖性不断增强。由此可见，在此阶段，企业更能聚集自己的核心能力，与其他企业建立战略性网络关系。并在不同的环节和层次上均能出现焦点企业，出现了焦点企业的多元化和层级化。焦点企业的多元化和层级化发展有两种结果，一是原焦点企业实现功能升级，新焦点企业部分地取代原有焦点企业，使整个集群升级并得到持续发展；二是企业之间能力差异过大，不能及时实现新老焦点企业的更替，或者是新焦点企业不能代表产业的演进方向，集群因此发展缓慢甚至走向衰落（刘友金和罗发友，2005）。

值得注意的是，企业家能力是与企业和集群的成长阶段相匹配的，企业和集群的关系网络发达程度与企业家能力高度正相关，超越企业家能力水平盲目追求集群和企业发展的更高阶段也会遭遇挫折（朱嘉红和邬爱其，2004）。如庞村家具集群中的某焦点企业，脱离企业家的能力追求规模的扩大，造成管理上的疏漏，巨额外债造成巨大的心理压力以致破产。还有一位公司的老板因疲劳过度而英年早逝。这些现象的启示是，企业家要随企业的扩张及时提高自己的能力，根据企业家能力的特点和水平状况模仿相应阶段的企业成长模式，而不能好高骛远地追求跨越式成长。另外，企业主要加大管理资源投入，提高对管理人员的信任度，而没有必要事必躬亲、企业家精神或能力困厄于日常经营管理活动中，要将精力集中在企业的扩张和创新发展上。

由对农区集群企业网络基于内生能力的演化机理分析可以看出，农区企业网络的演化过程与一般集群企业网络的演化过程（Boari，2001）有共同之处，但也有许多不同。总体来说，农区集群企业由于其先天不足，企业网络处在网络演化的低水平阶段。

第三节　企业之间契约关系决定企业结网对象

一、农区集群企业间契约关系特点

企业之间结网离不开企业之间的交易，但企业网络中协调和担保交易过程的并不是仅仅靠权威结构或法律契约（即本书所指的经济契约），成员之间除了正式的契约之外，隐含的契约也很重要，尤其是对于正式制度不完善甚至缺失的农村地区。从本研究中三个案例的调查结果发现，农村地区的集群内交易几乎全部是通过非正式契约方式完成的。不但98%的样本企业与本地企业交易不签合同，而且64%样本企业的资金来源部分是向亲戚、朋友借的，仅有6%的样本企业回答技术来源是通过购买引进的。当企业交易向区外延伸时，前一两次交易订立合同，以后也不订立合同，仅靠电话中的口头协议；当网络延伸至国外，91%样本企业的出口产品订立合同，可见，此时正式的经济契约是主要的交易方式，但经过多次交往后，国外客户也可以达成长期交易伙伴而稳定下来，非正式契约再次起作用。调查中，当问及"在哪种情况下，您与别的企业签订合同进行交易"时，83%样本企业的回答内容只有"出口产品"一项。由此可见，非正式契约或隐含性契约是农区集群企业进行交易的主要形式。

那么，是什么因素促使这些交易过程在无强制性法律介入的情况下自动发生呢？如第二章所述，已有许多学者关注了企业网络中隐含性契约的作用，如威廉姆森的关系型契约、刘东的超市场契约等。笔者认为，在关系型契约和超市场契约的背后，心理契约是企业决定"与谁结网"和"如何结网"并保证关系型契约可自我实施的内在机制。威廉姆森的关系契约理论更重视经济契约订立之后的关系发展；刘东等（2003）认为考虑契约订立前的社会关系对交易特征的影响及多元社会关系属性也很重要；顾莱提等（Gulati and Gargiulo）认为，企业间现在的网络关系受其以前网络结构的制约并会影响其未来的机会集（慕继丰等，2001a），这些研究均试图探讨影响企业结网对象及其变化的决定因素。刘东等（2003）提出究竟是在契约关系确定之前人们预先考虑到所嵌入的关系属性，还是已存在的关系属性促进企业家在需要时主动利用这种关系来建立关系型契约，还有待于进一步观察和检验。笔者认为两者是循环增强的关系。企业家在需要时利用其已存在的社会关系来建立关系型契约，在交往中判断他们在交易过程中对权利、义务、忠诚、信任等方面的理解和期望是否一致，并形成对该交易伙伴一个总体的印象，从双方能否达成心理契约的一致来确定他们下次是否还能继续建立关系型契约关系。在农区集群企业网络演化过程中，企业之间契约关系的静态特征，即心理契约和经济契约强弱变化的交互影响对企业结网对象的变化起决定作用。

在无正式契约约束的农区集群企业交易中，以长期利益为目标、重视未来预期的心理契约替代经济契约对交易者起到约束作用。包含经济内容、本应以正式契约形式出现的口头交易协议靠交易型心理契约来约束，而双方对交易过程的理解和期望是靠关系型心理契约来体现的。因此，农区集群企业网络中非正式契约的契约内容包含交易型心理契约和关系型心理契约。在长期合作关系中，加深情感的关系型心理契约较受重视，而在一次性或初次交往中，利用利益给予的交易型心理契约较受重视。

二、心理契约使关系型契约自我实施

格兰多里认为，非正式契约往往是自动实施的（Grandori，1997）。对于小企业而言，由于建立信息系统的成本很高，搜寻、估价、契约设计和契约实施的监督等交易成本也相对很高，因此，小企业更多地依靠声誉和信任机制（而不是详细的经济契约）来自动实施非正式契约。信任在一定程度上也是一种控制或治理机制，可以部分地替代法律等强制性约束制度，降低交易成本。而心理契约是规范企业发生维持声誉和信任行为的微观基础，并通过信任机制对企业之间的交易发生作用。如何产生信任呢？这就要从心理契约入手。

学者们曾从经济学和社会学的角度对信任进行过讨论。从这些文献可以看出，信任与可预测性、可靠性、行为一致性、能力、义务、责任感、动机、才干、可依赖性、专业技能、可信任性、行为预期等概念相关（徐和平等，2004），这些概念多属于心理契约的范畴。马克·J.谢尔也认为，"信任"主要是作为一个心理学概念被引入到组织分析之中，并运用于企业内部和企业间关系的研究（马克·J.谢尔，2005）。本书将信任定义为交易一方认另一方的言辞、承诺以及口头或书面的陈述为可靠的一种概括化的期望，是一方对另一方不可能利用自己脆弱性（vulnerability）的信心（杨中芳和彭泗清，1999）。交易一方对交易活动中双方的权利、义务、责任、能力、行为和预期等的理解与另一方一致，并经过几次重复后产生一种思维的定式和行为的惯例，形成心理上的契约，双方之间就产生了信任。原本相互信任的双方，一旦一方发生了违背心理契约的机会主义行为，另一方就会产生对该方的不信任心理并一直持续下去。

笔者认为，对于农村地区来说，人的本质是合作性的，或者至少是诚实的和值得信任的。但对于同一个人来说，面对企业的战略困境，他对风险、机会主义或信任行为的偏好是不断变化的（安娜·格兰多里，2005）。在合作伙伴选择的过程中，网络中的成员企业试图将来自其合作者的道德风险降到最低限度。他们首先弄清楚谁是潜在的合作伙伴，了解其合作伙伴的需求或要求等方面的想法；其次他们必须有关于这些合作者过去行为可靠性方面的信息（Balakrishnan and Koza，1993）；最后分析双方对本次合作依赖的程度，即预测自己和对方不合作所涉及的潜在损失的总量以及合作所涉及的合作收益的总量，总量越大，彼此依赖的程度越深，双方越期望保持长期交易，则对方越值得信任。在此情况下，企业越值得仔细揣摩对方的心理、期望、权利、义务等内容，努力达到关系型心理契约内容的一致。当双方的合作收益偏差太大出现不公平或者企业的资产专用性投入很高，越容易出现"敲竹杠"、"搭便车"等机会主义行为，使交易成为"一锤子买卖"。在产业集群中，企业很容易得到合作伙伴的声誉、业绩、信用等方面的信息，在长期交易中，并不做过多的计算。

农区集群企业网络中非正式契约（心理契约）所依赖的信任的建立通常有以下几个途径：一是由亲缘和地缘关系经过密切联系而形成的天然信任；二是通过在人际交往和人际关系中形成的声誉和信用而产生的人际信任；三是由于本地文化、规则、惯例、制度等规定了其中成员的行为，并形成可信预期，从而产生的道德信任；四是由长期重复性交易形成双方的了解而产生的人格信任；最后是通过正式的具有法律效力的经济合同产生的强制性的制度信任。这些信任是交易主体对被信任者能力和未来行为的预期，是其心理概念的社会折射并愿意依赖对方。信任使交易双方有着积极的超越合同的理解，存在着行动的默契，其结果是互利互惠（徐和平等，2004）。

心理契约通过信任机制使企业网络关系型契约自我实施。在交易过程中，双方对交易的理解和期望一致，就增加了双方行为的可预测性，交易活动按心理上双方达成的潜在契约自动完成。交易双方越重视心理契约，并按对方所期望的内容去规范自己的行为，信任程度越加强，反过来双方越有积极性对某些价格、质量、口头协议等做出协商和调整，越能达成心理契约内容的一致，使关系型契约自我实施。

相对来说，心理契约的静态特征决定了企业的结网对象。从动态来看，个人层次上的信任概念通常和企业经营中的战略问题不相关，企业经营中的战略问题依赖的是企业之间长期关系的效率（安娜·格兰多里，2005）。

三、基于企业外部契约的企业网络演化机理

1. 家族或泛家族网络阶段

在中部农区，以血缘或地缘关系形成的天然的人际关系网络对产业集群和企业网络初期的形成起重要作用。传统中国是一个人情关系本位的社会，人们基本上生活在一个亲戚和熟人的圈子里。中国乡土社会中的亲戚关系是以个人为圆心、按差序格局外推的一圈圈同心圆波纹，越推越远，也越推越薄，因此，"家"字可以说最能伸缩自如了，"自家人"可以包罗任何要拉入自己的圈子而表示亲热的人物（费孝通，1998）。每个人的社会影响范围都是以己为中心像石子投入水中所发生的一圈圈推出去的波纹一般，波纹推及的就发生联系。距离接近、关系亲密的两个人，其关系范围大部分处在两簇波纹的交集中，形成他们共

同的圈子。圈子内的个人由亲而信，人情关系起了一种信任担保的作用。对于地缘关系也是如此，这个圈子是"街坊"，是从时间里、多方面、经常的接触中所发生的亲密的熟悉感觉，这感觉是无数次的小摩擦里磨炼出来的结果。人们从熟悉中得到信任，这种信任是发生于对一种行为的规矩熟悉到不假思索时的可靠性（费孝通，1998）。在农区集群最初产生的家族网络阶段，这种乡土文化在村落中占主要位置。因此，他们非常不重视法律契约的签订和履行，言外有"定契约意味着不信任"之意，而是达成一种心理上的默契。具有企业家素质的先驱者有了创新理念以后，他们认为由亲缘和地缘发展而来的圈内人更能领会自己的期望，满足自己的要求，更容易达成心理契约的一致。因此他们首选圈内人结网，企业交易（不管是技术交易、资本交易还是商品交易）也是在圈子内进行，圈子越大，他们可利用的社会资本就越多。同时，靠亲密和熟悉产生的信任以及对长期共同生活形成的"共同惯例"和"道德标准"的自觉遵守，也促使双方产生一致的对交易关系的理解和期望。这种以信任为基础的心理契约代替详细的经济契约，不仅大大降低了企业的交易成本，还进一步增加了彼此的信任程度、强化了他们的关系网络。个别人若不履行交易中的义务，或产生机会主义行为，就会受到圈内人的共同谴责，从而失去波纹圈交集中所有的社会资源。这种透明的行为监督机制可以使企业有效地遴选合作伙伴，同时保全"声誉"的顾虑也可以有效地抑制机会主义行为的发生。

2. 内部分工生产网络阶段

随着集群内生产分工的出现，集群企业投入专用性资产进行专业化生产，企业之间的相互依赖关系加强。集群内企业之间的交易也是以心理契约方式为主，不签合同。专用性资产的投入使企业想方设法扩大产出规模、提高固定资产的利用率，以得到更多的回报。这一方面会使企业急功近利、铤而走险，滋生机会主义等自利行为，另一方面也能为双方提供克服自利行为的激励，即鼓励双方恪守心理契约、讲诚信而不欺骗。曾忠禄在对公司联盟中的信任问题研究中也发现，不可撤销性投入与信任之间存在正相关关系（曾忠禄，1998）。因为在产业集群的人文环境中，如果一方不信守诺言或企图要挟、敲竹杠，其名誉很快受损，许多交易可能中断，其资本可能收不回来。而企业资产专用程度越高，资产挪作他用的难度越大，它就可能会遭到很高的沉没成本。因此，企业非常关心潜在契约关系的延续，不但重视交易型心理契约的履行，也重视关系型心理契约的遵守。如企业不但会像对方所期待和预料的那样，按时交货、不偷工减料、欠账还钱、讲诚信等（这些内容逐渐发展成为本地的行为规范），还如对方所期望的那样能自愿提供分外服务、环境变化时能重新协商、出现问题时能主动帮助等（这些内容体现了企业值得信任的品德)。

企业之间相互依赖的关系使企业重视考虑对方的心理要求,努力保持双方心理契约内容的一致性。当双方相互依赖的程度不一致时,弱势方会暂时选择不利于自己的契约安排甚至是顺从的关系。如集群内的大企业通常能接到较大的订单,当他有意将某些生产环节外包时,承包商为了扩大自己的生产任务,就会时常去大企业那里问有没有外包任务,并承诺价格优惠、接受发包商的一切监督和指挥,同时,承包商也期望通过发包商的指导能提高自己的生产技能,就全方位地适应发包商的要求。双方共赢的愿望使这种顺从关系长期维持下去,产生企业网络的权利等级结构。

为了规避企业的机会主义行为,发包商和承包商均会采取谨慎性原则,"不要把鸡蛋放在一个篮子里",发包商会在不同的承包商之间分配生产任务、承包商也努力从不同的发包商那里获得订单。这样可以有效缓和双方对心理契约违背的压力。调查中许昌发制品集群和南庄村钢卷尺集群中的大企业在集群内均有4~8家不等的承包商,而中间产品生产商除了直接面向市场外,也接受所有有转包意向企业的转包任务。

3. 本地创新网络阶段

市场经济的发展和生活方式的改变打破了血缘、地缘对个人的限制,使人们的流动性增大,并建立起更广泛的社会联系。传统的信任模式受到了农区越来越多亲而不信的事实的挑战。一些原本交情很深的朋友在生意场上反目成仇,一些人则将"宰"亲"杀"熟作为发财致富的捷径。调查中三个案例集群均有最可信任者借钱不还、企业的代销员携款逃跑或在外地办厂的事件,并且"和尚"和"庙"一起逃跑。如庞村集群中10%的样本企业遭遇过此类事件,26%的样本企业主动向调查者提起此事,并对此非常恼怒。庞大的律师费用和异地要账者面临的暴力威胁使小企业选择"吃下这个哑巴亏",但这些心理契约违背现象很容易波及人们对周围其他人的重新判断,影响到对别人的信任度。在传统的信任模式(由"亲"和"熟"而信)遭到冲击,而正式契约这种法制化的信任手段又不被人"信任"时(调查发现集群企业很少有人用法律手段来解决交易冲突),很容易产生信任危机,进而破坏本地的诚信体系。集群内的企业选择交易伙伴不再锁定本地或亲戚朋友等圈内人,而是经过几次重复交易后遴选出来的长期交易伙伴。调查中,当问及"您相信哪些人对您更讲诚信和道德"时,88%的企业回答内容包含"长期交易伙伴",而对本地人、同乡人或外地人并没做区别。还有36%的企业谈到"越是亲戚越不行"。在这种低信任状态下,集群内企业之间的合作非常少,尤其是对于没有纵向价值链分工的集群来说,更是竞争大于合作。即使存在价值链分工，有实力的企业也首选一体化生产，企业之间的联系经常要借助于网络中介作为传递信息的桥梁。从第四章图 4-10～图 4-15 三个集群的合作网络可以看出，行业协会、政府、大学科研机构、运输服务机构等网络中介均起到了非常重要的桥梁作用，节点的中心性程度较高，而去掉这些节点后，集群内企业之间的合作非常少。而在这些很少的合作中，笔者发现，尽管通过血缘、地缘关系构建起的人际信任网络受到市场经济和心理契约违背现象的冲击，但在同等条件下，企业仍然选择原有的交易伙伴。这些现象表明，原有的合作伙伴经过心理契约的遴选，内容一致的成为朋友，而心理契约违背的成为敌人。

面对低水平信任和激烈竞争的本地环境，有实力的大企业纷纷以知识和产品创新作为企业的核心能力来赢得竞争优势。他们将关系网络扩展到所有能引起技术创新的部门和地点，并发展与区外企业、大学科研机构、金融机构等的正式合作，实现由亲缘网络向产品创新网络的升级。此时，企业的法制化意识有所强化，通常最初几次的交易签订合同，待经过几次的心理磨合达到心理契约一致时就不签合同，成为长期的交易伙伴。同时，也有些小企业有碍于集群内对机会主义行为的惩罚机制，将自利心理伸向区外。他们以次充好、用低价销往区外。这些影响本地声誉的机会主义行为必须由具有公共服务职能的行业协会或本地政府介入来协调和监督。

4. 全球供应链网络阶段

彭泗清认为扩散性关系网作用的弱化及人们法制化意识的强化，终将催生中国社会信任的制度化和形式化，从而使原有的人际信任模式发生质的改变（彭泗清，1999）。随着全球经济一体化程度的加深，企业以正式经济契约的形式融入全球供应链网络，即使是稳定的合作伙伴之间的交易也是通过具有法律效率的经济合同来担保信任的。但这并不是说心理契约不起作用，相反经济契约的制订是受心理契约支配的，有时甚至限制了企业在全球价值链中的升级或进入全球市场。如许昌发制品集群中，焦点企业战略性网络的全球扩张使集群内企业的多元化和层级化更为明显，弱势企业表现出对强势企业的相对依赖。每一个层级水平上多家同质化企业的竞争使企业之间的转包有了较大的选择空间，哪家企业从心理上与对方达成潜在的契约，即达到关系型心理契约内容的一致，双方就能保持长期的合作关系。在多次重复博弈中，虽然遵守互惠互利，但一般来说，弱势企业做出的让步较多。韩国经销商在许昌集群中占据举足轻重的地位，是强势的网络中介。他们以其广泛的市场渠道垄断了国际上最大的发制品市场——美国市场，控制着许昌集群企业进入美国市场的订单。他们期望许昌发制品企业不但严格执行合同，还能与其长期保持贸易关系，而不直接与美国零售商交易。据一位发制品公司总经理讲，犹太人发制品零售商想绕过韩国经销商直接从中国低价进口发制品，不幸被韩国经销商发现，韩国经销商协会花大力气经过香港进行查找是哪家企业对其供货，以压缩和拒绝对该企业下单为手段，截断了许昌企业直接进入美国市场的途径。许昌企业对韩国经销商市场、技术信息的严重依赖心理使其忍痛割爱断绝了与小户——零售商的来往。为了摆脱这种被动局面，许多焦点企业也在努力从核心技术、海外企业扩张等方面实现在全球价值链上的升级。

第四节　基于企业内生能力和外部
契约关系的网络运行机制

基于以上分析，从企业内生能力和外部契约关系两个方面探讨农区集群企业网络的演化机理，可以形成互补对照，更能从微观视角清晰的探究企业网络的运行机制（图5-1）。中部农区集群中的企业网络从家族或泛家族网络向内部分工生产网络、本地创新网络、全球供应链网络的逐步演化，是由成员企业的内生能力变化和外部契约关系变化共同作用的。企业内生能力的动态演进决定了企业网络演化的方向，即"如何结网"；企业之间契约关系的静态特征决定了企业的结网对象，即"与谁结网"。企业网络既可以看做是一种治理结构，又是一个社会化过程。在这个演化过程中，其社会化程度有所降低，而空间范围逐步向外扩展。

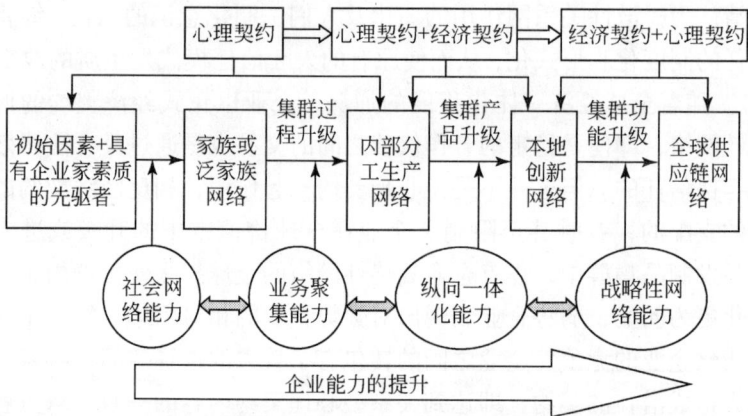

图5-1　企业网络演化及产业集群升级的驱动机制

在以传统农业为主的中部农区，具有企业家素质的先驱者利用偶然事件、传统文化等初始因素得到了发展某种产业并由农民向企业家转变的机遇，他们以个人社会网络为起点和核心构建自己的企业网络。随着企业滚雪球似的资本积累和企业能力的提升，先驱者优先发展成为集群的焦点企业主。在企业网络演化过程中，笔者认为企业网络的演进是由焦点企业主导、一般企业跟随的企业内生能力成长过程。焦点企业作为市场需求发现者、企业孵化器、创业支持者、成功典范以及变革代理者，创造并维持着集群和网络的整体竞争优势。集群中的"干中学"和"专业化分工"提高了企业的补充能力，而集群网络内不断积累的通用知识，弥合了企业之间的知识差距，提高了企业的一般技能，使一般企业能够沿着焦点企业的成长路径模仿跟进。成员企业核心能力和外部整合能力的提升是企业网络演变的充要条件。在企业能力提升的前提下、在企业选择合作伙伴的决策过程中，企业之间的经济契约是外在约束，心理契约是内在机制，信任是基础推动力。心理契约通过信任机制使企业之间关系型契约自我实施，实现对经济契约的替代。

如图 5-1 所示，伴随着企业网络的演进，企业家的内生能力和外部契约类型也呈现出阶段化特征，并与各网络阶段相匹配。在家族或泛家族网络阶段，农区村民缺乏物质资本、金融资本和凝结知识与技术的人力资本，唯有乡土社会按差序格局由一根根私人联系所构成的网络资本。而先驱者的这种社会网络能力以及基于血缘和地缘的天然联系和信任对企业网络的早期发展非常重要，集群内交易几乎全部是通过心理契约方式完成的；当网络演进到内部分工生产网络阶段时，企业积累了一定的金融资本，并聚集自己的业务能力，购进专用性资产从事专业化生产，使集群产品的生产工艺大大改善，实现过程升级。此时企业还是以本地结网为主，心理契约起主要作用；随着焦点企业的成长及本地信任水平的下降，有能力的企业首选纵向一体化的规模经营战略，将自己的核心能力聚集在产品和技术创新上，并与当地政府、中介机构、服务机构、外地的大学科研机构等密切互动，构建了企业的创新网络，实现集群的产品升级。此时企业的结网对象延伸至区外，交易双方前几次交易订立合同，以后也不订立合同，仅靠电话中的口头协议；随着集群内焦点企业、一般企业和产业配套能力的提升，集群内企业进行战略性资源整合，实现功能升级，企业之间的相互依赖加强，先后融入全球价值链，并在全球商品供应链中占据一席之地，进而在全球范围内扩张其战略性网络。此时，由于市场经济对传统的信任模式产生了强烈的冲击，加上人们法制意识的增强、国际上相对完善的市场规则，企业依据正式的经济契约是主要的交易方式。但经多次交往后，国外客户也可以达成长期交易伙伴而稳定下来，心理契约的作用再次凸显。

调查发现，本地心理契约的违背使农区集群的信任水平下降，并呈低水平信任状态，严重阻碍了企业的本地合作。如庞村钢制办公家具集群由于心理契约违背现象严重，企业之间松散的联系产生的网络效应已不能超过新交通法造成的运输成本增加和本地激烈竞争造成的集聚不经济，许多企业（已超过企业总数的10%）迁至市场区，有实力的企业（已有50家左右）纷纷在外地建立分厂。这些现象虽然与产业发展的特点有关，但从一方面也说明了集群环境对企业的吸引力在减弱。

集群网络的演化对于不同的产业具有不同的特点，阶段的划分也不是绝对的。如庞村集群仅经历了第一阶段和第三阶段，而南庄村集群经历了前三个阶段，正往第四个阶段过渡；许昌集群则经历了第一个阶段之后，后三个阶段几乎同时进行。

第六章　企业网络与集群区域竞争力的关系

产业集群依靠集聚经济、灵活专业化（社会网络）、创新环境、合作竞争和路径依赖等保持其竞争优势、通过降低成本、刺激创新、提高效率、加剧竞争等多种途径提升整个区域的竞争能力，并形成一种集群竞争力。这种竞争力是非集群和集群外企业所无法拥有的（金碚等，2003）。波特在区域竞争力的研究中指出，产业集群正在支配着当今世界的经济地图，它使全球经济中持久性的竞争优势根植于远方竞争者无法匹敌的当地要素：知识、关系和动机之中。产业集群主要关注生产率和跨企业之间的联系（迈克尔·波特，2002）。本书在第二章详细论述了企业网络是产业集群的本质特征、是产业集群区别于产业集聚的关键、是产业集群竞争力来源的根本。那么，企业参与网络会带来什么样的绩效？集群中的企业网络是如何提高产业集群竞争力的？如何对区域发展起作用？事实上，这三个问题正好是三个层面的问题：企业网络如何提高成员企业的绩效、如何提高产业集群的整体竞争力、如何改善产业集群所在区域的产业配套环境和人文环境。本章基于对中部农区产业集群的调查，试图对这些问题作一探讨。

第一节　企业网络与成员企业的竞争力

企业参与网络能提高自身的竞争力，尤其是对于资源、能力和知识均处于劣势的小企业。金碚认为，决定和影响企业竞争力的要素可以分为四类或四个层次：关系、资源、能力和知识（金碚等，2003）。这四个要素是相互联系的，企业网络可以通过改善这四个要素来提高成员企业的竞争力。企业网络是成员企业在认识到资源、能力和知识、信息分布不均匀的基础上构造的一种新型的网络组织机构，成员企业通过增进与其合作者之间的关系，可以提高企业的资源外取能力、培育核心竞争能力，加强信息沟通和知识的传播，促进网络创新并产生合作效率，从而提高企业的竞争力。企业网络包括对企业竞争力起重要作用的一系列关系，如与供应商和消费者的纵向关系，它存在于企业内部价值链或企业间价值系统中（Porter，1990）；与竞争对手联合起来分享生产或流通中公共资源的横向关系；与提供互补产品的生产商在研究、销售、流通或服务方面共享公共资源的对角线（或斜线）关系；与政府和其他机构如大学、监督机构、咨询机构、娱乐设施和贸易机构等的辅助关系等。所有这些关系对企业竞争力的提高都各有优势。它表现为两个方面：一是静态方面，即企业网络在生产、销售和流通中降低成员企业的生产和交易成本；二是动态方面，即网络在企业创新过程中的效率。

一、降低成员企业的生产和交易成本

在企业有限的资源、知识、能力约束下，企业网络可以使小企业获得只有大企业才能获得的资源、知识和顾客，并能缓和企业规模经济与协调成本、分工经济与交易成本的两难冲突，降低生产和交易成本。

笔者认为，企业在生产领域如果用到关键设备和关键技术，就会存在规模经济。虽然在有些生产领域（如信息和通信技术领域中，硬件体积变小而且价格便宜，软件易于使用）规模经济已经缩小，但很多产业领域固定成本的重要性大大增加，固定成本也增加了。这不仅指用于生产的物质资产的增加，而且包括用于研发、商标、流通和销售的物质资产的增加。如就销售来说，企业虽然可以用代理方式利用外部力量，但是企业仍然需要提供必要的培训、手册以及相应的设备（诺特鲍姆，2005）。

在交易成本中也存在规模经济（诺特鲍姆，2005）。对于小企业尤其是农区小企业，通常缺乏专业化人才，缺乏明确的长期的战略方针而多采用实用的、短期的和临时性方案，缺乏充足的参考文献和正式程序而多拥有实用的隐含知识。这些特征可以解释为由于规模小所造成的规模不经济（如建立信息系统和程序的成本很高），对企业自身和它们的合作伙伴来说，搜寻、估价、契约设计和契约实施的监督等交易成本就很高。由于缺乏风险分担，违约的风险也较高，这也增加了合作企业的风险。因此，小企业及其合作企业均面临较高的交易成本。小企业尤其是农区小企业试图更多地依靠信任（或声誉）机制（而不是详细的经济契约）来弥补这一点，并且依靠网络联系来维持信任机制。因此，对小企业而言，一个很重要的目标就是通过增加固定资产的利用率来实现规模经济和范围经济，其中包括增加为降低交易成本而设置的资产的利用率（诺特鲍姆，2005）。这也是调查发现的农区集群中小企业在能力的许可下大多趋向于实行规模化战略、追求一体化生产的主要原因。

虽然企业的平均成本因企业规模扩大、产量增加、固定成本分摊而呈现出下降趋势，但企业的规模扩张必将带来企业内部协调成本（即企业内因配合、组织、协调各种投入要素所引起的额外价值耗费）的增加，企业的规模越大、企业家的能力越弱则企业内部的协调成本上升越快。当协调成本的增加量超过固定成本分摊而引起的成本减少时，企业的平均成本将上升。这就是平常所说的企业平均成本一开始下降、经过某一饱和值后就上升的"U形"曲线。对于农区企业，目前大多还处于规模经济阶段。但企业家能力的相对弱小使这一饱和值来得很快。庞村集群中的某焦点企业就是因为盲目扩大规模、企业家经营管理能力跟不上、企业成本迅速上升而倒闭的。

规模经济与协调成本的两难冲突，可以通过企业网络来解决。不管哪种形式的企业网络，均是依靠企业之间的网络合作扩大了企业的无形规模，而又将本应内部化的协调成本外部化。

由于产业集群具有地理接近性、产业关联性和内部的市场分工，集群中的企业更容易把核心竞争力之外的业务活动进行外部化或外包，使企业"瘦身"，利用企业网络有效地扩大自己固定成本的覆盖范围，并因缩小业务范围、聚集资源于核心能力而获得分工经济。同时为了应对个性化的消费者、避免集群内的价格竞争，集群企业之间也必须尽可能实行分工和产品的差异化。企业业务的外部化使集群内许多中间产品和服务部门因市场需求达到规模经济门槛而得以生存，进而加深了企业之间的纵向分工。而分工的细化必将带来企业交易成本的增加，交易成本又限制了产业的分工。产业集群内的企业网络可以使企业之间依靠血缘、地缘和长期合作达成的心理契约一致、进而形成的信任有效地降低交易成本，促进分工。它作为科层与市场之间的一种企业组织方式，既实现了企业与市场的替代关系，又实现了它们的互补关系，使企业在一体化内部生产与非一体化外购之间找到了规模经济与协调成本、分工经济与交易成本的平衡点。

二、提高成员企业的创新效率

从动态方面来说，企业网络的存在可以使成员企业通过网络学习和网络创新而得到长期持续的竞争力。新经济背景下，学习和创新成为企业维持其竞争力的一个重要方面。正是由于企业网络的存在才使小企业增加了企业外学习的机会，提高了创新能力，并有与大企业相抗衡的可能性。

一方面，当一个企业处于网络之中时，它会与网络成员企业相互作用，并在这种互动中学习如何获得市场份额、资源和如何使新项目的启动更为便捷。同时，在合作过程中，企业也会对自己和网络中其他成员有更深入的了解，分析它们如何操作和自己如何操作之间的差异，清楚地认识到自己所拥有的竞争优势和劣势，从而提高它们应付网络外企业时的竞争力。另一方面，企业网络是建立在信任和合作互利基础之上的，为了通过合作而非竞争获得更大的战略利益，相关企业往往愿意泄露其具体的操作过程或战略内容，使信息在网络中流动顺畅，导致网络学习的出现。因此，企业网络能诱发企业之间的"集体学习"和不同企业之间知识的交流，并且网络成员间的能力互补性越强，学习效率越高，人力资本积累得越快。

从认识论来说，知识具有路径依赖性，经历不同发展轨迹的企业或个人，在不同的市场和技术条件下，对事物的感知是不同的，积累的知识也是不同的。因此，企业需要通过学习来获得互补性的知识、能力和外部资源。在利用网络学习和网络创新方面，小企业比大企业更有优势。对于大企业来说，研发或技术部门承担着自主创新的任务，由于研究人员知识的同质性，开发新技术会受到原有的技术路线的制约，即使有新的知识或技术也因为路径依赖很难被采用，因为他们期望从维持现有技术中获得更多的利益。他们还有可能受到惯例化的阻碍，而看不到新环境中的新需求和新机会。而小企业往往很少参与研发，却能够快速、灵活、果断地应对出现的重大变革，有了新思想也很少遇到新成果能否被接受和被运用的问题，因为新成果的开发者和使用者往往是同一群人。由不同小企业组成的企业网络在相互交流和新组合的探索方面比大企业具有优势。一般来讲，小企业拥有更多的是隐含知识，具有能力和知识异质性的小企业通过结成网络，密切地相互交流隐含知识，比一体化大企业更容易产生创新（诺特鲍姆，2005）。诺特鲍姆认为，一体化的大企业与网络化的小企业存在着某种动态互补性：大企业往往在系统的基础性研究中做得较好，而小企业往往擅长于通过新组合来运用现有的研究成果并把它商品化（诺特鲍姆，2005）。在产业集群中，企业网络可以使小企业能灵活地改变与其他企业相互作用的合作模式或中间产品组合模式来探索新的组合：尝试一种组合，如果失败，就拆散它，再与其他企业或中间品进行重新组合。这不仅大大地降低了创新的风险和成本，而且还极大地提高了创新的速度和效率。集群中的企业网络还能使这种熊彼特式的创新快速地在集群中扩散，提高创新成果的经济效益和社会效益，也提高了整个集群企业的竞争力。

三、企业网络提高成员企业绩效的实证分析

本节和第二小节从理论上阐述了企业参与网络对企业的竞争力应该具有提升作用。本部分笔者利用对南庄村钢卷尺产业集群的跟踪调查数据，从实证分析的角度来探讨企业与网络成员的合作程度与该企业绩效之间的相关关系，从而验证企业网络对企业绩效的提升作用。

1. 研究方法

为了能定量描述企业间的合作程度与企业绩效之间的关系，笔者对南庄村钢卷尺产业集群三次调查数据进行了比较和处理（由于本人在导师的带领下对南庄村钢卷尺集群从 2002 年开始先后四次进行了跟踪调查，与样本企业主较熟，企业主戒心相对较小，加上调查时对企业的经济指标采取迂回询问的方式，因此数据比较齐全可靠。2005 年对庞村家具集群和许昌发制品集群的调

查也要求填三年前的经济指标值，但效果不理想，故本章仅以南庄村集群44家样本企业为例来说明。44家样本企业是第三章所列南庄村样本企业中所有生产性企业43家，另有1家家庭组装户）。运用企业的销售额、职工人数、净利润、出口比例和产品的规格品种数在2001～2004年三年内的增量值作为企业的绩效指标。

为了将它们集成为一个绩效指标，本书运用主成分分析法来估计企业的绩效得分。原始变量为：企业的销售额增量 M_1、职工人数增量 M_2、净利润增量 M_3、出口比例增量 M_4 和产品的规格品种数增量 M_5。

首先将上述5个绩效指标的原始数据进行标准化。其公式为

$$x'_{nm} = \frac{x_{nm} - x_m}{s_m} + a$$

式中 n 取值 1～44，m 取值 1～5，x'_{nm} 为第 n 个企业第 m 个指标标准化后的指标值，x_{nm} 为第 n 个企业第 m 个指标的原始值，x_m 为第 m 指标的均值，s_m 为第 m 指标的标准差，a 是为了消除负数作的坐标平移。

然后用SPSS10.0软件中的主成分分析法，提取了三个主成分（表6-1）。第二和第三个主成分共解释了样本总方差的23%，故以下分析仅用第一个主成分。第一个主成分与原始变量 M_1、M_2、M_3 和 M_5 的相关系数均较高，分别为0.86、0.97、0.95、0.8，仅出口比例 M_4 被排除在外。表6-1是旋转后的因子矩阵，第一个主成分可以用 M_1、M_2 和 M_3 来描述，它解释了总方差的73.59%。

表6-1　南庄村集群样本企业绩效指标的旋转因子矩阵

变量	主成分		
	1	2	3
M_1	0.938	0.150	0.170
M_2	0.856	0.404	0.275
M_3	0.828	0.453	0.214
M_4	0.231	0.217	0.948
M_5	0.339	0.900	0.244
解释总方差/%	73.591	13.838	9.042

资料来源：作者调查。

最后用每个样本企业的因子得分作为该企业的集成绩效指标 M。

对于企业间的合作，笔者用企业与网络成员间的联系来表示。其指标包括：企业与中介服务机构的联系 L（包含项目有：企业与行业协会的联系、与金融机构的联系、与大学科研机构的联系、与咨询法律机构的联系、与本地运输公司的

联系），与本地同行企业的合作 T（包含项目有：交流信息与经验、共同提高产品质量、联合购买原材料、联合销售产品、联合培训工人），与供应商的联系 S（包含项目有：本地供货量、外地供货量、与供应商交流信息与经验、共同商讨提高产品质量、共同商讨提高供货速度），与客户的联系 B（包含项目有：本地销售量、外地销售量、与购买商交流信息与经验、共同商讨提高产品质量、共同商讨提高供货速度），企业的转包联系 Z，企业的网络创新情况 CH（包含项目有：与别人交流产生创新灵感、模仿创新、购买引进创新技术、与科研机构联合开发、与客户共同商量）等。

由于企业的网络联系数据不易回答，笔者在 2005 年进行的调查中采取了与三年前情况对比的方法先获得定性数据（参看附录里的调查问卷及问卷统计结果），然后用与三年前相比各联系指标的变化程度来表示企业间合作程度的定量变化。笔者对各答案采取 6 段分级系统赋值，即大大增加、增加、不变、减少、大大减少和没有此联系分别赋值 5、4、3、2、1 和 0。各联系指标（L、T、S、B、Z、CH）运用企业对其各包含项目回答的平均值作为集成指标，如企业 i 与中介服务机构的联系指标 L 可以用公式：

$$L_i = \sum I_{ji}/k$$

其中，k 是该联系中包含的项目数；$j = 1, \cdots, k$；I_{ji} 是企业 i 对项目 j 的回答。

对于 T、S 和 CH 指标，考虑到各项目内容对企业合作的贡献，仅用后 4 个项目来计算。转包联系仅用有（值为 4）或没有（值为 0）来计算。

2. 分析与结果

本书用最小二乘法（OLS）进行参数估计来回归分析企业的绩效与企业的合作行为之间的关系。以企业的绩效 M 为响应变量，以企业的各联系指标（L、T、S、B、Z、CH）为回归变量，笔者用逐步引入－剔除法（stepwise）建立线性回归方程，并鉴别各联系指标对企业绩效的不同影响。逐步引入－剔除法是将向前引入法（自变量由少到多一个一个引入回归方程，直到不能按检验水准引入新的变量为止，第一个进入方程的自变量是与因变量最大正相关或负相关的变量）和向后剔除法（自变量由多到少一个一个从回归方程中剔除，直到不能按检验水准剔除新的变量为止）结合起来，在向前引入的每一步之后都要考虑从已引入方程的变量中剔除作用不显著者，直到没有一个自变量能引入方程和没有一个自变量能从方程中剔除为止。这样可以有效地从众多影响 M 的变量中挑选出对 M 影响大的自变量，建立"最优"的回归方程。分析结果如表 6-2、表 6-3 和表 6-4 所示。

表6-2 南庄村集群企业各联系指标的均值与标准差

联系指标	均值	标准差
L	1.8135	1.0183
T	2.2952	0.9968
S	3.5357	1.0160
B	3.3512	1.2136
Z	0.8571	1.6612
CH	2.2500	0.8852

表6-3 南庄村集群企业的绩效与各联系指标的 Pearson 相关系数矩阵

联系指标	M	L	T	S	B	Z	CH
M	1.000	0.530	-0.084	0.269	0.184	0.531	0.317
L	0.530	1.000	0.181	0.185	-0.079	0.183	0.253
T	-0.084	0.181	1.000	0.336	0.334	0.221	-0.083
S	0.269	0.185	0.336	1.000	0.660	0.242	0.117
B	0.184	-0.079	0.334	0.660	1.000	0.270	0.035
Z	0.531	0.183	0.221	0.242	0.270	1.000	0.017
CH	0.317	0.253	-0.083	0.117	0.035	0.017	1.000

表6-4 南庄村集群企业绩效方程的 OLS 估计

变量	Beta 系数	偏相关系数 （对 M）	标准误	T 统计	显著水平
常数	0.597		0.271	2.207	0.033
Z	0.263	0.587	0.059	4.468	0.000
L	0.415	0.578	0.095	4.365	0.000
T	-0.246	-0.377	0.098	-2.510	0.016

注：因变量为 M，样本企业数 N 为 42。

资料来源：作者调查。

如果逐步引入－剔除法的进入标准选 $p \leqslant 0.05$，排除标准为 $p \geqslant 0.1$，结果显示，第一个进入方程的自变量是企业的转包联系 Z，它与因变量企业绩效 M 具有最大的正相关系数，其次是企业与中介服务机构的联系 L、企业与同行企业的联系 T，再没有变量被移出。故模型中包含变量 Z、L 和 T。模型的复相关系数（R）为 0.742，判定系数（R^2）为 0.55，调整判定系数为 0.515，估计值的标准误差为 0.6033，F 统计量为 15.488，显著水平 Sig = 0.000，按 0.05 水平，可以认为企业绩效与这三个变量之间有直线关系。由表6-4建立的回归方程为

$$企业绩效\ M = 0.597 + 0.263Z + 0.415L - 0.246T \tag{6-1}$$

被剔除的变量偏回归系数经重检验，p 值均大于 0.05，故不能引入方程。

由绩效方程（6-1）可以看出，企业与中介服务机构的联系对企业的绩效贡献最大，其次是转包联系，而与企业绩效负相关的是与同行企业的联系 T，这与调查结果一致，本地同行企业之间合作程度较低，而越来越激烈的恶性竞争是导致同行企业联系 T 与企业绩效 M 负相关的主要原因之一。被剔除的变量为企业与供应商的联系 S、企业与客户的联系 B 和企业的网络创新联系 CH，它们均与绩效 M 呈正相关关系，只是相关性不显著。它们从方程中被剔除时对 M 的偏相关系数分别为，S：0.245，B：0.298，CH：0.251。笔者认为，分析中企业的前后向联系（企业与供应商的联系、企业与客户的联系）与企业绩效相关性不显著，并不是因为企业的前后向联系对企业发展不重要，而是因为南庄村集群中具有细致的分工合作，企业之间的相互依赖较强，导致企业之间的纵向联系程度差别不大。这从表 6-2 中可以看出，S 与 B 的均值较大，但标准差较小。企业的网络创新联系对企业的绩效作用不大，是因为南庄村集群企业以模仿创新为主，大企业的模仿创新来自集群外部，小企业的模仿创新来自集群内部，且模仿创新的速度很快，企业所得的超额利润不明显。

由以上分析，笔者认为企业之间的合作对集群企业的绩效具有正的显著相关关系。促进企业与其网络成员的合作以及减少同行企业的恶性竞争能提升企业的绩效。企业网络的作用在企业层次主要体现在能缓和企业规模经济与协调成本、分工经济与交易成本之间的冲突、提高合作效率、促进网络创新等方面。调查发现，由于南庄村集群目前正处于飞速发展阶段，企业的规模经济和分工经济作用正处上升阶段，而网络联系起的作用次之。但随着集群的进一步扩张，网络联系将进一步发展并大有所为。

第二节　企业网络与产业集群的竞争力

意大利集群的成功使产业集群成为中小企业发展的理想模式。但发展中国家许多集群并没有表现出预期的绩效，相反有的集群还面临着死亡的危险。可见，仅用低廉的成本优势和马歇尔式的集聚经济已不足以解释现代的集群经济。企业仅仅集聚在一起是不够的，还必须要有贸易网络的存在。我国许多经济开发区、高新区以及工业集聚区发展活力不足，正是缘于区内企业联系微弱、网络化组织程度低，几乎没有技术溢出和合作效率。新经济背景下，集群企业的竞争力不仅体现在自动分享或被动接受企业集聚的信息溢出和外部经济，还体现在主动与集群内外的企业"联合行动"而产生的合作效率、企业间学习可能性的增加而提高的企业创新能力、主动融入全球或区域市场而增加的市场进入能力等。这些竞争力均可归因于集群企业在集群内外结成的稳定的企业网络。

　　企业网络不仅对集群企业的竞争力具有提升作用，对产业集群整体的竞争力也具有提升作用。朱海就等（2004）通过对比浙江与意大利的产业集群发现，集群中企业网络的差异是引起产业集群竞争力差异的重要原因。企业之间的信任程度、合作程度和企业之间能力的差异性和互补性影响集群企业网络的组织化程度，而网络的组织化程度越高，知识交流和"集体学习"的效率越高，产业集群的能力就越强。企业网络对产业集群竞争力的影响可以用图6-1表示（朱海就等，2004）。

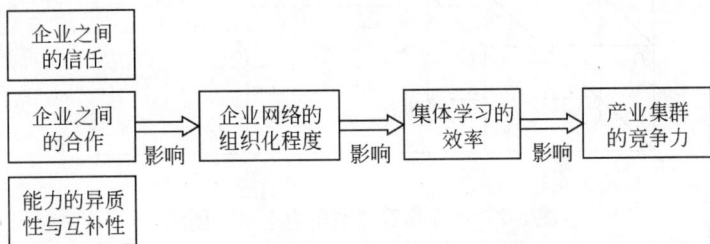

图6-1　企业网络如何影响产业集群的竞争力

　　李二玲和李小建曾从生产成本和交易成本的角度对产业集群竞争力的来源作了较为深入的探讨（李二玲和李小建，2005），认为企业和产业集群两个层次都存在着明显的规模经济和分工经济。但由于协调成本和交易成本的存在，规模经济和分工经济是有一定限度的。而集群中的企业网络不仅使集群有效地实现规模经济和分工经济（即企业网络使集群企业获得资源共享、风险共担、优势互补、专业化分工合作等方面的收益），而且还有效地缓和了由分工深化而引起的交易成本与分工经济、由扩大规模而引起的协调成本与规模经济之间的两难冲突，即减缓了由规模经济和分工经济带来的负面矛盾，扩大了二者发生作用的范围，是集群有机体的调和剂。因此，规模经济、分工经济和网络联系是产业集群竞争力的三个重要来源。规模经济是集群点元和面的外延扩大；分工经济是集群内点的内涵增加；而网络联系是集群内各行为主体之间的向心力、凝聚力，是区内线的致密性，三者的相互作用构成了产业集群无比的强度和韧度，是产业集群经济增长的三个维。

　　集群内的规模经济、分工经济和网络联系三者之间存在相互联系、相互依赖的关系。古典经济学认为分工和专业化是产生规模经济的原因，而只有规模经济才可能引起分工，分工经济又要求有更大的规模，实现更强的规模经济性；规模的扩大和分工的细化加强了企业之间的相互依赖，增强了网络联系程度；而只有网络联系才能有效地实现规模经济和分工经济。三者相互依赖、相互加强、相互作用、缺一不可。这种关系可以用图 6-2 来说明。

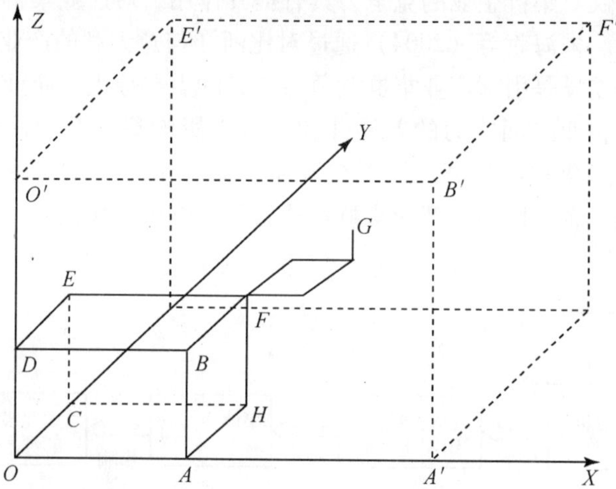

图 6-2　产业集群"竞争力空间"图示

　　图 6-2 是笔者构建的一个产业集群竞争力空间。它是由集群内部的规模经济、分工经济和网络联系（分别用 X 轴、Y 轴和 Z 轴来代表，其中 Z 轴代表网络组织的协调能力，即降低交易成本引起收益递增的程度，可用网络发达系数表示）三个维组成的立体空间。

　　产业集群内的规模经济、分工经济和网络联系三者的协调互动很重要。集群中规模的经济性可以形成相对的成本优势；分工的深化可以使产品价值链的诸多环节分散到不同的专业化企业，使各个环节都蕴涵着明显的竞争优势，同时又能细分市场，形成产品的差异化，以促进不同需求的全面增加；再通过各企业间的网络联系达到整个集群的优势提升。只有三者良好的协调互动，集群才能达到各个静态水平上的最佳收益（如图中的 F 点）。如果只有规模经济和网络联系，无分工经济（图中的 B 点），则集群就容易出现恶性竞争而没有活力，整体的知识水平也不可能提高。如果只有分工经济和网络联系，无规模经济（图中的 E 点），则集群的投入－产出比太小，无效率。如果没有网络联系（图中的 H 点），集群就没有创新效率，也不可能有效地实现规模经济、分工经济和各企业之间产品的协调生产，交易成本和生产成本的高昂，导致集群就没有利润可言。

　　当产业集群内的规模经济和分工经济所带来的收益小于本集群所辐射的市场规模所决定的交易成本（减去网络联系所减少的交易成本）时，集群就达到了均衡，此时为帕累托最优状态（图中的 F' 点）。如果再扩大市场规模或分工过于精细，竞争力将呈下降趋势，因为各集群规模经济和分工经济的出现受限于其管理能力、协调能力、组织费用、地区文化以及行业的性质。而在 0 至最大这个范围内，集群的竞争力随规模经济、分工经济和网络联系的强化而增强（由图中 F 点移向 G 点）。从长期来看，企业网络还可以导致集群内分工逐步深化、新企业大量衍生以及网络创新频繁出现，这些可以使集群保持长期动态的竞争力。

因此，企业网络对产业集群整体竞争力的提高表现为三个方面，即企业网络可以降低产业集群的成本、提高集群整体的创新能力和提高产业集群的合作效率。

一、降低产业集群的成本

企业网络的信任、关系型契约、分工合作、资源互补等特征决定了企业网络能降低企业及整个集群的生产和交易成本。产业集群一般是由中小企业构成的。企业网络通过降低成本对产业集群竞争力的提升作用，就表现为它使产业集群在理论上比缺乏企业间密切联系的单个孤立企业和城市聚集体有着更高的经济效率，而可以与具有内部企业网络的一体化大企业相抗衡（李二玲和李小建，2005）。对此有如下的简单说明：

设产业集群有 a 个生产环节，每个环节有 m 个同质企业，每个小企业单元有 n 个同质雇员（知识水平一样），γ 为集群内的网络联系系数（它既反映了企业之间的网络联系强度，又反映了产业或生产环节之间的关联度），它表示集群由于存在网络联系降低交易成本而增加的生产能力。引用 Becker-muphy 的模型（聂辉华，2002），假定小企业单元以团队方式生产一种产品 Y，个人生产率依赖于所获得的"通用知识"，则个人产出

$$y = Y/n = B(H,n) = AH^r n^\theta \text{（即产出依赖于通用知识和企业规模）}$$

其中，H 为通用知识，r 为知识参数，θ 为专业化参数，A 为常数。

当考虑企业内部的协调成本和企业外部的交易成本时，将此部分成本折合为产出，则企业的净产出为

$$Y = ny = n\,AH^r n^\theta - C_{内}(n) - C_{外}(a.m) = AH^r n^{\theta+1} - C_{内}(n) - C_{外}(a.m)$$

其中，内部协调成本 $C_{内}(n)$ 与企业人数 n 正相关，外部交易成本 $C_{外}(a.m)$ 与集群企业数有关。

所以，集群总的生产能力（由于产品异质，它不表示产出数量）G 为

$$G = \gamma a.m.\,Y = \gamma a.m.\,[AH^r n^{\theta+1} - C_{内}(n) - C_{外}(a.m)]$$

设累积产出对时间的一阶导数为经济效率，记为 dG/dt，则

$$dG/dt = \gamma_t a.m.\,[AH_t^r n^{\theta+1} - C_{t内}(n) - C_{t外}(a.m)] \tag{6-2}$$

由（6-2）式可知：

（1）由于单个孤立的企业因能力有限所容纳的生产环节 a 较少，同一环节中

的同行企业数量 m 较少，而容纳几个必要的生产环节导致内部协调成本 $C_{t内}(n)$ 较大，与其他企业缺乏密切的网络联系导致外部交易成本和运输成本也较大，故 dG/dt 较产业集群低。

（2）由于一般情况下城市相对于集群来说产业关联度较低，分工水平也较低，即 γ_t、m 较低，且 $C_{t外}(a.m)$ 由于产业不关联又缺乏企业网络也较高昂，故 dG/dt 也较产业集群低。

（3）在不超过最大限度范围时，由于产业集群的 γ_t、a、m、H 都较高，故产业集群的 dG/dt 较高。且产业集群的 γ_t、a、m、H、n 越大，dG/dt 也越高。

（4）具有内部企业网络的一体化大企业情况比较复杂。由于同一环节中的同行企业数量 m 较少，而容纳多（a）个不同的环节导致内部协调成本 $C_{t内}(n)$ 较大，但外部交易成本 $C_{t外}(a.m)$ 因转化成内部协调成本而降低或等于 0。如果产业集群的网络组织化程度较高，节省的外部交易成本较大时，则产业集群的 dG/dt 较一体化大企业高；当一体化大企业内部管理能力较强，节省的内部协调成本较大时，则一体化大企业的 dG/dt 较产业集群高。这就是产业集群可以与具有内部企业网络的一体化大企业相抗衡的原因。

三者各参数的比较如表6-5所示。

表6-5 产业集群与孤立企业、城市、一体化企业各参数的比较

企业类型	组织结构	a	m	γ_t	H	$C_{t内}(n)$	$C_{t外}(a.m)$	dG/dt
孤立企业	层级制	少	少	小	少	大	大	低
城市	空间聚集体	多	少	小	一般	大	大	低
一体化企业	层级制	多	少	小	小	大	小	低
产业集群	企业网络	多	多	大	大	小	小	高

当然，表中数值的大小仅代表理论上的意义，实际情况还要视各经济实体的具体经营情况而定。因此，并不是说所有的产业集群都能长久发展下去。在"竞争力空间"内，越靠近最优点 F'，其发展的潜力就越大。扩大集群的规模（$m \times n$）、延长集群的产业链或细化企业之间的产品分工（a）、提高集群内企业之间的网络化程度（γ），是提高产业集群竞争力的有效途径。

二、提高产业集群的创新能力

产业集群内企业网络的节点包括合作又竞争的企业、监督又搭桥的中介机构、协调冲突又改善环境的政府、有科研需求又急于转化科技成果的教育机构、老道又挑剔的顾客等。它们因业缘关系而密切联系，形成交错复杂的地方生产网络，各种物质流、技术流和信息流在该网络中交汇融合、产生新质。通过他们的

网络联系，专业化技能在集群中不断积累，而后成为被广泛传播的通用知识。大企业的研发、专业化个人的经验技能以及企业之间的网络学习是自主创新的源泉，这些初始创新源又经多种网络渠道被迅速模仿和传播（如人员的流动、上下游企业的技术沟通、现场参观、面对面的交流以及客户反馈等），通用知识的行业氛围弥合了个人知识的差距，竞争的压力使每个主体成为技术、知识和信息的敏锐的接收器，经过自身对这些知识点的重组、提炼和升华，实现自己的创新意图。每一个行为主体竭尽全力自主创新，又不失时机模仿创新，自主创新和模仿创新相互交织，使集群内的网络创新频繁发生。可见，集群内企业网络的存在，不仅增强了各主体的合作竞争意识、加快了学习过程，更提高了创新的速度。这种良性循环大大提高了整个网络的交易效率和整个集群的创新能力。

对于缺乏许多先决条件的中部农区集群来说，企业的自主创新能力较弱，因此它们主要是依靠模仿性创新来培养自己的创新能力。

1. 集群和网络为企业模仿创新提供了先决的便利条件

一般来讲，模仿是普遍的，而创新是罕见的，模仿创新既降低了创新的难度，又降低了创新产品的市场风险。所以，模仿和模仿性创新是企业发展和赢利的极其重要的途径，也是农区产业集群形成、发展和升级的有效手段，尤其是在企业和集群的起步阶段，更是如此。而集群和网络则为其成员企业的模仿创新提供了先决的便利条件，如：①集群内模仿创新源可不断产生并快速传播；②集群内创新知识的迅速扩散和溢出使模仿者具有模仿行为所必备的初始专业技术知识；③集群内模仿者的蜂拥而至，使模仿创新具有成功的概率基数；④集群内紧密的网络联系和频繁的网络学习是模仿创新广泛而迅速发生的有效途径。因此，模仿创新和产业集群是相互促进的关系。

2. 农区产业集群中模仿性创新频繁发生

中部农区产业集群的创新过程主要是以模仿创新为主，甚至初始创新源都是模仿创新的结果。在三个案例集群的调查中，当问及技术来源时，63%的调查企业回答是"模仿"；当问及企业的创新来源时，71%企业的回答内容中包含"模仿创新"。集群内较大企业的模仿多来自集群外部，而小企业的模仿多来自集群内部，并且小企业比较大企业更加依赖模仿。新产品一出现，经验丰富的业主们只要一拆一看，就知道如何制造、如何改良并迅速模仿创新。

由前述三个案例集群形成的过程可以看出，模仿创新促进各个集群产生和发展的过程有些相似。某些初始因素使几个农民得到了发展某种产业的机遇后，因血缘和地缘人际网络引起的群起模仿效应促进了集群产业的发展和升级，提高了集群整体的通用知识水平。众多模仿者中创新的发生使产品规格不断增多、质量和价值不断提升，而该创新又引起四邻的争相模仿。多年来商海中的摸爬滚打使每个企业主积累了丰富的经验，并使他们以犀利的目光和敏锐的头脑去寻找每一个模仿创新空间。尤其是焦点企业的业主，他们积极参加各种各样的交易会，宣传和推销自己的产品，搜集市场信息、广采产品新样。市场上每出现一个新型样品，他们都会迅速知晓并购买回来，组织自己的技术人员去破译其中的技术秘密，研究设计产品如何生产、如何取长补短加以创新。而他们的创新成果一经投放市场，又会立即引起周围人的模仿，并在此基础上思考自己的创新。由于模仿具有时滞性，在集群内第一轮模仿创新者总能得到一定时间内的垄断利润，当大量的模仿者进入并造成利润大幅下降时，第一轮模仿创新者又会收集各第二轮模仿者的创新，并进一步综合、筛选形成自己第三轮的创新思想。就是这样农区集群的产品才总能赶超时代步伐。但随着知识经济的到来，集群企业也遇到了"模仿不了"的难题。如：南庄村集群中焦点企业业主江华总经理王胜喜在和外国老板打交道时，买了一把美国全新数字技术生产的钢卷尺，面对这一全新技术领域他既束手无策，又非常高兴，立即去北京请教相关教授才破译了这把钢卷尺。

为了准确考察一项新技术或新产品被传播的过程，笔者在南庄村集群中专门对新技术产品 A 进行了跟踪调查，发现创新技术在集群内的传播过程遵循如下的S 形曲线（图 6-3）。

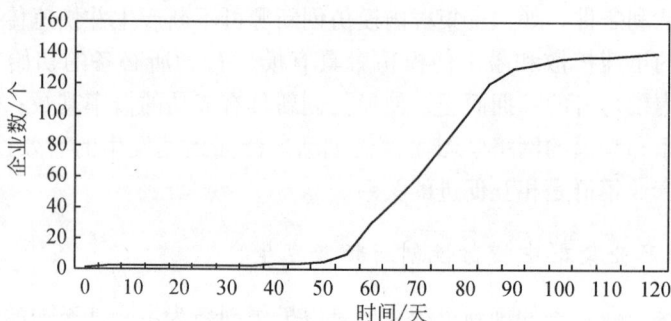

图 6-3　南庄村集群技术扩散传播图
资料来源：作者调查

营销人员从市场上带回新样品 A 后，企业主开始组织人员进行拆卸、破译，并在此基础上凭借经验研究能迎合市场的创新点和如何制造出包含该创新点的创新产品 B。这个模仿创新的过程一般需要 10～30 天就能完成。同时，关于新样品 A 的信息仅需 5～7 天就能传遍整个集群。众多企业一边想着自己的模仿创新，一边处观望态度，思考产品 A 的市场前景，然后再决定是否模仿。模仿创新产品 B 进入模具制造阶段，此过程需要 30～40 天。新产品 B 一旦投放市场，甚至在模具制造阶段，创新技术就已被广泛传播，引来更多的企业去模仿再创新。由图 6-3 可知，一项新产品 A 从市场上拿回来，到广泛被模仿或在此基础上创新仅需 3 个月的时间，而 3 个月之后，大部分企业已采用此新技术，利润迅速下降，技术在企业间的传播处于饱和阶段，企业数不再增加，新技术在集群内的传播基本完成。

在对庞村钢制办公家具集群和许昌发制品集群的调查中，笔者也向 3～5 个焦点企业主询问了他们集群中技术扩散的情况。与南庄村类似，这两个集群中技术扩散的过程也遵循 S 形曲线，但传播的速度及达到饱和的时间有快有慢，庞村钢制办公家具新产品完成技术扩散仅需一个月时间，而许昌发制品因其核心技术难以模仿需要的时间更长一些，需 4～5 个月。

3. 模仿创新推动集群创新能力螺旋上升

要保护率先创新者的知识产权，模仿创新产品与模仿源相比必须有所不同（或创新），如对于钢卷尺行业，模仿创新产品与模仿源相比要有 7 种不同。所以，模仿创新并不是单纯的模仿，它同样需要投入一定的研究开发力量，对率先者的技术进行再开发，属于一种渐进性创新行为。产业集群内一项成功的率先创新总要引来许多后续的模仿跟进者，而模仿跟进者依靠知识的积累创造出自己的核心技术，又成为后续模仿的率先创新者，其创新成果又会被进一步模仿。在这种一轮又一轮不断模仿的过程中，新工艺得以不断改进，新产品性能不断提高，集群的知识水平也不断上升。这种创新过程带动了产业集群创新能力的螺旋式上升（李小建和李二玲，2004）。该过程可作如下直观说明。

初始创新源的产品技术可以分为以人力资本为载体的部分 H 和不以资本为载体的技术部分 A。由于对其主体人的依附性，H 部分是依靠人与人之间的网络联系或人员的流动（跳槽）来传播的。嵌入产品的技术部分 A 是依靠其可模仿性和投放市场后模仿者的破译技术能力来扩散的。两种知识传播渠道保证了创新源的迅速扩散。设产业集群内初始创新源的所含技术为 A_0，每次模仿创新所增加技术为 A，经过 k 次模仿创新后的技术为 A_k，则

$$A_k = A_0 + kA$$

借用曼斯费尔德创立的创新技术扩散的传染模型（Mansfield，1961）来描述集群内的技术扩散。

假设集群内最终将有 N^* 个企业参与模仿、采用创新技术，在时间 t 内集群内有 $m(t)$ 个企业采用创新技术，π 是采用这项创新技术所得的利润，S 是企业采用这项创新所需投资占这些企业平均总资产的百分比，二者均为常数。

按照曼斯费尔德的传染模型（Mansfield，1961）

$$m(t) = N \times [1 + \exp(-L - \Phi t)]^{-1}$$

其中，L 是常量，$\Phi = a_1 + a_2\pi + a_3 S + \Sigma$（$a_1$，$a_2$，$a_3$ 是常数，Σ 是误差项，π 和 S 在此模型中被看成常数）。这样，模仿这项创新的企业数量随时间的增加遵循一条"S"形的逻辑曲线（与调查结果一致），如图6-4所示，曲线斜率表示了技术扩散的速度 $\omega(t)$，$\omega(t) = \mathrm{d}m(t)/\mathrm{d}t$，它在起初很缓慢、急剧增加到拐点后下降。

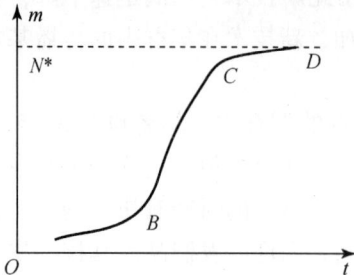

图6-4　技术创新逻辑扩散曲线

假设集群形成以后，集群边界相对稳定。设在时间 t 内集群内有 $m(t)$ 个企业采用创新技术，其中有 m_t 个企业在此基础上有不同的创新，即模仿创新速度为 $V = m_t / m(t)$，则 t 时间后的技术 $A_t = A_0 + Am_t$。

基于以上讨论，笔者认为，以模仿创新战略为主的产业集群其技术创新的轨迹是一条空间螺旋曲线（图6-5）。数学上，两个运动的合成，即一个点在沿圆周运动的同时又向上运动，其运动轨迹为一条空间螺旋线。产业集群内模仿创新的情况与此类似。在水平面（由图6-5的 x 和 y 轴组成），它以角速度 ω（非匀速）在底圆旋转（即在集群边界内，点 M' 绕圆周旋转，OM' 经过的区域表示已经采用创新技术的企业数目，那么整个圆周区域代表 N^*），表示创新技术在集群内以 ω 速度扩散，同时它又以速度 V（设为匀速）向上运动（创新水平增加，图6-5中的 z 轴）。两个运动的合成即为一条空间螺旋线。其螺距为

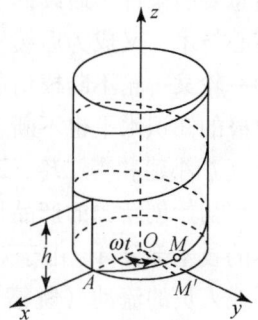

图6-5　企业集群技术创新能力螺旋线

$$h = A_0 + AV \int \omega(t)\,\mathrm{d}t = A_0 + AVm(t)$$

它表示第一轮模仿创新过后集群技术创新能力的增加，则

$$h = A_0 + AVm(t) = A_0 + AVN \times [1 + \exp(-L - \Phi t)]^{-1}$$

$$(6-3)$$

由（6-3）式可知，当模仿创新速度 V 较大、传播速度 ω 处在图6-4的 BC 段时，集群的技术创新能力提高最快；当传播速度处在 CD 段时，模仿创新处于饱和状态，创新能力提高 h 后第一轮模仿创新结束，开始第二轮的模仿创新，如此循环往复。研究中为了简化，在图6-5中仅考虑了只有一个模仿创新源的情况（见 M 点的轨迹），并且假设创新能力的增加是匀速的，实际上集群创新能力的增长速率是随时间变化的，因为集群中的初始创新源不止一个，比如说，模仿性创新技术本身又是下一轮模仿创新的创新源。由于每一个模仿创新，其技术扩

散——再创新的过程都是螺旋上升的，各个模仿创新相互传播、相互渗透，致使整个集群内的通用知识水平增高，技术创新能力非匀速螺旋式上升。在创新技术被传播、模仿和再创新过程中，企业网络起了关键作用。

三、提高产业集群的合作效率

产业集群中相互关联的企业和支撑性的机构间组成了以企业为中心的企业网络，这种纵横交错的关系链将竞争又合作的企业联结在一起。产业集群内部企业的竞争关系主要表现在集群内部产业链上同一环节企业之间对资源和市场的争夺以及与上下游企业之间的讨价还价上。企业的合作关系主要表现在具有分工性质的同一产业链上下游企业共同构成同一产品的价值增值体系所形成的相互依赖。波特在研究国家竞争优势时特别强调本地竞争的存在，认为创新和进步的动力，来自本地市场各企业间的激烈竞争，竞争的心态会克服因为害怕失败而产生的惰性。企业的良性竞争还会对其他关键要素形成正面的效应。当地企业间的竞争强度对其国际竞争力产生强有力的影响（迈克尔·波特，2002）。一般认为，竞争与合作是发生在不同的企业主体之间，但呈水平关系的竞争对手之间也可以发生合作。如建立在互利基础上的共用机械设备、共同开发新产品、共同运输等。

产业集群中的企业网络通过这种竞合关系从市场机制和人为机制两个方面提高了集群的合作效率和整体水平。由于集群内部企业之间既有共同构成同一产品的生产链而显示的串联的互补合作关系，还有同属于某一生产链环节而形成的并联的同行竞争关系，且同一环节上有大量的企业（图6-6），市场这只无形的手让这种网络结构的优势充分发挥出来。图6-6中的 X 和 Y 分别表示系统的总输入和总输出，A_1，A_2，$\cdots$，A_n 为同一生产链中串联的各环节，S_{11}，$\cdots$，S_{mn} 为各环节中并联的同行企业，圈 V 表示市场选择的优胜劣汰机制。竞争的压力驱使产业

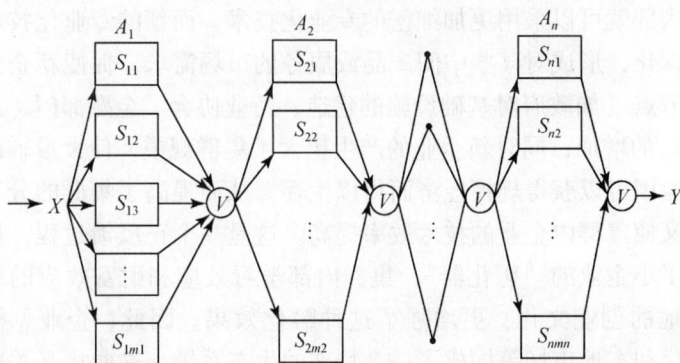

图6-6 产业集群内分工企业之间的串联互补和并联竞争关系（仇保兴，1999）

集群内部的同行企业为了不被淘汰而不断提升自己的专业水平和竞争能力，特别是在生产过剩度较高时，同行竞争就会更加激烈，其结果必然是使各个环节上的运作企业（没被市场淘汰的）的标准越来越高。在这种情况下，每个企业就会根据能力专注于自己最具竞争力的价值活动，或生产最终产品或生产其生产链上的某一环节。经过圈V优胜劣汰的过滤，产品生产链的每一个环节均是由生产率较高的企业来完成。

集群合作效率的提高还来源于企业之间主动的联合行动。这表现在企业之间纵向合作的"新水桶原理"。所谓"新水桶原理"，就是企业不再仅仅考虑自己的一个"水桶"，即仅仅着眼于修补自己的矮木板，而是将自己水桶中最长的那一块或几块木板拿去和别人合作，共同去做一个更大的水桶，然后从新的大水桶中分得自己的一部分。按照模块的观点，企业可以用自己的强势部分与其他企业的强项相结合，这种基于合作构建的新水桶的每一块木板都可能是最长的，从而使水桶的容积达到最大（朱瑞博，2003）。这种强强联合不仅导引了集群产品的质量潮流，而且每一环节的创新都可以出现在最终产品中，不同中间品创新的重新组合扩大了集群创新的范围和新产品的种类。

第三节　企业网络改善集群区域环境

一、改善本地产业生态环境

农区集群是在工业基础非常薄弱的条件下发展出来的，集群企业原是挨家挨户的邻居。当集群的种子在本地生根发芽后，基于社会网络的人文环境和基于经济网络的市场环境是产业集群迅速发展的沃土。随着集群规模和企业规模的不断扩大，集群内部就可以采用更加细密的专业化技术，而新的专业化技术能使劳动分工进一步深化，形成对某些中间产品或服务的市场需求，促使新企业的衍生和异质性网络节点（如政府对基础设施的建造，行业协会、金融部门、法律服务等机构的加入）的增加；同时新企业的产生扩大了集群规模，使大量辅助性工业及相关产业企业因可以获得规模经济而得以生存，从而提高了集群的分工程度，而分工的提高又使集群内企业的技术效率提高。这是一个正反馈过程，所以产业集群本身就成了小企业的"孵化器"，集群内部学习效应和财富效应的示范作用形成了一种本地的创业文化，更增强了这种孵化效果。因此，企业、机构、劳动力、创业文化和本地市场等构成了一个特殊的生态系统，这些相互关联的要素共同作用自发形成的本地企业网络像生物种群中的"食物链"一样保持着本地的产业生态平衡。

产业集群所具有的地理接近性和信息畅通性使企业很容易把握环境、比较实力、为自己找准战略定位。要么采取多元化战略,在小企业的基础上通过发展网络把企业"做大";要么走专业化的道路,在价值链当中选择一个自己最擅长、最具核心竞争力的链条把企业"做强"。群内企业之间可以通过发展互补来缓和竞争问题,靠整个产业的生态,共同解决自身解决不了的难题。如通过联合行动挑战较大的竞争对手,并进入国内国际市场。高密度的相关经济活动使企业在本地信息和已有声誉的基础上很容易甄别和选择商业伙伴,空间的接近又有利于他们行为的监督和合同的执行。市场竞争的压力促使每个企业不断从外界吸取能量,争相创新,试图占据技术和价值链的高端。优胜劣汰的市场机制促进了集群内部的新陈代谢,使运作中的企业都是相对胜出的企业,而被淘汰的企业也很容易在产业生态中转换策略,转入价值链的低端。按南庄村林建良支书的话说,"南庄村只有改行的企业,没有倒闭的企业"。这些迹象均说明了网络和集群为其成员企业创造了一个良好的产业生态环境。这些环境最能吸引有竞争力的外资企业进驻集群,增加了区域的吸引力。

二、通过重视心理契约主动积累本地社会资本

最近,"社会资本"概念在社会学、经济学以及管理学界备受青睐。随着人们对"社会现象影响经济活动"的逐步认知,越来越多的学者用它来解决本学科内的问题。早在社会学的创造人之一涂尔干(Emile Durkheim)有关社会交往有益于人的精神健康以及社会集体生活可以有效地消除"失范"带来的负面影响的论述中,就可以隐约看到将人们的社会关系作为一种可以为社会和个人带来利益的"资本"的思想(罗家德,2005)。但真正将"社会资本"作为一个明确的概念提出并运用于社会学研究领域,则是在20世纪60年代由法国社会学家布迪厄(Pierre Bourdieu)完成的。他将社会资本定义为一种通过对"体制化社会网"的占有而获取的实际的或潜在的资源集合体,并认为社会资本与经济资本、人力资本一样,是构成资本的"基本形态"之一。第一个尝试将社会资本概念应用于更为广泛社会范围的学者是美国政治学家普特南(Robert Putnam),他对社会资本的定义是社会组织中的那些表现为网络、规范和信任的特征,这些特征能促进成员为达到共同利益而团结合作,并减少群体内部的机会主义行为。在普特南看来,社会资本已不再是某一个人拥有的资源,而是全社会所拥有的财富,一个社会的经济与民主发展,都在很大程度上受制于其社会资本的丰富程度。同时,经济学界对社会资本的关注主要在人们的社会互动过程中形成的规范、网络如何对经济发展产生积极的作用。日裔美国经济学家福山(Francis Fukuyama)在其《信任:社会道德与繁荣的创建》一书中将在社会或群体中成员之间的信

任普及程度视为一种社会资本，并认为社会的经济繁荣在相当程度上取决于该社会的信任程度即该社会的社会资本的高低。由于认识到社会资本在经济发展与消除贫困中的作用，世界银行自 1996 年以来已在世界各地开展了一系列旨在研究经济发展过程中社会资本作用的研究计划。他们将社会资本定义为存在于社会之中的一组规范、社会网络与社会组织，人们借助它们可以获取权利与资源、进行决策或制定政策，它不仅是社会的支撑制度，也是维系社会的纽带，社会资本对于发展计划的实施效果和可持续性都起着至关重要的影响（罗家德，2005）。

自社会资本的概念出现后，许多学者用这个概念分析社会关系网络对企业和集群的影响。比如，边燕杰和丘海雄（2000）提出企业社会资本的概念，就是强调企业不是孤立的行动个体，而是与经济领域的各个方面发生种种联系的企业网络上的节点。能够通过这些联系而摄取稀缺资源是企业的一种能力，这种能力就是企业的社会资本。企业的社会资本投资实际上就是为了进入、巩固、发展企业网络。企业的社会资本存在于企业网络之中，是分析企业网络产生和发展及发挥效用的解释性概念。企业进行社会资本的投资以建立企业网络，是为了应付经济不确定性的一种制度选择（边燕杰和丘海雄，2000）。普特南通过对意大利南方与北方长达 20 年的实证研究发现，北方在总体经济与地方政府绩效水平上大大高于南方，其根本原因在于两个地区之间的公民参与以及人们之间相互信任水平的差异。按照他的解释，"第三意大利"的崛起主要归结于在意大利东北部存在着广泛的相互信任与合作的社会关系网络（王珺，2004）。在硅谷，虽然社会资本网络并非主要集中在家庭关系纽带上，但是，企业创新者与斯坦福大学、加州大学教授以及政府机构、风险投资公司之间的紧密联系支撑了它的创新发展。由于企业在地理上的聚集根植于社区内已经形成的关系网络，因此，有学者认为（McDonald and Vertova，2002）产业集群的不同类型主要来自于社会关系网络的差异。在一些集群内，企业来自不同文化背景的地区与国家，它们之间缺少长期往来的社会网络关系以及由此形成的承诺与信任，使得集体行动较少，因此它们被看成是一种社会资本有限的集群。相反，一些企业集群与网络是在长期交往的社会关系基础上建立起来的，不仅存在着模仿与共享等外部效应，而且存在着承诺与信任促成的集体行为，如各种俱乐部、行业协会等，这些组织与教育组织、工会和地方银行等形成的相互信任的社会网络，被看成是一种社会资本丰裕的集群（王珺，2004）。

但社会资本是一种具有积累性存量的变量，随着企业之间贸易关系的长期化发展，相互了解与信任的程度一般也会相应增加（王珺，2004）。但是，在中部农区产业集群的研究发现，在集群与网络形成前，乡土社区中已存在的社会资本存量是较大的，这来自于农村社区基于血缘、地缘关系以及共同的习俗、惯例、道德规范、心理和思维方式等形成的天然的人际信任和一致的心理契约。随着集群的发展和网络的演化，集群内的社会资本存量下降并呈波浪形变化。受长期传统文化影响又相对闭塞的农民，在突然接受市场经济的冲击时容易产生机会主义行为，因为此时他们并没有意识到机会主义行为所能带来的惩罚。而在交易中一方的机会主义行为造成的心理契约违背导致了对方对他的不信任并一直持续下去，同时，这种行为对周围人形成了负的外部性，扩大了人们对类似社会关系人的戒心，进而破坏了整个社区的诚信体系，使集群环境中的社会资本大幅下降（这也是有些集群企业宁愿与区外企业做生意也不愿与区内企业交易的原因之一）。但随着交往的进一步深入，基于过去相互了解的经验基础和多次重复互动中心理契约的一致，又可以形成一定的相互信任与规避机会主义行为的预期。此时集群中社会关系网络出现分化，曾经违背心理契约的企业被逐出企业网络，始终心理契约一致的双方信任水平得到强化。由此可以看出，心理契约、信任和社会资本是三个层面的概念，心理契约是信任和社会资本的微观基础。若交易双方都能站在对方角度考虑一下交易的期望，结合自己能忍受的限度，相互折中思考，并将对方的欲望与预期纳入自己的行为准则中，履行承诺、自我约束，努力达到心理契约的一致，保持交易过程的愉快进行，并形成自己的风格，就能提高自己的声誉，赢得别人的信任。若全社区的公民都能这样重视心理契约，那么，整个社区的信任水平就能提高，诚信体系重新建立，整个地区的社会资本就会不断积累、不断提高。

据对中部农区三个案例集群的调查，农区集群心理契约的违背现象已严重破坏了本地的诚信体系（如庞村家具集群最为严重），影响了企业的本地合作和人际信任。同时，本地环境的低信任使企业常常受到小集团利益的狭隘观念的束缚，而不愿承担扩展其信任的风险，这对企业网络的全球拓展和全球竞争形成障碍。为此，需要提高整个集群区域、全社会乃至全世界的道德水准和社会资本存量，才能使跨越地理界限的企业网络合作活动更有效率。而现有研究均是把社会资本存量的不断积累看成是既定的、被动接受的，而对于如何主动积累社会资本很少有人从更微观层次来讨论。本人认为，提高区域社会资本，就要从重视心理契约入手。重视心理预期，加强企业间的持续互动，可以促进企业间的相互了解，发展出基于知识的信任或平等的标准，又进一步促进个人、企业之间预期行为的一致性，形成"重视心理契约—提高信任水平—积累社会资本—心理契约一致"的良性循环。从这个意义上说，通过重视心理契约，就从更微观层次找到了主动积累地方社会资本的突破口。

目前农区集群企业已经意识到心理契约的重要性。调查中，笔者对企业交易时心理契约内容的相关项目作了设计，如"与别的企业合作或交易时，为了与对方做长期交易而做出努力"、"自愿为对方提供额外帮助"、"考虑对方的利益，自己也可作适当让步"、"为对方保密、维持对方的名誉"等。对这些条款平均46%的样本企业回答"很符合"自己的实际情况；51%的样本企业回答"较符合"。在问及"您与别的企业交易或合作时，希望对方做到哪些方面的内容"时，89%的样本企业主将"讲诚信"放在最为重要的位置。可见，农区集群企业在付出了"市场经济的成本"之后，正在走向正轨。

第七章　中国中部农区企业网络、集群的创建、培育与升级

　　企业网络或企业间合作能提高成员企业的竞争力，并使产业集群成为有生产能力、有竞争力和有吸引力的区域。网络和集群的建立改善了企业生存的宏观环境，有助于刺激区域内生能力的增长。既然网络和集群有良好的经济绩效，那么，地方政府能不能创建网络和集群呢？这是学术界一直争论的问题。波特（Porter，1998）在考察了美国、意大利和日本企业集群的成长历程以后明确指出，并非所有的集群都将获得成功，因为最终起决定作用的是市场力量而不是政府的决策，政府和民间部门在合作过程中应加强和建立现存的和正在出现的集群，而不是努力去创造全新的集群。在世界范围内，政府行为能够帮助或阻碍集群的发展，但很少能够创造集群（朱嘉红，邬爱其，2004）。而我国学者李新春认为，政府能否直接规划或推动集群的发展，是值得探讨的问题。尽管对于一个国民经济，整体的计划是难以行得通的，但对于一个很小的区域（如乡镇），政府计划的推动在一定的条件下是可能产生较为理想的效果的（李新春，2000）。20 世纪 90 年代初，许多国家和国际机构将网络与集群作为促进区域经济增长的工具，对其创建工作进行了尝试（Rosenfeld，2001；UNIDO，2001；UNCTAD，2002，2005）。

　　首次将意大利式网络和集群推广出去的政策计划是 1989 年在丹麦制订的。它所使用的企业间合作的方法后来成为全美国乃至国际的网络创建标准，并都获得了不同程度的成功。在 20 世纪 90 年代，支持企业（或机构）之间结网的政府"网络计划"在全世界范围内风靡一时（Rosenfeld，2001）。从 1999 年开始，很多欧美国家尝试了集群创建（cluster initiative，简称 CI，或译为集群动议）行动，用组织的方法将区域内的企业、政府和研究共同体结成伙伴，共同促进集群的发展（王缉慈，2006）。随后，很多国际机构对创建的和已有的网络和集群进行了调查、评估和总结。如美国竞争力研究所和瑞典创新系统机构联合，发表了基于 2003 年对欧美和澳洲发达国家以及转型国家斯洛文尼亚的 250 个 CI 和一些集群实例调研的绿皮书（王缉慈，2006；Orjan et al.，2003；IRE，2005）；知识经济与企业发展国际组织于 2004 年发表了集群政策白皮书（Andersson et al.，2004；IRE，2005）等。

联合国工业发展组织（UNIDO）在发展中国家（如洪都拉斯、尼加拉瓜等11个国家）执行了"集群和中小企业网络发展"规划，通过培育企业间联系、发展与本地支撑机构的协作关系，为发展中国家发展其中小企业提供了技术支持。该规划旨在帮助中小企业合并它们的力量，联合利用市场机会或联合努力解决共同的问题。他们还从在洪都拉斯创建的33个网络中抽取了6个网络进行了评估，发现所有基本的企业绩效指标均有增加（Ceglie and Dini, 1999；UNIDO, 2001）。

另外，美国不仅在南部农村地区开展了网络创建工作，还从1993年开始了建立全国中小企业网络的USNet计划，并在该计划结束后接受了外部专家对企业结网效果（包括项目价值、企业兴趣和形成网络的影响等方面）的调查评估（基于来自13个网络99家企业的反馈），发现企业参与网络所获得的平均净利润为1万美元，甚至有少数企业得到了网络的全部利益。大约90%的参与企业表示对他们的网络满意，并且企业的商业态度和实践属性改变了。86%的企业已经意识到网络的正面效应（表7-1）（Rosenfeld, 2001）。

表7-1　网络对公司的商业影响

项目	回答比例/%	项目	回答比例/%
提高产品质量	38	采纳新技术	25
赢得新客户	38	提高供应商质量	24
网络外新供应商	32	通过共同购买或共享资源节省成本	24
增加销售额	31	开发新产品	19
增加利润	30	增加出口	7
改善现有过程	30	建立新公司	4
改善与客户的关系	27		

资料来源：（Rosenfeld, 2001）。

国际上网络和集群的创建实践是在国际机构或区域政府的资助下完成的。它是实验性的，不但检验了企业网络的绩效、提高了中小企业的合作意识，还为如何创建企业网络和产业集群积累了宝贵的经验。鉴于国际集群和网络创建的成功实践，本章针对中国中部农区及河南省的实际，探讨在中国中部农区的特殊背景下创建企业网络的方法以及培育和升级产业集群的对策。

第一节　企业网络的创建方法

从国际网络计划及集群的创建实践中发现：在农村地区，产业集群的创建也不是从零开始的，而是从创建企业网络入手。对于中国中部农区来说，政府财政一般比较困难，可能对创建网络力不从心。这就需要地方政府首先开展"信息战术"，通过媒体、发放小册子、简讯等方法广泛发布关于网络潜在价值和利益机会的信息，让企业明白结网的意义后，企业会自愿投资入网，政府仅给予其技术指导即可。但网络中介的活动还要靠政府的资助。事实证明，网络是中小企业增强市场能力的一种有效手段，是改善区域产业环境的一种方法。发展中国家的农村企业需要也非常愿意相互合作。许多农村企业及行业协会已经意识到网络的价值，他们定期进行交流商谈合作生产、共同营销、共同面对市场压力、共享信息、联合开发技术，当接到大的订单时网络能给他们一些调节。因此，农区政府在资金紧张的情况下，努力创建网络也是非常必要的一种投资。

那么，如何在农村地区创建企业网络呢？首先要有一个网络行动的组织者，这就是网络中介；然后在网络中介的指导下根据各地的具体实际，可以构建几种不同的企业（或机构）间的协作形态，如企业间的水平网络、中小企业与较大企业的垂直网络和产业集群中的机构网络等。

一、网络中介的组织和培训

要创建企业网络，首先是网络中介的组织和培训。网络中介（broker）是网络创建的执行者和关键人物，起到外部沟通者或者网络功能的系统整合者的作用。区域政府要组织产业集群和企业网络的专家组充当网络中介，或由他们对区域内要充当网络中介的人员进行培训和资格认证工作，然后再由受过培训的网络中介来创造网络。由于企业结网最大的收获是合作收益和共享"窍门"，企业参与网络的最重要原因是网络学习（Rosenfeld，2001），因此，发展网络关系的核心要素是通过相互学习过程产生足够的信任。而受过培训的网络中介（或其他外部行为主体）可以导引和激励这种相互学习过程的发生并使网络成员之间产生信任，即使在企业家事先完全不认识的情况下也是如此。这就证明了通过网络中介在各个企业家之间建立和发展基于合作和生产整合的高效的关系是可能的。对于农村地区，网络中介最好是由受过培训的本地人员来当，因为由农村社区人员来组织企业家（将人们召集在一起）比外来的技术专家更有效。

从 UNIDO 在洪都拉斯创建网络的过程可以看出网络中介的作用。

1993 年，洪都拉斯政府请求 UNIDO 为其中小企业发展设计并执行一项技术合作计划。由于国内最初没有支持中小企业发展的机构，在 UNIDO 驻当地代表的指导下，这个计划靠 8 个具有网络计划和管理技能的国家级顾问（作为网络中介）直接从企业入手。企业是根据顾问的个人认识或在本地生产者协会和其他机构的帮助下挑选的。顾问每周组织一次讨论帮助被挑选出来的企业群分析它们自身和共同存在的问题，制订共同的工作计划。工作计划面临一个网络成员之间的任务分工和建立公共基金的问题，顾问协助工作计划的执行，让本地其他的企业发展服务中心提供专业化投入，很多机构主动参与进来提供培训、贷款等。与其他机构的亲密接触也有助于拓展企业的需求渠道、增加服务种类和质量，导致本地商业服务的持续升级。这样运作 5 年后，网络中介已经建立了 33 个具有共同发展项目的网络，由 300 个企业参加。共同的项目包括联合购买原材料、联合建立商店零售最终产品、启动新的生产线、启动过程专业化、共享大的订单、建立新企业以补充生产所需等。为了建立较多的网络，他们又培训了其他的网络中介。新的网络中介从当地机构（尤其是行业协会）中挑选。它们还采取了一系列的激励措施来加速新网络中介的学习过程，如制订了一套网络评估体系对不同的网络进行评估等。由此可以看出，网络中介对网络的帮助完全是技术性的，对企业并没有提供资金上的帮助。在金融方面，网络中介仅充当了一个网络与金融机构的中介角色，帮助企业得到贷款（Ceglie and Dini，1999；UNIDO，2001）。

二、水平网络的创建

在中部农区创建企业网络，要挑选农村工业发展具有一定基础的地方。在实际操作层面，一个有效的水平网络（具有共同商业计划的企业之间组成的网络）的创建可以分为 5 个不同的阶段：企业群体的挑选、公共计划的制订、信任项目的设计和执行、产业战略整合和自我管理阶段（Ceglie and Dini，1999；UNIDO，2001）。

企业群体的挑选阶段主要是找出具有潜在合作关系的企业群体。在第一个阶段，网络中介要正规地组织大型公开性会议，介绍结网的原则规律，指出它们结网的可能性。通过分析大量中小企业的行业特点、共同面临的增长"瓶颈"、对网络利益的敏感程度等找出具有相似特征、增长缓慢的企业，围绕共同的问题或机会将它们归类成群。对于构建同一网络企业的选择也没有一个最佳标准，但企业家的性格要有助于网络中介所鼓励的集体行动并愿意学习、公开讨论，愿意与他人发展关系才行。同样，企业群的规模和地点也没有统一的标准，但企业个数的限制和地理位置的集中会减少协调成本。集体项目的活力就依靠维持集体行动所必需的关键规模和其协调成本之间的平衡。

企业群体一旦出现，就可以转入制订公共计划阶段。主要包括公共问题和机会的分析、公共工作计划的制订、企业群组织结构的确定。此时，网络中介应该对限制企业增长的因素和原因进行深度分析，而不能完全依靠企业家的感觉，因为他们一般偏重短期需求。比如他们需要短期工作资本，但并没有意识到这些需求不适合于现金流动的管理。制订一个工作计划的关键是要与短、中、长期集体行动所制定的评价标准一致，评价标准既要有定量的，也要有定性的。网络中介要为企业群注入不断提高的思想基础，一个阶段通过评估后再制订新的目标。企业家们也要建立一个监督体系来评估网络中介的绩效、了解计划进展和评估投资回报。对于网络中介来说，网络评估标准是评估网络绩效、决定是否继续给予帮助的关键手段。最后，在这一阶段，企业群要确立自己的合法地位，制定内部管理细则、团体的功能、对"搭便车"者的罚款、成员费的收取等。

接下来进入信任项目设计阶段。为了使人们对网络产生信任、乐观，也为了使人们更好的加入网络进行深层次合作，在这个阶段应执行一些可见结果的商业性或创建性项目，如联合参加展览会、联合购买原材料、集体情况的设计等。这些项目成功了，才进入产业战略整合阶段。产业战略整合阶段主要集中于生产上的专业化和互补化。如通过有计划地分配网络成员的工序和产品来提高专业化程度、提供公共设备来建立新的企业、启动新的生产线和注册公共商标等。

创建水平网络的最后一个阶段是自我管理阶段。此时网络中介要给企业群更大的自治权以培养他们独立进行联合行动的能力。为了避免企业群长期对网络中介的依赖，可以采取两个措施，一是由网络成员制订工作计划还是由网络中介制订工作计划必须有一个确定的时间段。这样，网络从一开始就知道他们只能在有限的时间里依靠网络中介，必须充分利用这段时间来学习。二是增加入网费用。在开始时因有网络中介的资助企业的入网费比较低，为了鼓励网络的自治要逐渐增加入网费用。

最后，值得强调的是网络领导者的转换。在企业群体刚建立时，网络中介是真正的领导者，随着群体的逐渐成熟，网络中介的作用必须转换为较软的协调者，由企业家担负起网络责任。在过渡时期，网络可以聘任一个管理者来协助工作计划的执行和升级。

下面以几个实例来说明水平网络创建中的具体内容。

比如洪都拉斯的以马斯姆（Emasim）金属制品网络。它由 11 个企业组成，平均人数是 4 人。网络创建的开始，网络中介邀请企业家到一个非政府机构去参加一个培训课程来提高它们的技术能力，这个课程不仅增进了企业家之间的了解，还在中介的帮助下分析了他们共同面临的问题，寻求共同解决。经分析发现，原材料的持续供应和成本问题是最关键问题，这样他们就建立一个原材料供应中心，从金融机构争取了共同的贷款，建立了一个内部活动基金用于网络成员的运作资本。通过这个计划，网络成员在生产上扩展了他们的合作，如交换工具、共享大的订单等。为了扩大经营范围，网络决定建立一个独立企业集体投资新的大型设备，专门为网络成员提供服务。从网络登记企业的定量调查来看，集体销售比网络建立之前各企业的总销售增加了 200%，就业人数增加了 15%，固定资产增加了 98%。

尼加拉瓜的伊克哈马卡（Ecohamaca）是一个由 11 个属于手工吊床生产部门的企业组成的网络，网络成员在本地市场相互竞争，他们想联合起来进入国际市场。在创建网络前，没有一个企业能直接出口。为了使他们的产品集体达到出口质量标准，网络中介帮助他们将产品标准化，同时提高他们的产品质量和设计能力，规范价格体系。顾及生态战略，中介组将原材料由濒临绝种的雪松木改为从外部购买的其他木材，还将化学染色改为自然色。这个战略非常成功因为这样它可以进入重要的国际市场如欧盟和美国。目前，网络企业的产品可以出口8 个国家，平均每月出口 3000 只吊床。另如由 15 个小企业组成的马萨亚（Masaya，尼加拉瓜西南部的一个小镇）木材加工网络也是一个类似成功的案例。现已能生产高质量的零部件，能向英国出口三种型号的摇椅并以共同的质量标准、佩戴共同的胸卡参与贸易事务。网络计划实行初期，由于本地市场上零部件供应稀缺，价格昂贵，该群体就在本地开了一家零部件商店，专对网络成员优惠，这样其他的零部件销售商不得不降低价格，加上网络成员出口英国的可能性，这些合作的实惠强烈地刺激网络成员重构其生产组织和过程。网络企业均愿意联合设计、采用共同的产品规格以制订生产和质量标准、建立小组质量控制体系、共同批量购买木材等。事实上，起初网络的建立也不是一帆风顺的，网络成员不愿意也不相信能与竞争对手达成合作。网络中介能消除这种不信任和对机会主义行为的顾虑。

三、垂直网络和机构网络的创建

垂直网络和机构网络的创建有助于本地产业的整合。垂直网络包括小企业与大企业之间的转包网络、上下游企业之间的网络等。以转包网络的创建为例，网络中介可以协助建立一个供应商技术发展中心，帮助企业抓住转包机会、与领头企业的技术人员合作提高承包商的供应能力、从本地机构那里为承包商寻找技术支持、培训和贷款渠道并帮助他们满足主要发包商的需求。这种网络的建立，组织了承包商群体，起到了供应链中经常缺失的中介作用。创建垂直网络的价值在于，通过加速企业的决策过程、减少商谈的时间、提高认同速度和协调各方利益来减少企业之间的交易成本。并且发包商积累的知识也容易传播到承包商那里。通过中小企业与大企业之间的下包联系提高了产业在生产链的整合，实现了集群的升级。如 1997 年 UNIDO 和墨西哥产业联盟所在墨西哥两个州创建了垂直网络。

事实上，创建水平网络也会使单个成员企业内部的生产和组织能力朝着适应公共目标的方向转变，导致企业的重构，进而有利于垂直网络的创建。例如，若网络进行过程专业化，网络成员相互转包，垂直网络出现，这又推动了单个企业提高其内部组织以注意群体制订的质量标准、产品计划和价格水平，使企业进一步融入垂直网络。群体的压力将刺激单个企业全力提高自己、惩罚未完成公共目标的成员或将企业目标转入上下游环节。网络中介也要记住提高单个企业的目标定位，帮助企业确定方向并与周围各种企业发展上下游联系。企业重构非常有利于网络的升级（Ceglie and Dini，1999；UNIDO，2001）。

水平网络和垂直网络的创建加强了本地和省区甚至国家多层面上机构之间的结网。建立机构网络的主要方法是建立跨机构委员会，使创建网络的行动计划可以参与本地其他服务机构的活动。该委员会可以为中小企业提供贷款渠道、设计合作项目和应用评价标准，为其他服务中心传送网络发展方法、执行特殊的联合项目等。在国家层面，国家竞争力与可持续发展委员会可以邀请有经验的网络中介为全国中小企业发展政策的制定出谋划策。

如牙买加在1994年的网络创建计划是关于机构网络的。位于牙买加公共发展机构（JAMPRO）里面的生产中心，是网络计划的主要执行者，生产中心的人员直接充当了网络中介。他们创建机构网络有两个目的：培养机构的能力和促进结网。培养机构能力包括加强生产中心升级网络的能力、建立专业化中心，由JAMPRO协调为中小企业提供各种实际服务。目前，生产中心已经实现了下列功能，了解中小企业的需求并为满足这些需求设计制度方案、协调和促进中小企业与本地其他机构（如劳动就业和人力培训部门）的结网、充当国家培训机构、充当社区大学和专业化服务部门，另外还充当了中小企业信息中心、网络中介、系统协调者的角色。该网络计划已在时装、家具、食品加工、手工艺品和金属制品等领域建立了专业化服务中心为中小企业家提供技术服务，并可充当次级网络机构。

在制度环境相对薄弱的中国中部农区，中小企业对支撑性机构（如外部技术和金融机构）的需求更加强烈，建立中小企业服务中心是完善和强化合作网络的有效手段。各地区可以为创建网络专门设立技术机构、研究中心和委员会等服务部门，提高本地服务能力。建立为成员提供交流平台的社会基础设施，充分挖掘本地社会资本，使乡土社区原有的信任不要随市场经济的进入而下降，避免心理契约违背的发生。

另外，企业结网的环境很重要，最好能根植在集群中。创建网络的方法是先培训网络中介，然后将他们派出去寻找网络；而区域发展更有效的策略是创建一种环境，使企业非常重视网络而去寻找网络中介，或者他们自己做网络中介。这与集群环境非常一致。政府应改善环境，加强公私部门对话，制定合作的产业政策，使企业能从网络和集群中获得更多的价值。虽然培育集群的政策与构建网络的政策不同，但它们有许多重叠的地方。

第二节　产业集群的培育和升级

产业集群的形成、演变及发展状况与所在区域的经济基础、资源禀赋、交通区位、地方文化、人口素质等密切相关。据了解，中国中部农区已有产业集群和企业网络的形成一般不是由政府自上而下设计或推动的，而是在市场机制作用下自发形成的。由于农区缺乏发达地区所拥有的有利条件，外资拉动型的产业集群较少。究竟何产业、在何地能够形成集群？其最初原因是多方面的。据对河南省农区集群的调查，偶然事件的发生、地方传统技能的存在、资源禀赋条件、个人特殊的人际关系、外出打工人员的智力回流等因素是集群在本地形成的主要原因。这些初始的优势因"循环累积"和"路径依赖"，使得集聚一旦发生，就会产生自增强机制，并具有"锁定"效应。然而，事实证明，尽管自发产生的集群在特定的环境中也表现出了很大的发展潜力，但企业间的合作以及成功集群的某些关键特征并不总是自发出现的。遴选交易伙伴产生的高昂交易成本、存在"搭便车"的高风险、市场功能的不完善等常常阻碍企业间合作的自发产生，尤其在正式法律相对缺失或薄弱的农村区域，更是如此。因此，在承认市场力作用的同时，也应该认识到外部行为主体的干预能加速集群和网络的形成，起到催化剂的作用。笔者认为，地方政府虽不应该去刻意制造一个产业集群，但可以用发展集群的理念来发展乡镇经济，抓住一切机遇播下集群的种子，并在具有集群发展潜力的地方，通过创建和培育企业网络对集群的雏形着力培育。

目前，从横向对比看，中部农区的产业集群主要处在两个阶段，或者说可以分为两种类型。一种集群只是处于雏形阶段，或者说只是企业的纯粹集聚，还没有形成产业分工和网络联系（本书讨论的农区水平网络因合作和信任水平太低也暂归于此类）。这类集群迫切需要理论指导进行培育，引导企业在本地的衍生、分工和结网。另一种集群，其产业发展已具有相当规模，产业分工和地方网络已经形成，并在国内和国际市场上占有一定的地位。但这类集群依靠土地、劳动力、模仿等的低成本优势在新竞争形势下已消耗殆尽，迈向另一个台阶的力量又不足，表现为创新乏力、发展趋缓，并有区域锁定的危机，解决这类集群的升级问题迫在眉睫。基于此，本部分拟对如何在农区培育集群与升级已有集群提出一些政策建议。

一、如何在农区培育产业集群

要在农区培育产业集群，首先要发展乡镇经济，抓住一切机遇播下集群的种子；其次，改善区域软硬环境，促进企业的集聚；再次，重视本地企业网络的创建。

1. 鼓励农民解放思想、开放创新，抓住一切机遇播下集群的种子

虽然偶然事件的发生、特殊的人际关系、打工人员的智力回流等人为因素对产业集群的形成起重要作用，但本书认为，"偶然因素"诱发产业集群的形成只是表面现象，其真正原因是，具有企业家素质的个别农民识别出了偶然机遇中所蕴涵的商业机会，并且成功地利用了这种特殊的商业机会。因此，政府要鼓励农民解放思想、开放创新，抓住一切机遇播下集群的种子。如鼓励本地大学生回乡创业，提供资金利用现代科技将本地的传统工艺发展壮大（如贵州省绥阳县洋川镇的空心面条加工村——雅泉村就是这样发展的）。鼓励农民外出务工从事技能型劳动，而不总是摘棉花之类的低技能活动。政府可以牵线搭桥，组织人员成批外出，然后创造条件和有利环境，鼓励外出人员回乡创业，将外部先进的思想、技术和管理方法吸收过来，抓住发达地区产业转移的机遇实现整个产业集群往本地的转移。

2. 认准本地的优势产业，延长产业链，发展特色产业集群

由于影响集群发展的许多关键因素如技术资源、地方文化、企业嵌入的社会网络、企业家能力以及本地信任水平高低等是难以复制和移植的，集群的发展还要与企业家能力和水平相适应，因此，政府对集群经验的吸收也要慎重。各地要根据自己的资源基础和技术条件因地制宜，因势利导，推动不同形态产业集群和企业网络的形成。不求大而全、要求专而强。比如，可以开发当地的传统文化，使传统工艺与现代科技结合起来发展现代工业；也可以依托批发市场来发展产业集群；既可以发展生产型的产业集群，也可以发展农业型、商贸型、物流型的产业集群；可以依托当地的大型企业、拳头产品发展配套产业集群，近郊农区也可以利用人才、信息和科研机构的相对集中，发展高科技产业集群等。对于河南省农村地区来说，由于缺乏利用外资的地理优势和高素质人才，而具有丰富的农产品资源和劳动力资源，可以大力发展劳动密集型的传统产业集群。如可以发展食品加工产业群，延长产业链，从农产品的种植、研发、深加工、储存保管、食品设备、餐饮设备等，一直到产品的销售网络，形成本地完备的生产系统；可以培育农业产业群、农业机械及生产资料工业产业群；还可以通过对传统产业的技术改造和组织创新，增加生产环节，提高产品和产业的档次和效益。

3. 营建能培育企业家精神的本地环境

本书第四章、第五章已经分析，焦点企业家对集群和网络的形成、演化和升

级的带动作用是非常重要的。这不仅是因为这些领袖型企业家所在的企业实力雄厚，更重要的是，这些企业家本人具有远见卓识，有高超的经营能力，在当地商界有号召力，能真正以自己的企业为龙头，带动一大批相关企业共同发展。但企业家不是培育出来的，当地政府应该努力营建能培育企业家精神的本地环境，营造以学习和创新、竞争与合作为核心的地方社会文化，这比改善地方的投资环境更为重要。

4. 创造区域环境，努力赢得第一个企业的区位竞争

重视主导企业的引入，培育"链"的源头。在存在聚集经济时，赢得第一个企业的区位竞争使得一个区域对下面的企业更具吸引力。所以，第一个（批）企业应该获得较高的财政激励，而第二个（批）企业则可以获得较少的补贴，但它却能从产业集聚的外部经济中获益。对较早的投资吸引所获得的动态的或者说长期的效果可能超出其直接的经济效果，因为这对以后的产业吸引形成一种区域环境。区域政府应努力提高本地的基础设施供应和产业配套能力，制定优惠的政策激励产业的进入，利用集聚的自发性诱导产业集群的形成。

5. 对萌芽状态的产业集群着力培育

对处于萌芽状态的产业集群，要从创建企业网络的角度着力培育。

据调查，与大多数发展中国家的产业集群一样，中部农区的产业集群也存在着低成本竞争、企业间合作太少、企业与服务机构缺乏联系、集群内信任水平低、企业间恶性竞争等问题。尤其是内部还没有形成纵向分工的集群，企业之间的合作几乎不存在，即使企业家在很近的地理范围内一起生活和工作，也很少共享商业信息、讨论共同的问题或组织联合行动。因此，要在农区培育产业集群、发展企业网络，制定公共政策的两个核心问题就是：第一，如何在低信任环境中加强企业间的结网与深度合作。对此，笔者建议，一方面鼓励企业之间的分工，形成垂直网络，利用市场的能力自发结网。另一方面可以先发展农村的机构网络，在本地培育网络中介，加快集群公共产品的供给及行业协会、各种服务机构的建立，再利用网络中介按上述创建网络的方法来加速农区水平和垂直网络的形成。第二，如何增强人与人、企业与企业之间的信任水平，积累社会资本。这就要内因外因双管齐下。从内因上，本书提出了一个新的突破口，就是要重视心理契约，在重复互动中弥合双方认知上的差距。从外因上，可以有三种方法来提高网络成员之间的信任和凝聚力：网络创建计划中的明文规定（正式制度的约束）、多举办能促进成员相互认知的活动如联合参与贸易事务、培育群体归属感如制作公共的商业卡片等。国际实践证明，建立信任的第一步是网络中介组织低

冒险活动来证明合作是具有优势的（UNIDO，2001）。

随着这两个核心问题的逐渐解决，集群可以将重点转向以下几个方面，如加强集群产业链两端的开发和发展，拓展其深度和广度，带动其关联产业的发展，完善由企业及其供应商、客户及支撑性机构组成的整个产业生产体系；增加网络节点的数目、增加节点的异质性和多元化，营建本地创新系统；协调监督企业之间的分工合作，规范内部竞争，激励技术创新的产生；疏通关系、牵线搭桥，提高集群与国内外市场的对接能力；培养集群文化，强化集群的情感氛围，加强集群成员的团队精神，革除"搭便车"和机会主义行为，积累本地社会资本。

6. 创造机会努力使本地的企业网络往区外延伸

由于区域发展轨道的路径依赖同时也会产生"锁定"效应，造成区域产业结构的单一化。因此，政府要创造机会努力使本地的企业网络往区外、国外延伸，搭建对话平台，加强集群与外部企业、大学和科研机构、贸易公司的联系，形成集群外组织的弱关系和集群内组织的强关系，这样集群区域才能规避"技术锁定"的高风险。

二、如何升级中部农区的产业集群

随着全球化的逐步深入，企业可以在全球市场范围内思考自己的发展战略。20 世纪 80 年代以来，几乎所有的发展中国家都加大了市场自由化和对外贸易、对外开放的力度（Giuliani et al.，2004），这也为企业能将触角伸入全球提供了政治环境。从政策方面来说，由于中小企业缺乏有效进入国际市场的能力，以怎样的方式加入全球市场才能保持企业或区域的可持续增长是关键问题。有学者认为，插入全球经济有两条道路：低端道路和高端道路。而升级（upgrading）是为了增加在全球价值链中的价值获取能力而创新的过程，是企业走高端道路、提升竞争力的必要条件（Kaplinsky and Morris，2001）。要在全球价值链上升级，关键是创新。它包括四种不同的形式：产品创新、过程创新、功能创新和部门创新。这些创新是相对于企业以前产品和过程的发展和提高，能使企业逐步达到国际动态标准。许多文献用价值链来分析中小企业和集群的升级问题，并取得了有价值的成果（Giuliani et al.，2004）。

对于中国中部农区已有一定发展基础的产业集群，群内企业往往已经完成基于价值链和生产过程的垂直分离，形成基于地理集聚的本地产业网络，进而又逐渐嵌入全球价值链（如本书的案例集群南庄村钢卷尺产业集群和许昌发制品产业集群），但嵌入全球价值链的方式大多是以"间接全球化"或"贴牌生产"为主，如何从以低成本优势为主的低端道路转向以创新为主的高端道路是这类集群升级的关键。在全球价值链中，由于不同的环节拥有不同的利益分配（图7-1），位于生产链两端的研发、设计、市场营销、服务等非生产性环节往往是高知识附加值和高价值获取的关键环节。而具有不同附加值的各个环节的创新与不同层次的升级方式相对应，又决定了集群和企业的升级路径。如企业由生产环节（过程创新）向设计（产品创新）、研发（产品或功能创新）、市场拓展（部门创新）环节升级，其升级过程可以沿着过程升级、产品升级、功能升级和部门升级这个路径演化。

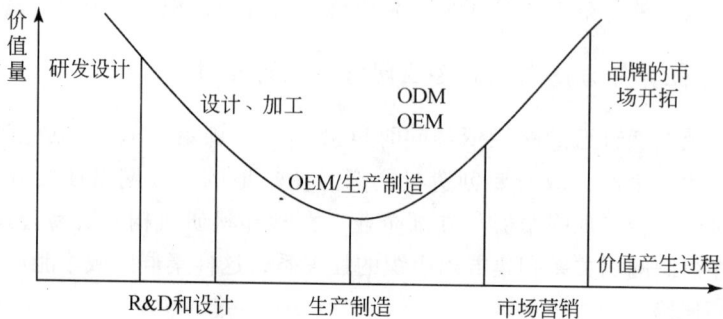

图7-1　价值链环节与其附加价值之间的关系示意图

资料来源：参考（文嫮和曾刚，2004）修改

对于资金、人才先天不足的中部农区中小企业来说，过程升级和产品升级已相当不容易，很难实现功能升级和部门升级。为此，本书提出如下政策建议。

1. 帮助企业实现过程升级

据调查，中部农区企业发展的最大"瓶颈"是资金缺乏。区域政府要积极与本地金融部门协调为乡镇企业担保贷款，或建立公共建设基金，引导企业进行生产重组或引进先进技术，实现更具生产效率的过程升级。

2. 鼓励企业实现产品升级

制定优厚的人才引进政策，改善本地的生活和工作环境，制定行业规范，吸引高素质技术人才和管理人才的落户。加强集群内制度网络的建设，如建立企业发展服务中心、专业培训学校，有条件时还可以建立研究性大学和国家实验室等科研机构，为集群内外网络成员的密切互动提供交流平台，激励网络创新的发生。鼓励企业投资于研发或在本地建立公共研发部门，以实现产品升级。

3. 促进企业实现功能升级

帮助乡镇企业取得参加国内、国际贸易事务的资格，使中部农区企业由间接全球化转为直接全球化，以获得出口退税的奖励，降低贸易成本。疏通国际连接渠道，为企业争得学习国外经验、探听国际市场信息、购买产品新样、进行模仿创新的机会。努力使企业取得国际认证、提高产品质量以达到国际标准，促进本地中间投入品供应商的升级。鼓励企业充分利用周围的供应商，尽自己所能专注于价值量高的环节，而把低价值增加活动外包出去，提升企业在全球价值链中的地位，实现功能升级。

4. 吸引链的领头者进入集群

吸引中间投入品购买商对集群企业下单进行贴牌生产，或者吸引具有广泛市场渠道的贸易公司进驻集群，使企业能同时嵌入几条购买商驱动的价值链中，以减轻对某个购买商的过度依赖。创造条件使有实力的焦点企业能够嵌入以大型跨国公司为中心的生产者驱动型价值链中，成为其遍布世界的供应商之一，或与其合资，以"半层级"的治理方式或者说作为跨国生产者的一个"生产车间"接受其先进的技术溢出，再扩散给集群内的其他企业。这种过程不仅提高了企业产品的质量，还提高了企业进入国际市场的能力，形成自己稳定的出口网络。帮助和鼓励企业培育新的市场和新的价值链，并在条件成熟时转向相关的具有较高价值增加的部门，以实现部门升级或链的升级（如台湾原本生产电视机的企业因生产控制器而移向计算机部门）。

值得注意的是，集群的升级还要与集群企业的能力水平相匹配。在什么样的企业家能力水平下思考对应的集群升级策略，而脱离企业家能力水平去追求集群发展的更高阶段也会遭遇挫折。

5. 鼓励集群企业找准自己的"战略性环节"

集群内企业应细致划分所在产业全球价值链的各个环节，深入研究产业价值链各个环节的价值来源、价值构成和价值分布，了解各环节的进入壁垒和价值链管制状况，结合自身优势，努力搜寻自身在全球价值链中的战略性环节。

6. 加强公私部门对话，积累本地社会资本

建立公私部门联合体，培养企业间、企业与机构间的信任、增加企业对合作的敏感性。支持网络中介的活动，刺激价值链内行为主体之间的互动，加强水平和垂直网络成员间的联合行动。鼓励企业联合使用区域品牌如"虞城制造"、"许昌制造"、"中国制造"等，引导企业之间进行资源整合，提高集群内企业的网络组织程度。完善本地法规制度，积累社会资本，在本地创造一个公平、公正的竞争环境和信任、默契的文化氛围。

7. 创建"学习型乡镇"

对于地处内陆、文化底子较差的中部农区农民来说，提高整体劳动力综合素质是集群升级的必要条件，也是一个艰巨而长期的任务。政府首先要加强对农民重视教育、不断学习的宣传工作，使集群内每一个行为主体（个人、企业、机构和政府）都成为"学习型"主体，终身学习，与时俱进，通过全面的学习（内容包括政治、法律、科技、管理、技能、思想解放等方面）来提高自身的综合素质，提高自身的创造力，进而将整个集群的学习力转化为集群的创造力。以各行为主体之间的互动创新为动力，营建区域创新环境、培育本地创新网络，通过不断的技术创新和制度创新来保持集群的竞争优势，实现区域经济的可持续发展。

第八章 本书主要观点与研究展望

第一节 主 要 观 点

中部农区中小企业可以通过产业集群和价值链两种有效的结网方式，增加资源外取与合作互动来提高自己的内生能力、改善外部契约关系，进而提高自己及所在区域的竞争力。这是本书所提出的研究企业网络统一的5C分析框架。企业网络的理论基础是能力理论和契约理论，企业网络的能力表现为对其成员企业核心能力的构造和培养以及其组织和协调的能力，因此，企业网络是一种能力整合装置。企业网络的契约类型包括正式的经济契约和非正式的心理契约两个部分，关系型契约是交易双方心理契约一致时的表现。对于深受传统文化影响的中部农区中小企业来说，心理契约决定了其结网的方式，而心理契约的违背破坏了农村社区整体的诚信体系，使信任水平下降。企业网络是产业集群的本质特征，它通过能力理论和契约理论对产业集群发生作用。产业集群强调企业之间的本地联系，但这种地方性网络必须沿价值链延伸到区域之外，集群才充满活力。而嵌入到产业集群中的企业网络对于中部农区小企业的增长意义更大。

鉴于河南省乡镇企业的发展在中部农区的代表性，本书以实证研究为主，根据对河南省农区产业集群的深入调查取得一手资料，运用社会网络分析法、交易成本分析法及时空耦合法，着重对偃师市庞村镇钢制办公家具、虞城县南庄村钢卷尺和许昌县发制品三个产业集群中的企业网络进行个案研究，从而探讨中部农区产业集群中企业的结网形式和结网过程、企业网络的演化机理以及它是如何提高企业和区域竞争力的。通过初步研究，本书得出如下主要结论。

（1）河南省的乡镇企业正处于空间集聚阶段，由此在农区涌现出大批的产业集群，并表现出了相对高增长的良好绩效。由河南农区产业集群的发展过程及本书对三个案例集群企业网络的详细调查结果可以看出，集群企业与本地企业因产业关联性联系相对较多，与区外和国外企业多是基于价值链的联系。因此，河南省农区集群企业结网的方式在空间上以地方性网络为主，其区域性网络和全球性网络大多是地方性网络沿价值链而延伸的，直接由外资拉动融入或形成全球性网络的并不多见。调查发现三个案例集群中的企业网络代表了三种不同的网络类型，已加入产业集群的中小企业可以通过加入全球价值链实现升级。

（2）研究中通过横向对比和纵向对接案例集群中的衍生网络、情感网络、咨询网络以及合作网络的网络结构和网络特性，可以鉴别出农区集群中中小企业网络在形成过程中起关键作用的核心节点、重要关系及其演变过程。横向对比发现，在中国中部农区中小企业集群成长和网络演进的过程中，一个或几个焦点企业起关键作用，并导引集群和网络演进的方向。随着集群的进一步发展，农区集群内因心理契约的违背和恶性竞争而造成信任水平下降，集群网络开始向区外延伸，此时，中介组织对集群内外网络的形成起重要作用。亲属或厂属关系很大程度上决定了企业的同业衍生；集群大企业的存在能加速集群内的技术创新和网络学习，而网络中介能促进企业间的合作；企业间的供需联系及技术工人的流动对集群内的技术扩散起重要作用，只有经长期合作培养出来的信任才能增强企业间的合作及其稳定性。三个集群网络所代表的三种网络结构对企业的网络学习、信任培养、合作行动以及区域发展带来了不同的效果，混合性的转包网络和互补性的垂直网络比竞争性的水平网络在这些方面具有更好的区域效应；纵向对接发现，相对于偏重技术联系的发达地区高技术集群来说，中国中部农区集群中中小企业网络的演进过程更具有内生性和自组织规律。在集群成长和网络演进的过程中，集群网络中的核心关系受农村社区聚落环境的影响，并随农区企业规模、地位和能力的改变而演变。依此集群网络的形成和演化经历四个阶段，即家族或泛家族网络阶段、内部分工生产网络阶段、本地创新网络阶段和全球供应链网络阶段，各类型网络在集群发展的不同阶段起着不同的作用。在这个演进的过程中，网络的节点数目不断增多，参与的主体类型不断多元化和差异化，相互之间的联系更加有效、密切程度不断加深，焦点企业顺利更替，网络在更高层次上进入下一轮循环，实现企业网络的升级。

（3）在农区集群企业网络演进的四个阶段中，企业网络的演进过程是"焦点企业主导、一般企业跟随"的企业内生能力成长过程。在企业选择合作伙伴的决策过程中，企业之间的经济契约是外在约束，心理契约是内在机制，信任是基础推动力。心理契约通过信任机制使企业之间的关系型契约自我实施，实现对经济契约的替代。因此，在中国中部农区特殊的政治、经济和文化背景下，中小企业网络从家族或泛家族网络向内部分工生产网络、本地创新网络、全球供应链网络的逐步演化，是由企业的内生能力和外部契约关系共同作用的。企业内生能力的动态演进决定了企业网络演化的方向，即"如何结网"；企业之间契约关系的静态特征决定了企业的结网对象，即"与谁结网"。企业网络既可以看成是一种治理结构，又是一个社会化过程。在这个演化过程中，其社会化程度有所降低，而空间范围逐步向外扩展。企业家的内生能力和外部契约类型也呈现出阶段性特征，并与各网络阶段相匹配。

（4）中小企业网络对成员企业、产业集群以及集群所在区域的竞争力具有提升作用。本书利用对南庄村钢卷尺产业集群的跟踪调查数据进行分析发现，企业与网络成员的合作程度与企业的绩效呈正相关关系。企业网络对成员企业和产业集群竞争力的提高从静态看表现为能缓和规模经济和分工经济的矛盾，降低生产和交易成本；从动态看，表现为能提高企业和集群的创新能力和合作效率；在区域层次上企业网络的存在能改善区域的产业配套环境、积累本地的社会资本。调查还发现，农区集群中企业的技术创新以模仿创新为主，创新技术在集群内的传播过程遵循 S 形曲线，企业网络通过模仿创新使集群的创新能力呈螺旋式上升。

（5）虽然中国中部农区的产业集群大多是在市场力的作用下自发形成的，但国际网络和集群的创建实践以及本书对农区集群企业网络研究中所显示的中介组织的重要作用表明，网络中介可以加速企业网络和集群的形成。在中部农区培育集群、创建网络可以首先在具有集群发展潜力的地方培训网络中介，再利用网络中介促进本地水平网络、垂直网络和机构网络的建立，导引和激励相互学习的过程并使网络成员之间产生足够的信任。待发展到一定阶段后，就可以利用市场的自组织能力和集群的自增强机制让其自主发展，政府和中介机构仅做好服务工作即可。对具有一定发展基础的产业集群，可以创造条件使其顺利沿全球价值链升级。

另外，笔者在研究中发现，非正式网络在中部农区中小企业集群形成中具有特殊作用。为此，本研究引入"心理契约"概念，对非正式网络的形成进行一个侧面的理论探索。结果表明：心理契约对深受传统文化影响、市场制度不完善、以非正式联系为主的农区中小企业网络的形成和发展尤其重要，它决定了企业"与谁结网"和"如何结网"。乡土社会长期形成的"共同惯例"和"道德标准"营造了一种和谐的心理契约氛围，使交易双方产生一致的对交易关系的理解和期望。在这种信任基础上，企业间的交易以非正式契约方式为主。交易双方重复交易后产生的思维定式和行为惯例，形成心理上的契约，可加强交易双方的信任。但在相互信任的双方中，一旦一方发生了违背心理契约的机会主义行为，另一方就会产生对该方的不信任心理并一直持续下去。研究发现，这种心理契约的违背已经使中部农区集群的信任水平随着集群的发展而大大下降，影响了企业的本地结网和契约类型的演化。因此，重视心理契约，可以引起交易双方对相互期望的重视，加强相互履行责任的意识和自我约束，减少双方的不确定性、误解及冲突。从这个意义上说，对心理契约研究就从更微观层次找到了如何提高本地信任水平、加速非正式网络的形成、主动积累地方社会资本的突破口，具有重要的理论和实践意义。

第二节　研究不足与进一步讨论的问题

由本书对中部农区产业集群企业网络的分析可以看出，低技术传统产业的中小企业在特定的环境和条件下也能产生较高的效率。但激烈的市场竞争也使它们时刻面临许多危机。小企业必须结成网络才能克服其规模上的劣势，打造核心竞争力，由低技术变高技术以渗透到其原本达不到的市场领域。嵌入到产业集群企业网络中的小企业可以利用集体效率与大规模企业相抗衡。因此农区政府可以根据本地的能力，大力发展传统产业，利用集群和网络的发展理念使其升级为高技术产业，而不能好高骛远地一开始就追求高技术产业。

本研究力图对我国农区经济发展有所启示。但由于时间精力和个人水平有限，本书只是对集群网络 5C 分析框架的初步探讨，许多内容还有待于进一步丰富和完善。如本研究仅考察了河南省农区产业集群的发展情况，而对其余四省的案例没有涉及，调查面不够广泛；数据获得不太理想，因此缺乏三个案例之间及其与我国沿海、国外集群的对比研究；时空耦合研究方法虽在实践上与一个网络的发展演化有很大的拟合度，但也具有一定的失真；网络结构的分析还可以按企业规模、类型分开进行深入研究；理论提升有待进一步挖掘等。这些也是笔者下一步要继续进行的研究工作。

对于本书提出的企业网络心理契约概念，还有待于进一步深入下去。比如，对网络成员企业之间心理契约内容的实证研究就非常重要。调查网络成员对合作伙伴的满意度、忠诚度和期望的内容，网络成员长期合作的动机及其影响因素，如何保持企业网络的相对稳定性和积极的变动升级等。在这方面有价值的尝试可以进一步解释新制度经济学中经济组织的契约性质，探索隐含契约和关系契约发生作用的机理，拓展社会心理学及管理学中心理契约研究的内容，使其与契约经济学相互借鉴。

另外，关于企业网络还有许多问题值得继续探讨。如网络发育程度的定量测度、网络的成本问题及其与收益的定量测度、不同企业网络形式之间的相对优势分析（即什么样的网络对区域发展更有利）、网络可能存在的弊端问题等。

参考文献

安娜·格兰多里. 2005. 企业网络：组织和产业竞争力. 刘刚，罗若愚，祝茂，等译. 北京：中国人民大学出版社.

白雪洁. 2001. 日本产业组织研究：对外贸易框架中的特征与作用. 天津：天津人民出版社.

保罗·克鲁格曼. 2001. 克鲁格曼国际贸易新理论. 黄胜强译. 北京：中国社会科学出版社.

彼得·史密斯·林. 2005. 网络化组织的成本//安娜·格兰多里. 企业网络：组织和产业竞争力. 刘刚，罗若愚，祝茂，等译. 北京：中国人民大学出版社：275~304.

边燕杰，丘海雄. 2000. 企业的社会资本及其功效. 中国社会科学，(2)：87~99.

边燕杰. 2004. 城市居民社会资本的来源及作用：网络观点与调查发现. 中国社会科学，(3)：136~146.

波特·马金，凯瑞·库珀，查尔斯·考克斯. 2000. 组织与心理契约. 北京：北京大学出版社.

布雷恩·阿瑟. 1995. 经济学中的自增强机制. 经济社会体制比较，(5)：13~18.

布雷克曼 S，盖瑞森 H，范·马勒惠克 C. 2004. 地理经济学. 西南财经大学文献中心翻译部译. 成都：西南财经大学出版社.

蔡宁，吴结兵. 2002. 企业集群的竞争优势：资源的结构性整合. 中国工业经济，(7)：45~50.

曹丽莉. 2008. 产业集群网络结构的比较研究. 中国工业经济，(8)：143~152.

陈剑锋，唐振鹏. 2002. 国外产业集群研究综述. 外国经济与管理，(8)：22~27.

陈守明. 2002. 现代企业网络. 上海：上海人民出版社.

陈玄介. 1983. 协力网络与生活结构：台湾中小企业的社会经济分析. 台北：台湾联经事业出版公司.

池仁勇. 2001. 意大利中小企业集群的形成条件与特征. 外国经济与管理，(8)：27~31.

池仁勇. 2005. 区域中小企业创新网络形成、结构属性与功能提升：浙江省实证考察. 管理世界，(10)：102~112.

崔立华. 2002. 外部经济与农村工业集聚区的形成与发展——巩义市回郭镇的个案研究. 河南大学硕士学位论文.

杜跃平. 1999. 全新的企业理论——企业核心能力理论评介. 现代企业，(12)：17，18.

樊新生，李小建. 2004. 中国工业产业空间转移及中部地区发展对策研究. 地理与地理信息科学，20(2)：64~68.

樊新生，覃成林. 2005. 我国欠发达地区企业集群形成与演化过程初步研究——河南省农村地域企业集群的调查与思考. 经济地理，25(3)：320~323.

费孝通.1998.乡土中国生育制度.北京：北京大学出版社.

符正平.2002.论企业集群的产生条件与形成机制.中国工业经济，(10)：20~26.

盖文启，王缉慈.1999.论区域创新网络对我国高新技术中小企业发展的作用.中国软科学，(9)：102~106.

盖文启.2002.创新网络：区域发展的新思维.北京：北京大学出版社.

龚绍东.2005.产业集群"蜂巢型结构"形态的实证分析.中国工业经济，(10)：35~42.

顾慧君，王文平.2007.产业集群与社会网络的协同演化——以温州产业集群为例.经济问题探索，(4)：103~106.

贺灿飞，梁进社，张华.2005.区域制造业集群的辨识：以北京市制造业为例.地理科学，25(5)：521~528.

黄泰岩，牛飞亮.1999.西方企业网络理论述评.经济学动态，(4)：63~67.

贾根良，张峰.2001.传统产业的竞争力与地方化生产体系.中国工业经济，(9)：46~52.

贾根良.1998.网络组织：超越市场与企业两分法.经济体制比较，(4)：13~19.

金碚，等.2003.竞争力经济学.广州：广东经济出版社.

凯斯·G.普罗文，谢里·E.休曼.2005.组织学习和网络中介在小型制造企业网络中的作用//安娜·格兰多里.企业网络：组织和产业竞争力.刘刚，罗若愚，祝茂，等译.北京：中国人民大学出版社：216~240.

科斯R，阿尔钦A，诺斯D.2002.财产权利与制度变迁.上海：上海三联书店.

科斯，诺思，威廉姆森，等.制度、契约与组织.2003.北京：经济科学出版社.

克拉克G L，费尔德曼M P，格特勒M S.2005.牛津经济地理学手册.刘卫东，王缉慈，李小建，等译.北京：商务印书馆.

克瑞斯·亨德里，詹姆斯·布朗，罗伯特·J.迪菲里皮，等.2005.作为商业、知识和制度网络的产业集群//安娜·格兰多里.企业网络：组织和产业竞争力.刘刚，罗若愚，祝茂，等译.北京：中国人民大学出版社：175~215.

李二玲，李小建.2005a.企业集群的竞争优势研究.河南大学学报（哲社版），23(3)：9~14.

李二玲，李小建.2005b.企业网络的契约性质：心理契约探讨.开发研究，(5)综合版：4~7.

李二玲，李小建.2006.农区产业集群、网络与中部崛起.人文地理，21(1)：60~64.

李二玲，李小建.2007a.论产业集群的网络本质.经济经纬，(1)：66~70.

李二玲，李小建.2007b.基于社会网络分析方法的产业集群研究：以河南省虞城县南庄村钢卷尺产业集群为例.人文地理，(6)：10~15.

李二玲，李小建.2008.中部农区产业集群的创建、培育与升级.中州学刊，(2)：46~50.

李二玲，李小建.2009a.欠发达农区传统制造业集群的网络演化分析——以河南省虞城县南庄村钢卷尺产业集群为例.地理研究，28(3)：738~750.

李二玲，李小建.2009b.欠发达农区产业集群的网络组织结构及其区域效应分析.经济地理，(7)：1127~1133.

李二玲，李政新.2005.论新经济背景下集群企业的竞争力.企业活力，(4)：26,27.

李二玲，潘少奇．2009．企业网络分析方法述评与探讨．河南大学学报（社科版），49（4）：24~31．

李二玲．2006．中国中部农区产业集群的企业网络研究．河南大学博士学位论文．

李林艳．2004．社会空间的另一种想象．社会学研究，（3）：64~75．

李维安，周建．2004．作为企业竞争优势源泉的网络治理．南开经济评论，（2）：12~17．

李小建．1993．河南农村工业发展环境研究．北京：中国科学技术出版社．

李小建．1997．新产业区与全球化的地理研究．地理科学进展，（3）：16~23．

李小建．1999．经济地理学．北京：高等教育出版社．

李小建．2002a．公司地理论（修订版）．北京：科学出版社．

李小建．2002b．经济地理学中的企业网络研究．经济地理，22（5）：516~520．

李小建．2004．外商直接投资区域变化与中西部地区引资困境．经济地理，24（3）：304~308．

李小建，葛震远，乔家君．2000．偶然因素对区域经济发展的影响：以河南虞城县稍岗乡为例．人文地理，15（6）：1~4．

李小建，李二玲．2002．产业集聚发生机制的比较研究．中州学刊，（4）：1~4．

李小建，李二玲．2004．中国中部农区企业集群的竞争优势研究．地理科学，24（2）：136~143．

李小建，李二玲．2009．克鲁格曼、诺贝尔经济学奖与经济地理学发展．经济地理，28（3）：363~369．

李小建，李庆春．1999．克鲁格曼的主要经济地理学观点分析．地理科学进展，（2）：97~102．

李小建，罗庆．2007．经济地理学的关系转向评述．世界地理研究，16（4）：19~27．

李小建，苗长虹．2004．西方经济地理学新进展及其启示．地理学报，59（增刊）：153~161．

李新春．2000．专业镇与企业创新网络．广东社会科学，（6）：29~33．

李新春．2002．企业家协调与企业集群．南开管理评论，（3）：49~55．

李旭旦．1984．人文地理学．北京：中国大百科全书出版社．

李怡靖．2003．企业能力理论综述．云南财贸学院学报，（5）：36~40．

李政新，李二玲．2004．区域文化差异对企业集群的影响．河南师范大学学报，（6）：78~81．

林润辉．2004．网络组织与企业高成长．天津：南开大学出版社．

刘东，等．2003．企业网络论．北京：中国人民大学出版社．

刘军．2004．社会网络模型研究论析．社会学研究，（1）：1~12．

刘友金，罗发友．2005．基于焦点企业成长的集群演进机理研究．管理世界，（10）：159~161．

卢现祥．2004．新制度经济学．武汉：武汉大学出版社．

罗家德．2002．NQ风暴：关系管理的智慧．北京：社会科学文献出版社．

罗家德．2005．社会网分析讲义．北京：社会科学文献出版社．

罗庆．2005．生态学视角下的企业群落成长研究．河南大学硕士学位论文．

骆静，聂鸣．2002．发展中国家集群比较分析及启示．外国经济与管理，（3）：13~17．

马克·J·谢尔．2005．日本的企业网络//安娜·格兰多里．企业网络：组织和产业竞争力．刘刚，罗若愚，祝茂，等译．北京：中国人民大学出版社：349~367．

马歇尔.1981.经济学原理(上).朱志泰译.北京:商务印书馆.

迈克尔·波特.2002.国家竞争优势.李明轩,邱如美译.北京:华夏出版社.

孟艳芬,宋立公,路晓冬.2004.动态能力理论与企业成长路径.商业研究,(12):61~64.

苗长虹,崔立华.2003.产业集聚:地理学与经济学主流观点的对比.人文地理,18(3):42~46.

苗长虹,樊杰,张文忠.2002.中国农村工业发展:一个综合区位分析框架.地理研究,21(1):125~133.

苗长虹.1998.我国农村工业发展形式研究.地理学报,53(3):270~278

苗长虹.2004.马歇尔产业区理论的复兴及其理论意义.地域研究与开发,(1):1~6.

苗长虹.2006.全球-地方联结与产业集群的技术学习——以河南许昌发制品产业为例.地理学报,61(4):425~434.

慕继丰,冯宗宪,陈方丽.2001a.企业网络的运行机理与企业的网络管理能力.外国经济与管理,(10):21~25.

慕继丰,冯宗宪,李国平.2001b.基于企业网络的经济和区域发展理论(上).外国经济与管理,(3):26~29.

慕继丰,冯宗宪,李国平.2001c.基于企业网络的经济和区域发展理论(下).外国经济与管理,(4):26~30.

聂辉华.2002.新兴古典分工理论与欠发达区域的分工抉择.经济科学,(3):112~120.

诺特鲍姆.2005.网络的动态效率//安娜·格兰多里.企业网络:组织和产业竞争力.刘刚,罗若愚,祝茂,等译.北京:中国人民大学出版社:107~139.

彭泗清.1999.中国人人际信任的概念化:一个人际关系的观点.社会学研究,(2):1~21.

仇保兴.1999.小企业集群研究.上海:复旦大学出版社.

塞巴斯蒂安诺·布鲁斯科.2005.产业区的博弈规则//安娜·格兰多里.企业网络:组织和产业竞争力.刘刚,罗若愚,祝茂,等译.北京:中国人民大学出版社:21~46.

泰勒尔.1997.产业组织理论.北京:中国人民大学出版社.

覃成林,李二玲.2007.中国内地农区产业集群研究.地域研究与开发,26(4):9~16.

覃成林.2003.河南高新技术产业集聚分析.人文地理,18(3):47~51.

滕光进,叶焕庭.2000.契约理论与能力理论相融合:企业本质的一个全面阐释.中国软科学,(5):110~113.

童昕,王缉慈.2000.论全球化背景下的本地创新网络.中国软科学,(9):80~83.

王缉慈.2002.地方产业群战略.中国工业经济,(3):47~54.

王缉慈.2004.关于中国产业集群研究的若干概念辨析.地理学报,59(增刊):47~52.

王缉慈.2006-03-20.解读产业集群.http://www.clusterstudy.com.

王缉慈,等.2001.创新的空间:企业集群与区域发展.北京:北京大学出版社.

王建,刘冰,陶海青.2007.产业集群中企业家社会网络演化.科学学与科学技术管理,(4):169~174.

王珺.2004.社会资本与生产方式对集群演进的影响——一个关于企业集群的分类与演进框架的讨论与应用.社会学研究,(5):37~47.

王淑英.2007.基于 SNA 方法的产业集群知识流动研究.河南大学学报（社会科学版），47
　（2）：67～73.

王询.1994.人际关系模式与经济组织的交易成本.经济研究，（8）：77～81.

王仲智，丛明珠，沈正平.2008.地方产业集群内部网络关系及其绩效考察——以盛泽丝绸纺
　织业集群为例.经济地理，（5）：740～743.

卫春江.2004.我国中部农区中小企业网络及其效应研究.河南大学硕士学位论文.

魏峰，张文贤.2004.国外心理契约理论研究的新进展.外国经济与管理，（2）：12～16.

文嫣，李小建.2003.非正式因素影响下的中小企业网络学习与区域发展.人文地理，18
　（3）：73～76.

文嫣，曾刚.2004.嵌入全球价值链的地方产业集群发展.中国工业经济，（6）：36～42.

吴国林.2001.中小企业网络：发展中西部区域经济的关节点.经济问题探索，（7）：23～26.

熊彼特.1990.经济发展理论.北京：商务印书馆.

徐国弟.1994.关于发展中部五省区域经济的几个问题.开发研究，（5）：28～30.

徐和平，孙林岩，慕继丰.2004.产品创新网络中的信任与信任机制探讨.管理工程学报，
　（2）：55～59.

徐金发，许强，王勇.2001.企业的网络能力剖析，外国经济与管理，（11）：21～25.

亚当·斯密.1972.国民财富的性质与原因的研究.北京：商务印书馆.

杨杰，凌文辁，方俐洛.2003.心理契约破裂与违背刍议.暨南学报（哲学社会科学），（2）：
　58～64.

杨瑞龙，冯健.2003.企业间网络的效率边界：经济组织逻辑的重新审视.中国工业经济，
　（11）：5～14.

杨小凯，黄有光.1999.专业化与经济组织.张玉纲译.北京：经济科学出版社.

杨晓光，樊杰.2005.中国农村工业地区竞争力差异分析.地理科学，25（1）：1～6.

杨中芳，彭泗清.1999.中国人人际信任的概念化：一个人际关系的观点.社会学研究，（2）：
　1～21.

姚先国，朱海就.2003.企业的契约理论与能力理论比较.学术月刊，（2）：49～55.

郁义鸿.2001.企业的性质：能力理论的阐释.经济科学，（6）：88～95.

曾刚，文嫣.2004.上海浦东产业集群的建设.地理学报，59（增刊）：59～66.

曾忠禄.1998.公司联盟中的信任问题.经济问题探索，（8）：37～39.

赵璐.2002.印度班加罗尔 IT 产业簇群效应分析.外国经济与管理，（5）：8～12.

赵淑玲，丁登山.2005.中原文化与河南区域竞争力关系研究.人文地理，20（1）：78～80.

周立群，曹利群.2002.商品契约优于要素契约.经济研究，（1）：14～19.

朱国宏.1999.经济社会学.上海：复旦大学出版社.

朱海就，陆立军，袁安府.2004.从企业网络看产业集群竞争力差异的原因——浙江和意大利
　产业集群的比较.软科学，（1）：53～56.

朱海就.2004.企业网络研究的经济学前提假定探讨.社会科学家，（1）：22～25.

朱华晟.2003.浙江产业群：产业网络、成长轨迹与发展动力.杭州：浙江大学出版社.

朱嘉红，邬爱其.2004.基于焦点企业成长的集群演进机理与模仿失败.外国经济与管理，

（2）：33～37.

朱瑞博. 2003. 价值模块整合与产业融合. 中国工业经济，（8）：24～31.

Amin A, Thrift N. 1994. Globalisation, Institutions and Regional Development in Europe. Oxford: Oxford University Press.

Andersson T, Serger S S, Sorvic J, et al. 2004. The Cluster Policies Whitebook. International Organization for Knowledge Economy and Enterprise Development.

Balakrishnan S, Koza M. 1993. Information asymmetry , adverse selection, and joint ventures: theory and evidence. Journal of Economic Behavior and Organization, 20 (1): 99～117.

Bathelt H, Malmberg A, Maskell P. 2002. Clusters and Knowledge: Local Buzz, Global Pipelines and the Process of Knowledge Creation. DRUID Working Paper: 12～34.

Becattini G. 1990. The Marshallian industrial district as a socio- economic notion//Becattini G, Pyke F, Sengenberger W. Industrial districts and inter- firm co- operation in Italy. Geneva: International Institute for Labour Studies.

Belussi F. 2004. In Search of a Useful Theory of Spatial Clustering, Paper prosented at the 4th congress on Proximity Economics: Proximity. Networks and Co-ordination in Marseille, 17～18 June.

Bergman E M, Feser E J. 1999-10-16. Industrial and Regional Clusters: Concepts and Comparative Applications. Regional Research Institute, West Virginia University. http: //www. rri. wvu. edu/ WebBook/Bergman- Feser/contents. htm.

Boari C. 2001. Industrial Clusters, Focal Firms, and Economic Dynamism: A Perspective from Italy. Working Paper for World Bank Institute: 124.

Borgatti S P, Everett M G, Freeman L C. 2002. Ucinet for Windows: Software for Social Network Analysis. Harvard, MA: Analytic Technologies.

Borgatti S P, Foster P C. 2003. The network paradigm in organizational research: a review and typology. Journal of Management, 29 (6): 991～1013.

Boschma R, Ter Wal A. 2007. Knowledge networks and innovative performance in an industrial district: the case of a footwear district in the South of Italy. Taylor and Francis Journals, 14 (2): 177～199.

Boundeville J R. 1966. Problems of Regional Economic Planning. Edinburgh: Edinburgh University Press.

Burt R S. 1992. Structural Holes. Cambridge, MA: Harvard University Press.

Campbell J. 1975. Applications of Graph Theoretic Analysis to Inter-Induster Relationships: The Example of Washington State. Regional Science and Urban Economics, (5): 91～106.

Castells M. 2000. The Rise of the Network Society. London: Blackwell Publishers Ltd.

Ceglie G, Dini M. 1999-03-05. SME cluster and network development in developing countries: the experience of UNIDO, UNIDO, Vienna. http: //www. unido. org/.

Cheung S. 1983. The contractual nature of the finm. Journal of Law and Economics, (26): 1～21.

Clark G L, Feldman M A, Gertler M S. 2000. The Oxford Handbook of Economic Geography. Oxford: Oxford University Press.

Coe N M, Yeung H W C, Dicken P, et al. 2004. Globalizing' regional development: a global production networks perspective forthcoming in transactions of the institute of British geographers. New Series, 29 (4): 468~484.

Coleman J, Katz E, Menzel H. 1966. Medical Innovation: A Diffusion Study. Indianapolis: Bobbs-Merrill.

Coleman J. 1990. Foundations of Social Theory. Cambridge, MA: Harvard University Press.

Cooke P N, Morgan K. 1993. The network paradigm: new departures in corporate and regional development. Environment and Planning D: Society and Space, (11): 543~564.

Coulon F. 2005. The Use of Social Network Analysis in Innovation Research: a Literature Review. Lund university Paper presented at DRUID Winter Conference 2005: 1.

DeBresson C, Hu X. 1999. Identifying Clusters of Innovative Activity: A New Approach and a Toolbox//OECD. Boosting Innovation: The Cluster Approach. Paris: OECD Publications.

Dicken P, Forsgren M, Malmberg A. 1994. The local embededness of transnational corporations// Amin A, Thrift N. Globalization, Institutions, and Regional Development in Europe. Oxford: Oxford University Press.

Dicken P, Kelly P, Olds K, et al. 2001. Chains and networks, territories and scales: towards an analytical framework for the global economy. Global Networks, 1 (2): 89~112.

Dicken P. 1998. Global Shift: Transformation of the World Economy. 3rd ed. London: Paul Chapman.

Fujita M, Krugman P, Venables A. 1999. The Spatial Economy: Cities, Regions, and International Trade. Cambridge: MIT Press.

Gereffi G, Kaplinsky R. 2001. The value of value chains. IDS Bulletin, 32 (3): 1~81.

Gereffi G. 1994. The organisation of buyer-driven global commodity chains: how US retailer shape overseas production networks//Gereffi G, Koraeniewicz M. Commodity Chains and Global Development. Westport Praeger: 95~122.

Gereffi G. 1999a. International trade and industrial upgrading in the apparel commodity chain. Journal of International Economics, (1): 37~70.

Gereffi G. 1999b. A commodity chains framework for analyzing global industries. Background Notes for Workshop on Spreading the Gains from Globalization in Institute of Development Studies.

Gertler M S. 2000. The Oxford Handbook of Economic Geography. Oxford: Oxford University Press

Giuliani E, Bell M. 2005. The micro-determinants of meso-level learning and innovation: evidence from a chilean wine cluster. Research Policy, 34 (1): 47~68.

Giuliani E, Pietrobelli C, Rabellotti R. 2004. Upgrading in global value chains: lessons from latin American clusters. World Development, Elsevier, 33 (4), 549~573.

Grandori A. 1997. An organizational assessment of inter-firm coordination modes. Organization studies, 18 (6): 897~925.

Granovetter M. 1973. The strength of weak ties. American Journal of Sociology, 76 (6): 1360~1380.

Granovetter M. 1985. Economic action and social structure: the problem of embeddedness. American Journal of Sociology, 91: 481~510.

Gulati R, Nohria N, Zaheer A. 2000. Strategic networks. Strategic Management Journal, 21 (3): 203~215.

Hassard J, Law J, Lee N. 1999. Special theme section on actor-network theory and managerialism. Organization, (6): 387~497.

Henderson J, Dicken P, Hess M, et al. 2002. Global production networks and the analysis of economic development. Review of International Political Economy, (9): 436~464.

Hippel von. E. 1998. Economics of product development by users: the impact of sticky local information. Management Science, 44 (5): 629~644.

Hodgson G M. 1997. Competence and contract in the theory of the firm. Journal of Economic Behavior and Organization, 35: 179~201.

Hsu J, Saxenian A. 2000. Towards a Late-Industrial District: the construction of Learning Networks in Hsinchu-Taipei Corridor, Taiwan. Paper for Global Conference on Economic Geography, Sponsored by the Department of Geography, The National University of Singapore.

Huggins R. 2001. Inter-firm network policies and firm performance: evaluation the impact of initiatives in the United Kingdom. Research Policy, 30: 443~458.

Humphrey J, Schmitz H. 2002. How does insertion in global value chains affect upgrading in industrial clusters. Regional Studies, (9): 1017~1027.

Iammarino S, McCann P. 2005-06-13. Firm Location and Technology: Stylized Constructs and Illusory Policies. Paper presented at the 4th European Meeting on Applied Evolutionary Economics (EMAEE). Utrecht, The Netherlands.

IRE. 2005-08-02. Design of cluster initiatives-an overview of policies and praxis in Europe. IRE Subgroup. http://www.innovating-regions.org/.

Johannes G. 2007. Economic geography and the evolution of networks. Journal of Economic Geography, (5): 619~634.

Johansson B, John M. 2004. Agglomeration and networks in spatial economics. Papers in Regional Science, 83: 165~176.

Kaplinsky R, Morris M. 2001. A Handbook for Value for Value Chain Research. Prepared for the IDRC. Institute for Development Studies in Brighton.

Klerk G J. 2005-03-12. SME networks and clusters and their impact on economic growth: an exploratory overview of Africa. http://www.kmu.unisg.ch/rencontres/.

Krackhardt D. 1992. The strength of strong ties: the importance of philos//Nitin Nohria, Robert G Eccles (eds). Networks and Organizations: Structure, Form, and Action. Cambridge: Harvard Business School Press.

Krugman P. 1991. Geography and Trade. Cambridge: MIT Press.

Krugman P. 1999. Increasing returns and economic geography. Journal of Political Economy, 483~499.

Lee C M, William M. 2000. The Silicon Valley Edge. Stanford: Stanford University Press.

Lee F, Koen F. 2006-09-12. The evolution of inventor networks in the silicon valley and Boston regions. Papers in Evolutionary Economic Geography. http://ideas.repec.org/p/egu/wpaper/0609.html.

Li X J, Li E L. 2007. Competitive advantages and rural industrial clustering: the case of steel measuring tape production in a Chinese village. China Review, 7 (1): 27~52.

Li X J, Yeung Y M. 1999. Inter-firm linkages and regional impact of transnational corporations: company case studies from Shanghai, China. Geografiska Annaler B, 81 (2): 61~72.

Li X J. 1993. Industrial linkages and rural industrialization: a case study of henan province, China. Chinese Geographical Science, 3 (3): 255~263.

Li X J. 2002. The changing spatial networks of large state-owned enterprise in reform-era China: a company study. Tijdschrift voor Economics en Social Geografie, 93 (4): 383~396.

Loasby B J. 2001. Time, knowledge and evolutionary dynamics: why connections matter. Journal of Evolutional Economics, 11 (4): 393412.

Lorenzoni G, Ornati O. 1988. Constellations of firms and new ventures. Journal of Business Venlruing, (3): 41~57.

Mansfield E. 1961. Technical change and the rate of imitation. Econometrica, (29): 741~766.

Martin R, Sunley P. 2003. Deconstructing clusters : chaotic concept or policy panacea? Journal of Economic Geography, 3 (1): 5~35.

McDonald F, Vertova G. 2002. Clusters, Industrial Districts and Competitiveness//McNaughton R and Green M. (eds.) Global Competition and Local Networks. London: Gower.

Murdoch J. 1997. Towards a geography of heterogeneous associations. Progress in Human Geography, (21): 321~337.

Nishiguchi T. 1994. Strategic Industrial Sourcing. London: Oxford University Press.

Nohria N. 1992. Is a network perspective a useful way of studying organizations? //Nohria N, Eccles R G. Networks and Organizations: Structure, form, and Action. Boston: Harvard Business School Press.

OECD. 2001. World congress on local clusters. Paris: OECD.

OECD. 2004a. Networks, partnerships, clusters and intellectual property rights: opportunities and challenges for innovative SMEs. http://www. insme. org/. 2004-06-23.

OECD. 2004b. Promoting entrepreneurship and innovation SMEs in a global economy: towards a more responsible and inclusive globalization. http://www. insme. org/. 2004-06-23.

Olds K, Yeung H W C. 1999. (Re)shaping "Chinese" business networks in a globalising era. Environment and Planning D: Society and Space, 17: 535~555.

Örjan S, Goran L, Christian K. 2003. The Cluster Initiative Greenbook. Bromma tryck AB, stockholm.

Ottaviano G I P, Thisse J F. 2001. On economic geography in economic theory: increasing returns and pecuniary externalities. Journal of Economic Geography, 1: 153~179.

Paniccia I. 1998. One, a hundred, thousands of industrial districts. Organizational variety in local networks of small and medium-sized enterprises. Organization Studies, (19): 667~699.

Piore M, Sabel C. 1984. The Second Industrial Divide. New York: Basic Brooks.

Porter M E. 1990. The Competitive Advantage of Nations. London: Macmillan.

Porter M E. 1998. Clusters and new economics of competition. Harvard Business Review, 76 (6): 77~90.

Porter M E. 2003. The economic performance of regions. Regional Studies. (37): 549~578.

Powell W W, Koput K W. Smith D L. 1996. Interorganizational collaboration and the locus of innovation: networks of learning in biotechnology. Administrative Science Quarterly, 41 (1): 116~145.

Powell W W. 1990. Neither market nor hierarchy: network forms of organization. Research in Organizational Behaviour, 12: 295~336.

Prahalad C K, Hamel G. 1990. The core competence of the corporation. Harvard Business Reviews. May-June.

Richardson G B. 1972. The organization of industry. Economic Journal, 82: 883~896.

Roelandt T, den Hertog P. 1999. Cluster Analysis and Cluster-Based Policy Making in the OECD, in Boosting Innovation: the Cluster Approach. Paris: OECD.

Rogers E M. 1995. Diffusion of Innovations. New York: The Free Press.

Rosenfeld S A. 2001. Networks and clusters: the Yin and Yang of rural development. Federal Reserve Bank of Kansas City in Its Journal, (9): 103~120.

Sabel C F. 1993. Studied trust: building new forms of cooperation in a volatile economy. Human Relations, 46 (9): 1133~1170.

Sack R D. 1997. Homo Geographicus: a Framework for Action, Awareness, and Moral Concern. Baltimore: Johns Hopkins University Press.

Saxenian A. 1994. Regional Advantage: Culture and Competition in Silicon Valley and Route 128. Cambridge, MA: Harvard University Press.

Schmitz H. 1995. Collective efficiency: growth path for small-scale industry. Journal of Development Studies, 31 (4): 529~566.

Schmitz H. 2004. Local Upgrading in Global Value Chains: Recent Findings. 50th Anniversary Conference Reviewing the First Decade of Development and Democracy in South Africa.

Scott A J. 2000. Economic geography: the great half-century. Cambridge Journal of Economics, 24 (4): 483~504.

Scott A. 1988. New Industrial Spaces: Flexible Production Organisations and Regional Development in North America and Western Europe. London: Pion.

Scott J. 2000. Social Network Analysis: a Handbook. London: Sage Publications Ltd.

Stalder F. 1997. Actor-network-theory and communication networks: toward convergence. http: // felix. openflows. org/html/Network_ Theory. html.

Storper M. 1997. The Regional World: Territorial Development in a Global Economy. New York: Guilford Press.

Teece D J, Pisano G. 1994. The dynamic capabilities of the firm: an introduction. Industrial and Corporate Change, (3): 537~556.

Thrift N, Olds K. 1996. Refiguring the economic in economic geography. Progress in Human Geography, (20): 311~337.

Todeva E. 2000. Analysis of Business Network Dynamics. Working paper Presented at the 6th Annual Organization Science Winter Conference, Keystone, Colorado, US.

Tsui- Auch L S. 1999. Regional production relationships and developmental impacts: a comparative study of three production networks. The International Toward of Urban and Regional Research, 23 (2): 345~359.

UNCTAD. 2002. Partnership and networking in science and technology for development. http: // www. unctad. org/en/docs/.

UNCTAD. 2005. World Investment Report 2005. http: //www. unctad. org/en/docs.

UNIDO. 2001. Development of clusters and networks of SMEs. The UNIDO Programme, Vienna. http: //www. unido. org/.

Visser E A. 1999. Comparison of clustered and dispersed firms in the small-scale clothing industry of Lima. World Development, 27 (9): 1553~1570.

Wasserman S A, Faust K. 1994. Social Network Analysis: Methods and Applications. Cambridge: Cambridge University Press.

White H. 1970. Chains of Opportunity: System Models of Mobility in Organizations. Cambridge: Harvard University Press.

Willamsom O E. 1975. Markets and Hierarchies. New York: the Free Press.

Williamson O E. 1989. Transaction cost economics//Schmalensee R, Willig R. Handbook of Industrial Organization. Amsterdam: North-Holland.

Wills J, Lee R. 1997. Introduction//Lee R. Geographies of Economies. London: Arnold.

Yeung H W C. 1994. Critical reviews of geographical perspectives on business organisations and the organisation of production: Towards a network approach. Progress in Human Geography, 18: 460~490.

Yeung H W C. 1997. Business networks and transnational corporations: a study of Hong Kong firms in the ASEAN region. Economic Geography, 73 (1): 1~25.

Yeung H W C. 2000a. Organizing 'the firm' in industrial geography I: networks, institutions and regional development. Progress in Human Geography, 24 (2): 301~315.

Yeung H W C. 2000b. Guest editorial: a crisis of industrial and business networks in Asia? Environment and Planning A, 32: 191~200.

Yeung H W C. 2000c. Embedding foreign affiliates in transnational business networks: the case of Hong Kong firms in Southeast Asia. Environment and Planning A, 32: 201~222.

Yeung H W C. 2002. Towards a relational economic geography: old wine in new bottles? Paper presented at the 98th Annual Meeting of the Association of American Geographers, Los Angeles.

Yeung H W C. 2003. Practicing new economic geographies: a methodological examination. Annals of the Association of American Geographers, 93 (2): 442~462.

Yeung H W C. 2005. Rethinking relational economic geography, transactions of the institute of British geographers. New Series, 30 (1): 37~51.

Yueng Y M, Li X J. 2000. Transnational corporations and local embeddedness: company case studies from Shanghai, China. Professional Geographer, 52 (4): 624~635.

附录1

企业调查问卷

尊敬的负责同志：

您好！我们是河南大学环境与规划学院"河南省农区产业集群培育与升级"研究小组的研究人员，想了解一些河南省乡镇企业的发展现状和面临的困难，依此来研究怎么样加快企业技术创新、加强企业之间的合作、怎么样进入国际市场、提高企业的生产效率和竞争力等问题，为河南省乡镇企业的快速发展提供合理的政策建议。为此，我们特请求贵单位合作，完成以下调查内容。

希望能得到您的大力支持。非常感谢！

一、企业概况

1. 企业名称_____厂长_____电话_____创办时间_____经营领域_____您的职务_____
企业的发展过程_____
_____

2. 创办企业的灵感来源：

①模仿亲戚邻居　②自身想法　③模仿外地经验　④本地的创业文化　⑤带领乡亲致富　⑥其他_____

3. 贵企业的资金来源是：

①自身积累　②向亲戚、朋友借　③向政府贷款　④合作投资
⑤其他_____

4. 贵企业的技术来源：

①祖传　②外地打工学到　③模仿别的企业　④购买引进　⑤其他_____

5. 职工总人数_____人，企业的固定资产_____，2004年销售额_____、年利税_____、产品规格品种数_____、出口比例_____。三年前职工总人数_____人，企业的固定资产_____，2001年销售额_____、年利税_____、产品规格品种数_____、出口比例_____。

6. 贵企业产品的出口渠道是：

①无出口　②通过外贸公司　③给国外企业代工生产　④直接出口
⑤其他_____

7. 贵企业与别的企业有没有转包业务？①有　②无

若有，有____个转包商、是否固定？①是　②不是，其所在地_____，转包渠道是①个人关系　②质量好　③价格低　④固定合作伙伴　⑤其他_____

8. 您的生产设备是：

①自己购买零件组装的　②购买外地厂家的　③购买本地的二手设备　④模仿别人自己制造的　⑤其他_____

9. 您是否与本地其他企业交流思想、讨论问题或相互参观访问？

①从不　②偶尔　③经常

10. 模仿技术是来自：

①对市场新产品的破译　②人员的跳槽　③参观访问　④交流

11. 一个新样式的产品在本地从一出现开始，7天后有____家企业采用，15天后有____家企业采用，30天后有____家采用，60天后有____家采用。

12. 企业技术创新的主要障碍是：

①人才缺乏　②资金缺乏　③设备落后　④其他_____

13. 企业下一步的打算：

①提高产量　②多元化经营　③提高质量　④改行做别的　⑤在外地建立分厂　⑥其他_____

二、企业联系与创新

1. 与三年前相比，与中介服务机构联系是增加？不变？还是减少了？

机构	增加	大大增加（超过一倍）	不变	减少	大大减少（超过一倍）	无联系
行业协会						
金融机构						
大学科研机构						
咨询、法律机构						
本地运输公司						
本地政府						

2. 与三年前相比，与本地同行企业的合作怎样？

项目	增加	大大增加	不变	减少	大大减少	无联系
交流信息与经验						
共同提高产品质量						
联合购买原材料						
联合销售产品						
联合培训工人						

3. 与三年前相比，与给您供货企业的合作怎样？

项目	增加	大大增加	不变	减少	大大减少	无联系
本地供货商个数						
外地供货商个数						
与供货商交流信息与经验						
共同商讨提高产品质量						
共同商讨提高供货速度						

4. 与三年前相比，与购买您产品的企业联系怎样？

项目	增加	大大增加	不变	减少	大大减少	无联系
本地销售量						
外地销售量						
与购买商交流信息与经验						
共同商讨提高产品质量						
共同商讨提高供货速度						

5. 与三年前相比，技术创新的下述来源是如何变化的？

项目	增加	大大增加	不变	减少	大大减少
自己研发创新					
与别人交流产生创新灵感					
模仿市场上的产品再创新					
购买引进创新技术					
与科研机构联合开发					
来自客户需求					

三、心理契约

1. 在您与别的企业交易或合作时，以下方面是否符合您的实际情况？请根据①~⑤标号的意义在相应选项上画"√"。

①很不符合　②较不符合　③不确定　④较符合　⑤很符合

与别的企业合作或交易时，为了与对方做长期交易而做出努力	① ② ③ ④ ⑤
自愿为对方提供额外帮助，对方对你也是这样	① ② ③ ④ ⑤
考虑对方的利益，自己也可适当让步	① ② ③ ④ ⑤
为对方保密，维持对方的名誉	① ② ③ ④ ⑤
与本地企业交易，由于相互信任双方仅打一白条即可，不签合同	① ② ③ ④ ⑤

2. 在您与别的企业交易或合作时，希望对方做到哪些方面的内容？

①讲诚信　②不努力找合同的漏洞　③不偷工减料　④不延期交货　⑤遇到紧急情况可以商量　⑥其他_____

3. 在您与别的企业交易或合作时，对方做到了哪些方面的内容？

①讲诚信　②不努力找合同的漏洞　③不偷工减料　④不延期交货　⑤遇到紧急情况可以商量　⑥其他_____

4. 您相信哪些人对您更讲诚信和道德？

①亲戚朋友　②同乡人　③本地人　④外地人　⑤长期的交易伙伴　⑥其他_____

5. 事实上哪些人对您更讲诚信和道德？

①亲戚朋友　②同乡人　③本地人　④外地人　⑤长期的交易伙伴　⑥其他_____

6. 在哪种情况下，您与别的企业不用签订合同就进行交易？

①亲戚朋友　②本地人　③外地人　④贸易公司　⑤长期交易伙伴　⑥出口产品

7. 在哪种情况下，您与别的企业签订合同进行交易？

①亲戚朋友　②本地人　③外地人　④贸易公司　⑤长期交易伙伴　⑥出口产品

8. 发生交易冲突时，您如何解决？

①协商解决　②法律手段　③第三方调解　④其他_____

9. 企业的管理或销售要职首先选择谁来承担？

①家庭成员　②亲戚朋友　③公开招聘外边能人　④非亲友

10. 在下面空格内选出与您有联系的企业或企业主的标号（每项可选5个企业主）

问　题	本地企业或企业主的标号	外地企业的区位和名字
您创办企业是受谁的影响？		
谁创办企业是受您的影响？		
您遇到技术难题会向谁请教？		
您在谁那里可以得到技术或市场信息？		
您与谁经常在一起吃饭聊天？		
您与哪些企业有合作关系？（如技术合作、联合开发、供销联系、转包联系、服务联系、财务联系等）		

政府调查问卷

被调查人姓名＿＿＿＿＿＿，县（乡/镇）：＿＿＿＿＿＿联系电话＿＿＿＿＿

＿＿＿＿

1. 该产业集群是如何形成的？其发展过程？阶段？主要产品的生产环节（生产工艺）。

2. 区内共有＿＿＿家企业，其中龙头大企业＿＿＿家、小企业＿＿＿家。垂直一体化的企业有＿＿＿家，中间产品生产企业各有＿＿＿＿＿家。相关配套产业的企业有＿＿＿＿＿＿＿＿＿＿＿＿＿＿

3. 区域每年产生的新企业和退出的旧企业各有多少（企业数量变化的历史数据）？集群整体的网络结构是怎样的？此结构是如何形成的？

4. 产品、新规格产生的历史数据（1980 年、1985 年、1990 年、1995 年、1998 年、2000 年、2002 年、2004 年）。

5. 整个产业（产品）的市场特点、全球市场及本国市场的地域分布、本地生产的特点、原材料或供货商的分布情况。

6. 集群近几年的经济指标值［如 GDP、农民人均纯收入（1990 年、1995 年、1998 年、2000 年、2002 年、2004 年）］占区域（稍岗乡）经济指标的比例，集群和区域总就业人数、就业来源、第三产业兴起情况。

7. 区域的基础设施建设情况；建立专业市场、行会的时间、经过、规模；中介服务部门有哪些（是否有行业技术咨询部门或中小企业基金会？金融支持）？

8. 画出集群企业分布图，列出企业名单。

9. 你认为本区域的产业集群经济持续增长的关键因素是什么？下一步政府可以采取什么政策支持产业集群的发展？政府对企业在制度上的扶持有哪些？

企业或企业主的标号：（略）

附录 2

南庄村调查问卷部分结果：

表1 与三年前相比，与本地同行企业合作各项目回答企业的百分比

项目	增加或大大增加	不变	减少或大大减少	无联系
交流信息与经验	87.0	4.3	2.2	10.9
共同提高产品质量	71.7	6.5	4.4	17.4
联合购买原材料	47.8	4.4	8.7	39.1
联合销售产品	19.6	4.4	17.3	58.7
联合培训工人	10.9	6.5	4.4	78.2

表2 与三年前相比，与供货商的联系各项目回答企业的百分比

项目	增加或大大增加	不变	减少或大大减少	无联系
本地供货商个数	47.8	8.7	21.8	21.8
外地供应商个数	65.3	13.0	8.7	13.0
与供货商交流信息与经验	71.7	4.4	10.9	13.0
共同商讨提高产品质量	76.1	4.4	6.5	13.0
共同商讨提高供货速度	76.1	4.4	6.5	13.0

表3 与三年前相比，与购买商联系各项目回答企业的百分比

项目	增加或大大增加	不变	减少或大大减少	无联系
本地销售量	54.3	13.0	21.8	10.9
外地销售量	71.8	6.5	8.7	13.0
与购买商交流信息与经验	69.5	4.4	6.5	19.6
共同商讨提高产品质量	76.0	4.4	4.4	15.2
共同商讨提高供货速度	73.9	4.4	4.4	17.3

表4 与三年前相比，与中介服务机构联系各项目回答企业的百分比

机构	增加或大大增加	不变	减少或大大减少	无联系
行业协会	45.7	6.5	15.2	32.6
金融机构	17.3	6.5	10.9	65.3
大学科研机构	6.5	2.2	4.4	86.9
咨询、法律机构	15.2	2.2	2.2	80.4
本地运输公司	86.9	2.2	0	10.9
本地政府	56.5	6.5	8.7	28.3

后　记

阔别校园多年，又能走进河南大学这座知识圣殿完成我的硕士和博士学业是我此生的福气。在这里，我不仅体会到百年老校深厚的文化底蕴、聆听到河南大学及来自全国各地名师的教诲，还有幸结识了许多良师益友。本书是我在博士论文的基础上修改而成的。看着即将出版的论著，感激之情油然而生。

首先要感谢导师组的王发曾教授、秦耀辰教授和孙九林院士三年来对我的谆谆教诲和辛勤培养。导师们渊博的学识、敏锐的思维、高尚的师德和严谨的治学态度使我受益匪浅，我将铭记终身。其次，非常感谢中国科学院地理科学与资源研究所的毛汉英研究员，河南大学的覃成林教授、苗长虹教授、梁留科教授和李永文教授，他们在开题报告中对论文给予了建设性的指导和建议。

最要感谢我的导师李小建教授。恩师六年来对我的教育和启迪将是我一生中最宝贵的财富。恩师博大的胸怀、渊博的知识、睿智的思想、严谨的治学风范和敏锐的洞察力令我由衷地钦佩，他常常在简单而平常的交流中给我以启迪，帮助我一次次走出迷雾。有幸参加李老师主持的国家自然科学基金项目："中国中部地区中小企业空间网络组成形式及形成机理研究（No. 40271038）"及国家自然科学基金重点项目："农户与地理环境相互作用下的中部农区社会经济协调发展研究（No. 40535025）"并担任子项目负责人，我进入了产业集群和企业网络这个研究领域，领略了其无限风光，体会到了无穷乐趣。论著得以顺利完成，恩师倾注了大量的心血。从博士论文的选题、开题、调研到论文的成文、修改，每一个环节都离不开导师的悉心指导、大力帮助和严格要求。一次次的国内、国际电话和一封封电子邮件都饱含着对我的关心与期望，令我深深感动，同时也为自己的薄学浅识深感不安和愧疚。恩师对我生活的关心与照顾，让我体会到无限的温暖；恩师的宽容与善良让我领悟到做人的道理。这种种师恩是我难以尽谢的。

特别感谢我的另一位恩师覃成林教授。覃先生渊博的知识、高尚的品德、敏锐的思维、严谨的治学风格是我学习的榜样。他不仅给了我一次次参与科研的机会，还是我写作学术论文的启蒙老师。先生豁达的性格和幽默的言语驱赶着我面对大师的拘谨和畏惧。在学术上、生活上和思想上，先生一直无私地给予我悉心的指点，并不断激励我勇往直前。论著中的一些观点和方法（如时空耦合法）得益于先生的启发。

非常感谢河南大学黄河文明与可持续发展研究中心执行主任苗长虹教授。自从进入河南大学学习及工作以来，一直得到苗老师的悉心指导和无私帮助。每次听苗老师的课，都感叹于老师学识的渊博和洞察力的敏锐，每一次谈话都有茅塞顿开之感。感谢"中心"给我提供的良好的研究平台。

感谢环境与规划学院杨俊中老师、孔云峰老师、高建华老师、朱连奇老师、刘玉振老师、陈德广老师、陈蜀园老师、赵薇老师等对论著的关注、指导和帮助，感谢经济学院耿明斋老师、刘东勋老师、李恒老师对论文的指导和建议。感谢师兄乔家君博士、高更和博士、时云辉博士、樊新生博士、李政新博士、孟华博士，师姐史小红博士，师弟刘静玉博士、罗庆，师妹邬小霞博士，同学赵庆良、鲁丰先、李爽在讨论时的精辟见解和日常的无私帮助。正是由于他们的指导、鼓励和帮助，该论著才能顺利完成。

感谢师弟吴雪峰、焦俊党、樊福才，师妹朱艳玲、马芳芳和刘芬在集群调研中所付出的劳动；感谢夏保林老师在实地调研中的帮助；感谢师妹崔彩辉在作图中的帮助；感谢师妹常黎、师弟卫春江在数据获取上的帮助。他们的辛勤劳动是我论文的基础，他（她）们的纯洁友谊给我艰辛又紧张的博士生活增添了许多欢乐。

感谢许昌市委的刘副书记、信息科的刘科长，偃师市庞村镇的王明高镇长、杨俊卿主任、虞城县的王计富县长、南庄村的林建良支书及所有样本企业的领导在实地调研和多次电话访问中的热情帮助。他们的大力支持使我获得了丰富的一手资料。

论著得以顺利出版，是与河南大学环境与规划学院各位领导的支持分不开的，也与科学出版社编辑的鼎力相助分不开，谢谢你们无私的支持！

最后，我要深深感谢我亲爱的家人。父母、丈夫、女儿和兄弟姐妹们是我永远的支持者，他们的关爱是我幸福与快乐的源泉，他们的期待使我在多年的求学路上不敢有丝毫的懈怠。尤其是爱人席自强先生在工作与学业也很繁忙的情况下，分担了大部分家务和教育孩子的重任。没有他的鼓励和帮助，我将一事无成。多年的学习挤走了很多我对女儿应有的关爱，而女儿的聪慧和善解人意常常令我感动。在此，我祝愿女儿健康成长、天天快乐！

在论著即将出版之际，我祝愿所有关心、帮助和支持我的老师、朋友和亲人们一生平安！

李二玲

2011 年 3 月